我心归处是东山

浙南机械工业先驱李毓蒙

夏海豹　胡晓霞　著

西泠印社出版社

图书在版编目（CIP）数据

我心归处是东山：浙南机械工业先驱李毓蒙 / 夏海豹，胡晓霞著. -- 杭州：西泠印社出版社，2023.12
ISBN 978-7-5508-4393-6

Ⅰ. ①我… Ⅱ. ①夏… ②胡… Ⅲ. ①李毓蒙 - 生平事迹 Ⅳ. ①K825.38

中国国家版本馆CIP数据核字（2023）第253623号

我心归处是东山：浙南机械工业先驱李毓蒙

夏海豹　胡晓霞　著

封面题字　李　砚
责任编辑　叶　涵　刘建轩
责任出版　冯斌强
责任校对　曹　卓
出版发行　西泠印社出版社
（杭州市西湖文化广场32号5楼　邮政编码　310014）
经　　销　全国新华书店
制　　版　浙江深奥科技有限公司
印　　刷　浙江深奥科技有限公司
开　　本　787mm × 1092mm　1/16
字　　数　230千
印　　张　17.5
印　　数　0001—2500
书　　号　ISBN　978-7-5508-4393-6
版　　次　2023年12月第1版　第1次印刷
定　　价　88.00元

西泠印社出版社发行部联系方式：（0571）87243079

▲ 编委会成员合影

序 言

历史，这个宏大的舞台，见证了许多英勇无畏、推动社会进步的先行者。他们为人民福祉和科技发展而不懈努力、创新前行。他们的事迹理应被铭记和广泛传颂，更应作为可资学习借鉴的榜样，为当代人提供成长养分。李毓蒙先生就是他们之中的一位。为了纪念他的卓越贡献，我们推出本书，以传承其“爱国、勤思、勇创、行善”的精神。

李毓蒙先生（1891—1961），字步号，瑞安东山车头村人，是中国弹棉机的发明者、浙南近代机械工业的先驱，私立毓蒙工业职业学校的创办人。他于1916年发明的“双麒麟”牌弹棉机弹棉较当时的手工弹棉效率提高了10余倍，遍销大江南北，誉满神州；他在东山街道车头村创办了第一家工厂“李毓蒙制造絮棉机器厂”，随后创办“温州毓蒙铁工厂”，发明了浙南第一台自产动力机、“50匹”单缸柴油机、排锯机等，创办了多家工厂，奠定了浙南机械工业基础；他在抗日战争爆发后，毅然将工厂内迁到丽水山区，并研制、生产武器，一方面保护民族工业生产，另一方面积极支援抗日前线，在掩护中国共产党员藏身的同时为中共地下组织输送了大量人员和物资；他倾心兴教办学，培育人才，造福社会，先后在东山街道上埠村创办了“私立毓蒙小学”和“私立毓蒙工业职业中学”，私立毓蒙工业职业中学后来成为浙江工业大学的前身之一。

李毓蒙用人生演绎了两个“第一”、四个“之最”：发明了我国第一台弹棉机，最早在浙南创办机器制造厂，最早申报产品发明专利、注册商标，第一个在国际博展会上得奖，最早在内地外埠开设产业窗口、连锁企业，最早在瑞安市造出内燃机。

从发明创造家到实业家，再到中国职业教育先驱，他的家国情怀始终如一。本书全面系统地描绘了李毓蒙先生的一生，包括他所处的时代背景和个人生平，不仅包含了诸多生动细节和精彩故事，还填补了一些历史时段的材料空白，力求展现先生的个性特征和其精神世界的深层内涵。读罢全书，让人对李毓蒙先生自然而然地产生了无以言表的崇敬之情，同时对我们理解历史时代变迁和从事相关研究也具有重要意义。

李毓蒙是一位从瑞安东山走出来的发明家、实业家、教育家。东山街道是李毓蒙先生的出生地，亦是他创业救国的启蒙地。东山作为“温州模式”的重要发祥地，瑞安拥江发展的“桥头堡”，形成了以机械制造、机电、汽摩配、水产食品、服装、制鞋等为主导的六大行业。东山共有工业企业562家，其中规上工业企业83家，年产值亿元以上企业26家，国家级专精特新“小巨人”企业3家，瑞安两家龙头企业华峰、瑞立均落脚东山，全市镇街考绩已连续七年蝉联优秀。

2023年以来，东山街道围绕瑞安市委经济振兴“八提攻坚”行动部署，持续优化营商环境，主动调整产业结构，激发企业创新活力，全力打造经济动能澎湃的实力东山。精心谋划老旧工业厂房改造项目14个，为老旧工业区蝶变升级按下加速键，变土地“存量”为发展“增量”。成立街道助企服务中心，深入落实“班子领导+科室成员+部门站所”经济网格助企联系制度，累计走访企业436次，化解各类企业急难愁盼难题62个，通过银企对接会、企业服务培训会等平台推动惠企政策落实落地。1月至11月已实现规上工业产值224.7亿元，6项经济指标排名全市A组镇街前3，并连续3次获评全市经济稳进提质优秀单位。

在历史的长河中，个人如沧海一粟，视个人需求高于一切的人，其价值轻如鸿毛；而为人民的事业、科技的进步而默默奉献、努力创新的人，其价值则重如泰山。很显然，李毓蒙先生属于后者。他是位“草根逆袭”型的传奇人物。在他身上，充分体现了“敢闯敢试、敢为人先”的瑞安人精神。而且，以心地、修身、为人、处世等衡量，李毓蒙先生都有口皆碑。他善待家人、乡人、徒子、徒孙，他同情并热情资助所有弱者；他不计个人得失、胸怀天下、心系民生、造福桑梓；他是一个温暖的人，是所有瑞安人的骄傲。

“桃李遍天下，师恩记毓翁。”李毓蒙作为“浙南机械工业先驱”，其“兴办工业，志在强国，不在私利”“举其一生所得创办学校，志在培育人才，发展机械工业”的光辉事迹，是瑞安工业的金名片，承载了瑞安工业的情怀。瑞安作为我国东南沿海新兴的工贸港口城市，在这片热土上，机遇与挑战并存，希望与困难同在。李毓蒙的思想智慧、精神气脉，早已成为瑞安人民策马扬鞭的精神动力。讲好这位瑞籍先贤的故事，对大力推进瑞安文化强市建设、提升瑞安文化软实力，将产生无法估量的正面效应。

“造棉机获专利业播江淮宏一代，办工校育后人德施乡里仰千秋。”星星之火，可以燎原；毓蒙精神，代代相传。谨以本书纪念李毓蒙先生爱国敬业、坚韧创业、勇于创新、热心办学、无私奉献的精神，将其生活点滴和丰功伟绩汇编成册，以供后人瞻仰其事迹，并以此为借鉴，尽可能地将其精神进行传承并发扬光大！

本书编委会

2023年12月

目录

引子

1916年初夏的阳光，慵懒地浸泡着位于瑞安县东山烟墩山脚的玉泉寺，使这座破败的古庙愈发寂静和荒凉。突然，寺门“嘣”的一声打开了，冲出一位蓬头垢面的年轻人，一路手舞足蹈地叫喊着：“我成功了，成功了！”

请注意，这不是疯子，他叫李毓蒙。这个25岁的小裁缝用了8个年头，度过了无数个不眠之夜，终于成功地发明了一种实用的新产品——弹棉机。他能不高兴吗？

这弹棉机有什么奇妙的地方呢？省力省时。吃进去的是一片一片的皮棉，吐出来便成了一簇簇松软的棉絮，比手工弹棉效率足足提高了十多倍，当然是不得了的发明。

今天，这种产品只在个别展馆、店铺可见。有兴趣的话，可以到瑞安李毓蒙纪念馆里一睹其“芳容”：铁木结构，封闭式，三桶，脚踏

▲ 毓蒙联华弹棉机器厂生产的弹绵机

式，既简单又古怪，看过的人可能会哑然失笑。不过100多年前，这可是有注册商标、有知识产权的专利产品。它是当时温州最具影响力的工业大佬李毓蒙起家的“摇钱树”。李毓蒙能被光荣地写进温州史册、在民族工业史上占有一席之地，也全靠这似乎不起眼的弹棉机。

▲ 李毓蒙（1891—1961）

在当年，发明出这样一台铁木结构的脚踏的弹棉机，无疑是一项了不起的科技发明和机械制造成就。李毓蒙当之无愧是瑞安人发明创造的卓越代表。他传下的弹棉机制作技艺，2009年5月列入瑞安市第三批非物质文化遗产。网上有载：中国民族工商业博物馆征集到了一台李毓蒙发明的弹棉机，使得该馆有了反映浙江民族工商业发展历程的实物。这台1933年生产的弹棉机长、宽均1.3米，高约1.5米，面板上刻有“毓蒙联华弹棉花机器厂出品”“总发行上海南市万豫码头四十一号”“制造厂设浙江瑞安东山”等字样，还镌着“麒狮球”商标图案。

瑞安素有“中国汽摩配之都”之称，但瑞安工业其实早在民国时期就已经开始发展，这一切就得从李毓蒙说起。李毓蒙（1891—1961），字步号，瑞安东山街道车头村人，被誉为浙南机械工业先驱。他发明了我国第一台弹棉机，最早在外埠开设产业窗口与连锁企业，最早在瑞安造出内燃机……一连串的“第一”与“之最”，印证着这位传奇式人物敢于创新与拼搏的精神。他还是温州职业教育的奠基人，浙江工贸职业技术学院、杭州化工学院的创办也都与他密切相关。他不愧为瑞安历史上一位集发明家、工业家和教育家于一身的杰出人物。

在李毓蒙的生命交响曲中，冥冥之中似乎有一种叫命运的东西牵引着他。他是苦命人，3岁丧父，母亲只好带着他到城里项家当佣人。项氏是瑞安的名门望族，对他们母子颇多关照，这使他不幸的童年有了一段短暂的幸福时光。从乡下到城里读了两年私塾，开启了智慧，也使他与项家打了一辈子“交道”。项家也成了他的“贵人”，帮助他在以后创业的道路上处处闪烁着希望的星辰。李毓蒙13岁拜师学裁缝，18岁出师回老家开了一间裁缝铺。这个心高志远的小裁缝不甘于被平凡命运所摆布，开始了他的发明之路，屡败屡战，历尽艰辛与曲折，终于发明了弹棉机。第一台样机卖给了文成大峃镇的一家棉花店，轰动了整个山城。而就在他为了办厂而四处奔波、求告无门之际，偏偏在温州小南门“邂逅”了回乡省亲的项骧，使他的命运出现了转机。在有远见眼光的“洋状元”的资助之下，李毓蒙制造絮棉机器厂在瑞安东山正式亮牌，这是温州首家机械制造企业。

在对的时间遇到对的人，可以成就对的事业。可以这样说，项骧是李毓蒙成功之路上的大贵人。李毓蒙按照别人的指点，给弹棉机取了一个好听的名字：“双麒麟”。1922年开春，他赴北京前往中央政府农商部申请弹棉机的专利和注册商标，在财政部担任参事的项骧对李毓蒙十分赞赏，马上运用自己的人脉关系，叫来了另一位瑞安同乡——当时在农商部当司长的林大闾。京城可谓“侯门深似海，有人好办事”，两位大人物一活动，弹棉机的专利、注册商标全部搞定，一举成功。此后，“双麒麟”牌弹棉机先后参加了在上海、南京、杭州等地举办的国际性博展会，声誉鹊起，很快打开了销路，产品辐射到了全国各地。

1925年，经过多年的打拼，已完成原始积累的李毓蒙果断把东山厂房搬到温州市区小南门，并与温州工商界的风云人物吴银泉、项荫轩、王子竹等人强强联手，集资组建了温州毓蒙铁工厂（温州冶金厂前身），数千平方米的厂房，加上百来号熟练工人，这家工厂一跃成为当时温州机械制造业的龙头老大，企业也由生产单一的弹棉机变成了可生产碾米机、轧糖机的综合性机械制造企业。小南门一带设有碾米厂、锯板厂、布厂、草席厂、发电厂以及内河轮船，毓蒙铁工厂的建立，推动了当时工业产业的聚群与崛起。因此，小南门毓蒙铁工厂被史学界称为“温州现代工业的摇篮”。

正当李毓蒙潜心打理的机械制造业快速发展之际，一些杂牌产品也纷纷涌向上海市场，且出现互相杀价、倾轧现象。他对此深感焦虑，设宴把各家弹棉机厂的老板们召集一起，语重心长地指出：办企业做生意必须讲究产品质量，决不能以次充好、粗制滥造、肆意杀价，否则不仅坑害用户，而且有损咱温州人的声誉。李毓蒙晓之以理，动之以情，各厂家经过几天商议讨论，决定由毓蒙、华昌、庆华、兴华等主要厂家在上海南市万豫码头设立毓蒙联华公司，公推李毓蒙为公司总经理。同时，乘势而上，又在长江重镇——湖北汉阳创办联华棉机分公司，从瑞安抽调了技术骨干，在异地开发棉机产业，拓展了销路，形成了一个跨领域的企业王国。1937年抗日战争全面爆发，随后上海沦陷，毓蒙联华公司在沪财产被毁；温州毓蒙铁工厂奉命内迁至云和、丽水，加入浙江省铁工厂和浙江工具厂。直至抗战胜利以后，棉机制造厂和毓蒙棉机厂的生产和经营才得以恢复。

李毓蒙还是工业职业教育的先驱。1937年10月，他自掏腰包在家乡创办了私立毓蒙完全小学，5个班级，7位教师，100余名学生，学生入学一律免费。就在抗战最艰难的岁月里，他依然不忘培养工业人才，又于1941年8月出资创办了温州市第一所职业技校——私立毓蒙工业职业中学。这所5年制的职业中学，除设普通中学的文体、数理化与外语学科以外，还增设机械学、机械制图、工业材料等学科，教育学生学习车、钳、铸造等操作。在他迎来50岁生日之际，不少学徒亲友准备筹款为其祝寿。他得知后，立即把自己的照片洗印数百张，在背面题上了一首打油诗：“毓蒙颠颠五十春，学校经费时常空。请君稍助一点力，培植人才各为功。”接到照片的人纷纷解囊相助，解了办学经费的燃眉之急。直至新中国成立后学校由温州市政府接办，后迁往杭州并入浙江化工学院（浙江工业大学前身）。

这是一个小裁缝自强不息、自主创新、敢为天下先，逆袭成为大老板的励志故事。李毓蒙出于寒微之家，生于飘摇之世，负浩大之气，遂爱国之心。他主导的经济活动贯穿了20世纪的上半叶，在半个世纪的艰辛跋涉里，他负重前行，每欲自任天下，其事业精神罕有其匹，堪称大丈夫！他的一生是艰苦创业和奉献社会的一生，兴办工业，志在强国，不在私利；举其一生所得创办学校，志在培育人才，发展机械工业。他劳碌一世，仍家徒四壁，一身清贫，但他给瑞安人民留下了一笔巨大的精神财富，至今依然让大家津津乐道。

人在做，天在看。晚年寂寞的李毓蒙在离开这个世界之后，其事迹曾一度被湮没，直至改革开放以后，才重新回归人们的视野：瑞安先后举办了李毓蒙历史功绩研讨会、李毓蒙诞辰95周年暨弹棉机发明70周年纪念会和李毓蒙诞辰100周年纪念会。在李毓蒙创办的工业职业学校旧址建造了毓蒙亭。从拱瑞山路的口子，沿着上埠公园的二十四孝文化长廊进去，就能望见绿树掩映间一座红柱灰瓦的亭子，那便是毓蒙亭。旅台学生设《毓蒙亭记》碑，亭里有联曰：“造棉机获专利业播江淮宏一代，办工校育后人德施乡里仰千秋。”

为了发掘李毓蒙的历史功迹，发扬他的创业精神和奉献精神，推动瑞安经济社会发展和两个文明建设，1999年，在拱瑞山路与瑞光大道口的一幢6层楼建筑里建立了李毓蒙纪念馆。李毓蒙纪念馆由著名社会学家费孝通先生题写馆名，展厅位于二楼，布展面积300多平方

▲ 李毓蒙纪念馆

米，分李毓蒙先生生平事迹展、当地工业传承展、全国各地著名书法家和诗人为缅怀李毓蒙先生而作的诗词书画作品展、李毓蒙图书馆四个展区，生动地再现了李毓蒙光辉的一生。进入展馆，就仿佛进入了一个怀旧的世界，一架弹棉机和一架开花机静静地立着，诉说着那些过去的故事，展板上的一幅幅老旧的照片，串起了一个时代的传奇。

纪念馆的主人蘸着生命的精血写完了自己的一生。李毓蒙的人格精神属于国家和民族，他的一生让人感受到了有声有色、有风度有深度的生命，从贫寒农家子弟到实业家，神秘的生存力量来自何处？命运因何向他而不是别人露出不常有的笑容？这对急于改变民族和个体命运的中国人永远有益，对于今天的温州人更有借鉴的与历史与现实意义。

人类生活在时间的长夜里，要靠少数先驱者生命的闪光将它照亮。他们是智者，也注定是人类痛苦的忍受者，不管他们选择什么道

▲ 李毓蒙纪念馆展厅

热爱祖国
无私奉献

路，只要历史车轮感受到他们的力量，历史就应该铸刻上他们的名字。李毓蒙是我们的折服者之一，由人及屋，他的纪念馆在我们的心目中并非钢骨水泥构筑，而是精神的造像、人格的外化，是一段历史的象征，一个命运的总结。

曾几何时，李毓蒙筚路蓝缕创业的事迹渐渐被世人所淡忘，我们作为同邑后辈感到一种责任，不把如此有启悟价值的生命揭示出来，就是辜负了造化让他降临人世的本意。在20多年的漫长时光里，我们从各个方位全力搜寻有关李毓蒙的资料，走访熟悉他的亲戚朋友以及有关知情者。这虽然有点累，但我们有足够的毅力。毕竟生活在同一个世纪，不必像考古学家和古生物学家对着一块碎片以一推十，我们可以在素材库里以十选一，使他掸去时间的灰尘向我们走来。这就是我们写作《我心归处是东山·浙南机械工业先驱李毓蒙》的来历与心愿。

历史人物传记是最鲜活、生动的教材，需要人们不断地去研究，去感受。就让大家在这缭乱的历史气息之中，听我们讲述李毓蒙的故事吧。

第一章

大高桥上遇贵人

1916年初冬的一天，刚刚送走金秋季节，温州的天气似乎就一反常态，树上那稀稀拉拉的叶子，干得像旱烟一样。冷风不停地摇曳着树杈，把黄叶卷到空中，转了几圈然后送进温瑞塘河。黄昏即将降临，一丝丝阳光十分惨淡，空气是混浊浊的，地上是黄焦焦的，好像世上的一切生物都提早进入了冬眠。

从北方过早地光临这个温燠之州的朔风，越刮越大了。

温州小南门在夕阳余晖的照映下却热闹非凡，一片繁忙景象，好似一幅《清明上河图》。小南门临街，卖吃的、打铁的、箍桶的、卖日杂的，小店小铺小作坊挤挤挨挨，一家接着一家。挑着竹篓担立街吆喝的小商小贩，走街串巷叫卖的货郎担，叮当声响的兑糖客，描绘了一幅生动的市肆图。有个背着小圆木桶一路叫卖槐豆芽的"童子痨"，小小的个子，声音却很响，喊一声"槐豆芽唉——"，就有人围上来买。温州人嘴里的"槐豆"其实是"蚕豆"，而叫"蚕豆"的则是人们常叫作"豌豆"的。槐豆芽颇有名气，以至于形容女人怀孕了，也称之为"槐豆芽背起"。

小南门又名永宁门，是温州古城"七大门"之一。东晋明帝太宁元年（323），著名风水师郭璞来到温州，根据城内外九座山头的不同方位，在温州建城中设置了七座城门。据旧《永嘉县志》记载，温州在唐武德五年（622）得名永宁县，因此南侧的一座城门被取名为永宁门，也就是后来的小南门。为什么把永宁门叫作小南门呢？据清光绪八年（1882）刊行的《温州古城城池坊巷图》，南面有永宁门和瑞安门两座城门，永宁门位于瑞安门之西，其城门洞较瑞安门要小，故人们称瑞安门为大南门，永宁门为小南门。

"出门日已晚，棹短路何长。赖有风相送，荷花十里香。"这是北宋温州知府杨蟠《后永嘉百咏·南塘》里的诗句，写的就是温州。他写到了温州的水，温州的船。小南门外便是温瑞塘河，古称南塘河，明清称七铺塘河。悠悠塘河70余里，北起温州小南门跃进桥，向南直至瑞安东门白岩桥。自广利桥至任宅前的一段称为小南门河，是古时城内至瑞安的内河运输干线，有至茶山、梧田、梅头、茅竹岭等多条航线，晚清时期洋货进入温州，各县土产品外运都要通过塘河运输，民国年间温瑞塘河汽轮船又开始逐年增加，因此小南门一带成了温州内河各航线的始发站和运输船只的集散地。

清朝光绪年间就有了小南门码头，其作为“水乡”温州的水上交通枢纽，人来人往，上上下下，熙熙攘攘的景象日复一日，年复一年。从温州城内至瑞安，客轮运载旅客每天来回，沿线设有多个停靠埠，百姓从码头坐船可至茶山、梧田、瑞安、瞿溪等地，因此，小南门码头虽然是一个简易码头，却是温州至瑞安最重要的交通要塞。沿岸300余米，从东到西，多种船舶按次序停靠，依次是小木划船、客运船、货运船。

在暮色苍茫之中，一顶轿子从北向南缓缓地过来。坐轿的是一位方脸宽耳、身材壮硕的中年人，身着整洁的长袍马褂，却戴着一副时髦的眼镜。这不是别人，正是“洋状元”项骧，瑞安人士，清末科举出身，倾向维新，拥护民国，也热心工业救国，这时在官场上正如日中天，在北京政府担任财政部参事（后来三次出任财政部次长，两次兼任盐务署署长）。这次，他从北京回家乡省亲，这天上午到温州走访亲友，天色向晚，正准备到小南门码头坐船返回瑞安家里。

讲起这位“洋状元”，在温州、瑞安一带可是家喻户晓的大人物。孙、黄、项、洪并称瑞安的“四大家族”，文脉相传，精英辈出，荣耀门庭，誉满乡里。出身于名门望族的项骧，当1896年族叔项湘藻、项芳兰创办瑞安方言馆（瑞安中学的前身）时，就是首批入学的学生。方言馆是浙江省最早的外国语学校，其中可以专习英语，兼学外国历史、地理。他聪慧过人，勤奋好学，博览群书，奠定了坚实的学业基

▲ 项骧

础。两位族叔对他时加赞勉，认为他必成大器。而辛亥革命以前温州地区各县的留学生以瑞安人最多，也与这个方言馆有着密切的关系。就在入馆读书的第二年，19岁的项骧娶了瑞安小沙堤黄家之女。

1898年夏天，项骧的弟弟在南京陆师学堂读书，得了重病，其母悲痛，于次年病逝。族叔项湘藻不忍心看项骧痛苦，劝他远赴上海求学，并给予资助。项湘藻是近代温州早期重要的实业家。他开通了温州城与瑞安城连接的温瑞内河快速航线，创办并经营了飞云江轮渡，与兄弟项芳兰一起支持创办瑞安新式学校。当他准备办发电厂时却英年早逝，好在他的儿子项沇同后来完成了他的心愿。就这样，项骧于1899年从瑞安来到了上海，入中国人自办的第一所新式小学梅溪学堂，师从张经甫先生。1901年他以优异成绩考入南洋公学（上海交通大学的前身），同于右任、邵力子、黄炎培、谢无量等同为特班生。南洋公学特班聘蔡元培为教授，培养了一批俊彦之士。

1903年冬，震旦学院（复旦大学的前身）主办人马湘伯邀项骧来院主持校政。震旦学院应该是中国近代第一所新型的私立高等学校，“以广延通儒、培成译才为宗旨”。由项骧起草的《震旦学院》章程，曾发表在《翻译世界》第二期上。学院开学不久，由于爱国学社受《苏报》案牵连而解散，许多学生转入震旦就读，使该院的学生人数大增。据于右任后来回忆，他当时就是化名为“刘学裕”入读震旦的，并记得当时的“学长即项微尘先生也”。这期间，项骧还与许幼园、黄炎培等人共同创办了“沪学会”。

又是在堂叔项湘藻的资助之下，1905年，项骧登上了赴美国留学的远洋海轮。在纽约的曼哈顿，他凭着扎实的英语功底，顺利考入哥伦比亚大学经济系。哥伦比亚大学是美国首屈一指的名校，学校坐落在城边高地，濒临哈德逊河，北面是风景秀美的中央公园。项骧在这里度过了四年难忘的时光，获得了经济硕士学位。

项骧归国后，清廷已废除科举制度，但对从海外留学回国的学子，仍按旧制仪式举行廷试，俗称“洋科举”。当年参加“洋科举”的温州留学生有好几个，其中瑞安人占尽风光。会试时，林大闾位居榜首，称“洋会元”。殿试时，项骧夺魁，名列黄榜一等第一名，时称“洋状元”，授翰林院修撰。项骧殿试夺魁时，瑞安还没有通电话和电报，发榜的喜报只得先由北京电传至省城杭州，再由杭州那边派快马飞传瑞安。喜报传抵后，瑞安城差不多沸腾了，“旗鼓伞纛齐出，笙箫管弦共奏”，万人空巷，全城绅民奔走相告，额首称庆，“洋状元”项骧的大名因而家喻户晓。

辛亥革命爆发后，项骧以诗赠攻克南京的江浙联军总司令、好友徐绍桢，并钦佩徐以临时大总统礼对待孙中山，后又支持被袁世凯通缉的实业部次长、革命党人马君武。1912年中华民国建立后，9月，项骧任财政部参事，不久后，又兼代理银行总办，时年34岁。

民国元年（1912），他参与发起组织民社。民社作为民国初期政党之一，支部遍布十余省，党员过万人，理事长为黎元洪，吴敬恒为总干事，项骧、王正廷等人被推为评议员，项骧也曾被派到浙江来扩大队伍。之后他由民社转入共和党，当选为干事。1912年8月底，青田、永嘉、瑞安、平阳遭受严重的水灾，项骧在临时参议院议事会上提出《咨请拨款赈济温处水灾案》，并设法落实了拨款。1913年2月至4月，项骧在北京参加了国民党、共和党、民主党、统一党等联合组

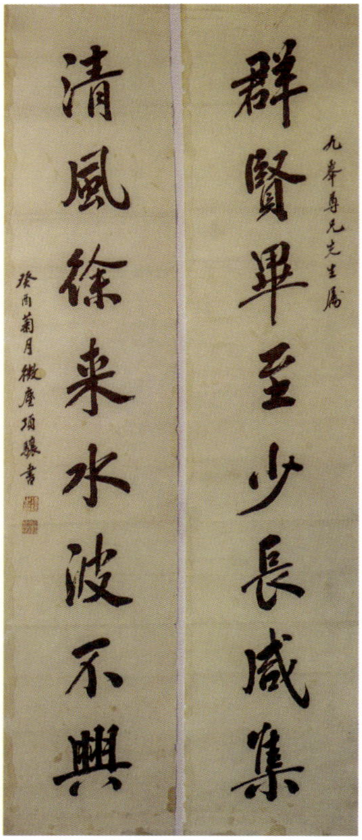

▲ 项骧手迹

织的以宪法的制定及内容确定为主题的讨论会，作为共和党人的主要代表，项骧致力于现代中国之开国立宪。现代之国家属于人民主权的国家，凡是参与制宪建国的人物，似可称为建国者。5月，共和、民主、统一三党合组为进步党，项骧当选为参议；在京温州人大多加入进步党，当选参议的还有黄群、陈黻宸、陈蔚，以及青田的陈琪。

项骧热心公益，对家乡的一草一木都充满了浓浓的情愫，每次回乡省亲都喜欢到处走走看看。这时，他所坐的轿子已到了与小南门码头相距四五百米的大高桥，瞥见拱形的桥上有一个白皙清瘦、在土布衣衫下透出一股聪灵之气的青年在高声地向路人喊话。声音在朔风中隐隐约约地传来，但又听不清这个青年人到底在喊些什么。于是，项骧让轿夫停下来，掀起了帘子。

只见小青年神情很是激动，高声地向路上行人喊着：“我是李毓蒙，我发明了弹棉花机器，现在没有铜钿办厂，谁肯拿出800个银番钿，与我搭股份，一起分红……”他站在桥上，重复地喊着，这种十分异常的举动引来了不少围观者，大多数人把他当作“疯子”，虽有人向他问话，可无人相信。

但当项骧听到那亲切的瑞安口音时，便产生了好奇之心，虽然对其所说的话尚未证实，但已有了几分好感。于是，他探出头来认真倾听，并热情地向青年人招了招手。

众人看见一坐轿之人停下问话，顿觉惊奇，马上就围了过来。经过简短地交谈，项骧得知这个青年人名叫李毓蒙，瑞安东山人，刚刚试验成功弹棉花的新机器，因无资金办厂而向众人求助。稍加问话后，便说："后生儿，你在这里瞎叫也解决不了问题，这里不是我们谈话的地方。现在时间不早，回瑞安的轮船快要开船了，我们一起坐船，在船上详谈好吗？"

小南门河停着一条条轮船，驶往瑞安的最后一班船也马上要起航了。当项骧和李毓蒙结伴登上轮船时，那些挑箩筐的、唱词的、卖膏药的、卖槐豆芽的，还有卖橄榄和莘塍五香干的，在乘客之间挤来挤去，笑语喧天，使得船上分外热闹与嘈杂。

在船上，两人一见如故，相互介绍了各自的情况。"洋状元"名不虚传，果然十分开明，虽系萍水相逢，但对李毓蒙的身世和发明弹棉机的经历兴趣盎然。他的目光含着一片慈爱，亲切地望着年轻的李毓蒙："后生儿，你说说看，在东山乡下那种小地方，你是怎么把这种新机器发明创造出来的？有什么法门吗？"

李毓蒙初出茅庐，对眼前这位心仪的"贵人"十分敬重，为了得到他的认可、支持与帮助，便壮胆在他的面前侃侃而谈，如竹筒倒豆子一般，把自己的家庭情况和这些年的心酸经历一股脑儿地说了一遍。

他出生在东山乡车头村一个贫苦农民家庭，3岁时父亲离世，家庭陷入困顿，母亲谢氏经人介绍，到瑞安城里富商项湘藻先生家里做女佣，靠做保姆的微薄收入勉强将他抚养成人。主人出于怜悯之情，让小小年纪的毓蒙跟在寡母身边，并在项氏家族创办的私塾里念了两年书，因读书非常用功，所以也习得了大量知识。13岁时他为减轻母亲负担，决心去学习做裁缝，由于思维活跃，爱动脑筋，深受师傅赞赏。在学裁缝期间，他看到古代宫殿房梁上龙凤的姿态非常美观，脑中浮现出一龙一凤相互嬉戏的画面，进而设计出女式龙凤盘纽棉袄，因为其设计新颖，一时间成为风尚，引得同行们争相效仿。18岁时学成归来，在老家东山开了一间裁缝铺，因为嫌纺纱机速度慢、产量低还耗费体力，决心改进纺纱机，遂开始研制10锭纺纱机，改手摇为脚踏，但终因机械太过复杂、耗费本钱太大而没能成功。这一次失败的经历，使他明白了自己的局限，遂从简单的机械改进开始入手，一边继续替人做裁缝来维持生计，一边研究起了弹棉机。当时疏松棉花要靠“身背大木弓，以木槌敲打弓弦将棉花弹开”，劳动生产率极低。他没钱买木料，就把自己住房的木板拆下来用；缺少试验经费，就把老家仅有的三亩地卖了。根据日本产的铁质圆桶弹棉机的原理，经过8年不断的钻研与艰辛探索，终于试制成功了我国第一台铁木结构、封闭式、三桶脚踏弹棉机，与日产机相比，具有轻巧安全、操作简便、价格低廉等优点。这种弹棉机使用起来方便省力，有很高的实用价值。于是，他与哥哥毓芳和做裁缝的朋友林步郎等5人共同投入少量资金，因陋就简，在东山车头村办起了一个小工场，一边自己动手做工，一边帮带其他几个人，进行弹棉机的试产试销。

项骧听后，深为家乡出了这样一个有志、有为的青年而感到欣慰，对李毓蒙很是赏识，两人十分投缘。项骧与项湘藻同宗，李毓蒙便将自家与项家的关系相告，使项骧相信自己不是来历不明之人，更拉近了两人的距离。

人逢知己，李毓蒙在这位“洋状元”面前，更加毫无拘束地畅谈起来。他谈到自己为了报国搞发明的抱负，研制弹棉机的艰难，弹棉机的优越性，自己对弹棉机前景的看法，筹资创办较具规模的棉机生产厂的艰辛历程……

雄心勃勃的李毓蒙梦寐以求的是拥有一家自己的工厂，通过创业，实现为大众谋福利、改善百姓生活、振兴民族工业的强烈愿望。但是，要将这个愿望付之实践，首先要解决的是经济问题，据核计至少要800银圆。对于当时的李毓蒙来说，非但家底早已精光，而且在研制弹棉机期间所欠之债尚未还清，所以经济上的窘困再一次使他陷入无奈之中。在瑞安及东山几经努力，办厂资金仍得不到落实，他居然独自一人跑到温州，想求助于政府有关部门。由于没有门道，东问西碰，有谁会理会这个穿着土布衫的乡巴佬呢？当他费尽口舌、好话说尽之后，依然被拒之门外。在求助无门的情况下，他心里十分苦闷，在温州城内转悠了很久之后仍无计可施，只好向小南门船码头走去，准备搭船回家。在途经大高桥附近时，顿觉头晕腿软，原来今天自清早出门时吃过早饭后，一整天滴水未进，由于体力不支，便在大高桥头的石阶上坐了下来，想稍稍休息一下。人虽坐下了，可心却不能安宁，还是在盘算着："找不到支持者，我就找个合股的。可找谁合适呢？管他是谁！只要愿意就行……"这样想着，他情不自禁地站了起来，向着路上行人高声呼喊了起来，很快引来了不少围观者，于是乎，就出现项骧刚才所看到的那出"街头戏"。

"后生儿，你真是好样的，明天我到你的小工场去看看吧！"项骧高兴地站了起来，哈哈大笑着，在船舱里走了几步。

项骧没有食言，说到做到，次日，他便亲自带人到东山车头进行了实地考察，认定李毓蒙发明的弹棉机大有前途。于是，按照李毓蒙的需要，很快就帮助他筹集到了办厂所需的800银圆。

因为有贵人相助，有了资金以后，李毓蒙很快就在东山乡车头村买了一块地，造了七间平房，挂起了"李毓蒙制造絮棉机器厂"的招牌，就这样，浙南地区第一家机器制造厂诞生了。他把所生产的弹棉机命名为"双麒麟"牌，其时已是1917年。

▲ “双麒麟”牌弹棉机

弹棉机厂办成后，李毓蒙为了提高生产能力，又一心投入齿条专用设备的研制。动脑筋，找窍门，经过反复实践，他又试制成功了铁皮裁条机和脚踏开齿机，使齿条加工速度提高了十几倍，弹棉机生产水平也从年产几台提高到几十台，同时质量也有了保证。由于弹棉机性能良好，各地购买者纷至沓来，产品十分畅销，经济效益显著。当年工厂便招收学徒，人员增至40余名，面貌大为改观。弹棉机厂的创办，也为以后温州机械工业的兴起，打下了良好的基础。

第二章

东山是父母之乡

为了探寻李毓蒙最初的人生轨迹，我们徜徉在飞云江畔，在瑞安东山寻寻觅觅，打量着这片吹拂着潮韵海风、洋溢着滩涂气息的土地，解码一个穷小子逆袭成大老板的文化基因。

瑞安向东，东临东海、南依飞云江的东山给人的第一印象是热闹。作为浙南闽北重要的渔港，如今的东山却鲜少闻到鱼腥味，倒是水产品加工厂、机械制造厂林立，大小酒店遍布，渔业工业齐头并进，业态十分丰富。这里依托海港海岛、码头美食，擦亮了“舌尖上的东山”品牌，灯红酒绿，一片繁华景象。而拥江发展的战略机遇点燃了东山加速蝶变的引擎，形成了用工匠精神打造宜居宜业小城镇的发展模式，描绘出了一条由镇向城跨越的美丽路径。

“潮涨吃鲜，潮落点盐。”东山渔港作为群众性一级渔港，渔汛期每天进出港的渔船有四五百只之多，买鲜者人来车往。一副箩担，跳

▲ 八十年代的东山上埠陡门头

上船，装了鱼叫牙郎过秤，急匆匆挑到瑞城的东门、南门菜场卖，都来不及擦把汗。过去东山人都津津乐道渔业好收成的事，如有谚曰“夏至大烂（多雨），黄鱼当饭”。明、清迄民国间，渔民仅有鹰捕、擂网、网艚，后来有了机帆船、尼龙网，直至现今有了外海渔轮，船上有雷达、探鱼器、对讲机，还带有冷冻机。同时冷冻厂、制冰厂办起来了，水产加工厂也办起来了。如今，在东山地界的经济开发区这一片都是水产加工企业，进入鼻子中的是一种香香的海味。我30年前认识的渔老板陈勋弟一直搞水产品加工，企业越办越大，打造了一个俗中生雅的“香海”牌子，产品有香海烤虾、香海黄鱼酥、香海炝蟹、鱼豆腐等等。从东山驶出去的还有中国第一艘海上水产干制品加工船叫“华盛渔加1号”，船上配备从国外引进的水产品加工流水线，可以把捕获的鲜活鱼鲜在海上直接加工。

▲ 2020年东山渔港码头

但东山最值得骄傲的是出了个李毓蒙，他1916年发明中国第一台铁木结构的弹棉机，到北京注册了“双麒麟”商标，这是温州最早的机械工业品牌；他在东山车头村办起了“李毓蒙制造絮棉机器厂”，这是浙南地区第一家机器制造厂。也因李毓蒙所办的弹棉机厂遍布全国，带出了许许多多本地的徒子徒孙、能工巧匠。影响所及，这里的乡镇企业起步很早，因而成为“温州模式”的重要发祥地，后来又设立了瑞安经济开发区，产生了强大的集聚辐射效应。开发区目前共有工业企业500多家，拥有以水产食品、服装制鞋、机械制造、机电、汽摩配等为主导的六大行业。历史似乎真有轮回，在李毓蒙创造弹棉机的东山，纵横交叉的厂区大道两旁，现在屹立着一个接一个的现代企业，跟李毓蒙的弹棉机厂、铁工厂比真的是“青出于蓝而胜于蓝”。

与如今的繁华相比，100多年前李出生时，他的父母之乡东山却是另一番衰败的景象，战乱、灾荒、内忧、外患，正处于风雨飘摇之中。那条由清皇朝封建地主阶级驾驭的航船在波涛汹涌的海洋中正不受自己控制地漂行，操纵舵已经破损而失灵，船体也已千疮百孔，险恶的风浪随时都会将这艘破船倾覆。

1840年（清道光二十年），英国侵略者向中国发动了一场侵略战争——鸦片战争，清朝政府战败，被迫签订了丧权辱国的《南京条约》。从此，帝国主义以炮舰打开了中国门户，并以不平等条约桎梏中华民族。皇室已腐朽透顶，对内横征暴敛，对外奴颜婢膝，内忧外患，万民涂炭。帝国主义列强更加紧侵略掠夺中国的步伐，偌大一个中国，陷在半封建半殖民地的泥沼里不能动弹。

浙南地区是土地肥沃、气候温和、物产丰富的鱼米之乡，但在列强掠夺、政局动荡的清朝末年，这里的农民同样没有好日子过。尤其是鸦片战争以后，清政府把对外赔款的重负全部转嫁到老百姓身上，苛捐杂税层出不穷，劳动人民生活在水深火热之中。咸丰年间，瑞安、平阳一带就流传着这样一首民谣：

咸丰咸丰，
五谷不丰；
冤狱累累，
租税重重；
财主谷仓天天满，
小民腹内日日空；
发财人家越发财，
穷苦百姓苦无穷！

当时农民租种地主的土地，每亩要交租谷200斤到300斤，有的竟高达400多斤。订立租契时，佃户要先交押租银；逢年过节，要向东家送礼；遇到东家有事，还必须无偿地去帮工。割稻的镰刀刚挂上墙壁，地主就带人收租来了，用血汗换来的一点劳动果实大部分都被夺走。即使是风调雨顺的年头，农民也吃不饱肚子，遇到灾荒，那就只好吃糠咽菜，卖儿卖女，走上妻离子散、家破人亡的绝路。

那年头，飞云江两岸的旱灾、水灾、瘟疫接连不断，被暴潮、洪涝所吞噬和侵蚀的生命、财产无以数计。据史料记载：公元1847年（清道光二十七年）4月18日，大风雨，山水出，潮水入，近江村庄被灾为甚，低洼处水与墙平，漂溺不计其数，平阳坑、增光垟、丁岙、下涂四处更甚。由于飞云江的堤坝年久失修，上游支流河道淤塞，大水一来，沿江两岸便成了一片汪洋。江中的滚滚浊浪奔腾咆哮，铺天盖地，裹着房梁、家什、人畜的尸体，以及抱着木头呼喊救命的人，一齐冲向下游，真是惨不忍睹。

水灾过后，接踵而来的是饥荒和瘟疫。村庄里、道路旁，到处是饿死的人和被丢弃的小孩。疫病的流行，又夺去了无数人的生命。如瑞安塘下的场桥、梅头两个村子，一下子就死了4000多人；上载村原有170多人，竟死了100多。

天灾刚刚过去，官府又来催逼捐税，如虎似狼的公差进了村子，村里哭声顿起，惨嚎一片。交不出钱的穷人不是挨棍子、鞭子，就是被套上铁索，抓去坐牢。地主豪绅乘机放高利贷，压价买田。不少小康之家也被迫卖掉祖业，贫苦的农民就更不用说了。无情的社会现实，使穷苦的百姓确实到了无法忍受的地步。

枕着涛声，江村如画，东山历来是个好地方。滚滚东流的飞云江水千百年来奔腾不息，以她博大的胸怀哺育着两岸儿女。瑞安县城就处于这条大江的下游，北岸紧靠入海口。沿江向东，离县城约4里地的东山乡，已处于温瑞平原的边缘。东山上埠的陡门，将江、河隔开，内河则四通八达，坐上小船，可去瑞安和温州；渔船可沿江进入大海捕鱼。这里有山有水又有田，物产十分丰富，若是太平盛世，人们有耕有织又有渔，丰衣足食当然不成问题。但若碰上外患内乱、天灾人祸，那就另作别论了。

1891年（清光绪十七年）旧历十月二十七日，天还没大亮，东山乡车头村农民李士德的第二个孩子降生了。“哇，哇……”低矮的平房里传出一阵阵婴儿的啼哭声，这个小生命正用他的语言和这个世界进行第一次交谈。

“恭喜、恭喜，又添了一个男儿！”接生婆的这句话，给家境贫寒的夫妇俩带来了一阵喜悦。

当李士德接过手一瞧，觉得小男婴格外瘦弱，不由得轻轻叹了口气。这个在岁时不好、饥困交迫的年头出生的孩子，降临得有点不是时候，但毕竟是个儿子，在他看来，家里添了男丁，将来就多了个劳力，也就多了一份希望。祖上的古训道养儿防老、积谷防饥，多子多福的传统观念，对这个家庭也有根深蒂固的影响，做父母的宁愿自己当牛做马，也总是在孩子身上寄托着希冀。于是，他疼爱地看着襁褓中的婴儿，对妻子谢氏说："毓芳（他们的长子）娘，这孩子一落地，天就蒙蒙亮了，或许是个好兆头，就给孩子起名叫毓蒙吧。"

李士德是个勤劳、诚实、能干的种田人，他和周围所有胼手胝足的农夫一样，世世代代卜居在这里，辛苦地耕耘着劳碌着，春夏秋冬，朝去暮来，面朝泥土背朝天，顶着毒毒的太阳、冒着凛冽的寒风，莳田、耘禾、车水、收割，就连巴掌大小的田头地角也要种些豆角之类的菜蔬。他每天早晨踩着露水出门，晚上拖着疲惫的脚步归去，年复一年地重复劳作，田野里、滩涂上洒下了他不知多少的血和汗。

岁月的流逝对富足饱暖的人家来说，不过是倏忽间的事，对于贫困忧患的家庭，可以说是度日如年。这个四口之家，仅有三亩水田和一间平房。李士德的妻子谢氏是个朴实敦厚、勤俭持家的好主妇，哥哥毓芳比毓蒙年长三岁。一家人常年吃的是番薯干饭、自种的蔬菜和闲时在江河里捕捉来的小鱼小蟹；穿的是自纺、自织、自缝的土布衣衫。小兄弟俩清清秀秀，母亲又把他俩拾掇得整整齐齐，十分讨人喜欢。就这样，父母辛勤地日耕夜织，兄弟俩天真活泼，一家四口团聚一堂，虽然生活过得十分清贫，倒也其乐融融。

天有不测风云。就在毓蒙三岁那年，当地霍乱病流行，由于在那个年代里对各种流行性疾病都无法医治，只能听天由命，人们惧之如虎，谓之"瘟疫"。就是这一场霍乱，无情地夺走了父亲李士德的生命，留下不到30岁的寡母和两个年幼的孩子，在凄风苦雨之中度日。

这飞来的横祸，一下子砸碎了他们那平和的生活，也砸碎了他们所有的希望和梦想，这间破旧的小平房像一潭死水，从此没有了笑声和生气。眼前突然发生的一切，使谢氏的心像一面被生活的锣锤敲击着的云锣，她失望、孤独、迷茫，整个人暴瘦了一圈，默默地思忖着日后的苦果何时能尽。

但是，生活还得继续下去，这位深明大义的年轻农妇坚强地站了起来，对房族的亲戚们表明了自己的态度：决不改嫁，要把两个孩子抚养长大！从此，抚养幼子的责任全部落在了母亲的肩上。可一个女人家又怎能对付那三亩薄田呢？她苦苦地寻找着生活的出路，亲戚朋友看到了，都深表同情。

谢氏面貌端庄，长相秀气，在农村算是个有见识的女人。她在娘家哥哥谢阿法的鼎力支持下，在农忙季节请短工帮忙，打理好三亩薄田，并买了一台旧的纺纱机在晚上纺纱。她精打细算，勤俭持家，每个铜板都会在手心里攥出水来，终于使两个幼子能够吃上饱饭。虽然生活如此艰辛，小生命仍在顽强地成长。转眼间，毓芳、毓蒙兄弟俩都长高了一大截，穷人的孩子早当家，两兄弟都很懂事。

春天来了，涂园里长满了绿油油的豌豆，豌豆花是紫色的，鲜艳好看，也招风引蝶。孤儿寡母的生活十分清苦，晚饭按例喝白粥，两碟小菜，咸菜烧小鱼儿加白萝卜干，大都是自家田里的出产，今晚破例多加一道菜——一盘蒸熟的豌豆，刚刚采摘下来，新鲜得散发着泥土的清香。平时，烧豌豆只放盐花，今日谢氏特地放入八角、陈皮、香叶、白糖，将豆子烹制得咸甜相宜，香气扑鼻。不吊足儿子的胃口，今晚失败的是她。

五香豌豆火候足够，十分入味。毓芳、毓蒙兄弟俩连声说好吃，筷子不停地往盘中伸，伸出的每一筷母亲都留心看在眼里。今天这个日子的意义在于做一项事关家族命运的“测试”：儿子能否有出息？家庭能否振兴？她是否是一个合格的母亲？最后，都将由饭桌上那盘五香豌豆给出神奇的答案。谢氏一个劲劝儿子多吃点，两个儿子吃着，都说从未吃过如此美味的豌豆子，时不时将豆儿搛到阿妈的碗里。

晚饭结束了，盘里的五香豌豆，小粒的吃完了，大粒的豆子留在了盘里。谢氏脸上漾开了开心的笑容。她问两个儿子：“你们将大豆子怎么全留了下来?”毓芳和毓蒙异口同声地回应道:“给阿妈吃呀。”

母亲对他们的回答太满意了,她的“测试”获得圆满的结果。那些剩下的大豆子向她宣告:这个家庭有发达之日,她的儿子不是一般的儿子,将来有大出息,成大事业,没准儿还是人上人,人之杰。她自信她的两个儿子将是鸡窝里飞出去的凤凰,禁不住热泪盈眶,让眼泪爬满脸上的沟壑。

兄弟俩不知道母亲好好的怎么就哭了:“阿妈,谁让你伤心了?”

“哪里伤心了,我是高兴!”谢氏流着热泪将两个儿子搂在怀里,抱着他们的头说:“娘的辛苦今晚有了回报,会儿夜睡不好觉。俗话说,哪户人家吃豆子,如若吃剩下的全是大豆子,这户人家肯定会发达。兄弟同心,其力断金。李家的将来靠你们打拼,记住娘的话:相信自己行!”

这一夜,东山车头村这间旧平房里的纺纱机响到了天亮。坐在机旁纺纱的谢氏是兴奋的,咔咔的纺纱声也是兴奋的。对于失去了男主人的李家而言,寡母孤儿的生活是日复一日的平淡。除了上天,没有人知道,就在这日复一日的平淡中,已有一种不平淡开始萌动。

谢氏的嘴角从此漾出了一丝笑意。身处愁苦,她的笑显现出人世的喜乐与美好,而辛苦与忧患全被收藏进梦里。年幼的毓蒙不解其意,问阿妈为何发笑,谢氏抚摸着他圆圆的脑袋瓜说,人活一辈子,不顺心多于顺心,已经很苦,勿要再难为自己。这番话,李毓蒙记住了一辈子。他也是乐观的,豁达的,人到中年,家大业大,当他行走在有几百上千人的工厂里,沿途的工人们总会窸窸窣窣说:“‘弥勒佛’来了!”当然这是后话。

一天大清早,一位住在城里的亲戚特地赶到了东山车头,对谢氏说明了来意,准备介绍她到城里当女佣以补贴家用。原来,富商项湘藻之妻张氏因染病身亡,遗下了四岁的长子沆原、两岁的次子沆同,正急于寻找一位能干而细心的保姆对这两个幼小的孩子进行管养。

这位热心人当天就把谢氏带到了瑞安城里，结伴去南堤街“大隐庐”面见项宅主人项湘藻。

两人一前一后行走在沿着东河的虹桥路，跨过了横架在东河上的汇东桥，桥西便是南堤街。南堤街中间也有一条小河，河流从西河的望仙桥河汇来，分流折向东方，过通济桥向东至南堤街，与东河连接，人称午堤河。小河不宽，在与东河交汇处则河面很是开阔，北来西往的船只可在这里转向掉头，来去从容。南堤街这段河流上有两条桥梁，一为石结构的南堤桥，俗称石桥，一为木结构的午堤桥，人称木桥。午堤河两岸帮岸整齐，河埠相连着，或借地利倚在桥堍边，或设置在河帮岸向河突出，可洗涤可停船上岸。这里多的是热闹，那些洗衣洗菜的大嫂、姑娘，有的放低了声音叹点苦经，有的拉起喉咙说东家长西家短，引得正走在桥上的两个人不由自主地放慢了脚步。

南堤街位于午堤河上下两岸，西起会文里东至虹桥路，呈东西走向，因瑞安的名门望族项氏大多聚居在这里，项姓郡望南堤，故名南堤街。上（北）岸街比下（南）岸街宽，两岸沿街放眼过去都是古朴的大宅门、高高的院墙和错落有致的马头墙，这些翘檐飞角流淌着古韵的沿街木楼，映衬着河流、河埠、桥梁还有岸边的垂柳，端的是一派小桥流水人家般清幽的意境，更呈现了瑞安城门前流水、荷蕖飘香，街道依河而设，木楼临水而筑的江南水城风貌。

因为有熟人的介绍，一阵交谈下来，知书达理、儒雅和气的项宅主人项湘藻对谢氏十分满意，当即就把帮佣的事情确定下来了，并议定了佣金。

于是，谢氏把心一横，狠狠心将两个年幼的孩子寄养在哥哥谢阿法家里，自己打起小小的包袱到项家做了女佣，以每月 7 角钱的微薄收入，维持全家大小的生计。

初来乍到，这个既富又贵的书香门第给谢氏一种陌生又惊奇的感觉，这里与贫穷的乡村可以说是两个完全不同的世界啊！幸运的是作为一家之主的项先生和蔼可亲，4岁的沆原和2岁的沆同乖巧可爱，她便渐渐地习惯了这种生活，安定下来了。然而，每当她面对锦衣玉食的项家兄弟俩时，总免不了要想起自己那两个苦命的孩子，经常独自在一旁暗暗落泪。项湘藻很同情谢氏的遭遇，对她的诚实能干也十分赏识，就让她将年幼的毓蒙带在身边。因此，小毓蒙可以经常随母亲去项家，与项氏兄弟一起玩耍、游戏，也使他与项氏家族结下了一生的不解之缘。

第三章

异想天开的小裁缝

日子如同南堤街项宅门前那条午堤河里的流水，哗哗地流走了。古老的瑞安是水做的城，城内水系四通八达，小河交叉纵横，盈盈流水上跨架的多是石桥，小河汊里漂荡着各种小船。街道依河而建，木楼临水而筑，可谓门前流水，户户系舟，花柳饰岸，荷蕖飘香。走过梦境般幽深的古老街巷，两边都是翘角飞檐的老屋，徐徐而来的微风抚过黛瓦、青砖的屋檐，滑过木质雕花的窗棂，拂过庭院里的花木，将花瓣轻轻洒落在门前反射着太阳幽幽的光芒的石板路上，空气中混合着花香和各种美食的味道，人间烟火有清欢。

这年头，外头的世道乱嘈嘈，但偏居东南海隅的瑞安还是相对静谧的。谢氏在项家帮佣多年，其勤劳和实诚的秉性深得上下好评，从小失去生母的项沇原、沇同小哥俩在她身上重新得到了母爱，对她产生了深深的依恋，而经常跟着母亲到项家玩耍的李毓蒙也与他俩亲如兄弟。她在项宅待的日子愈久，对项氏家族的有关情况愈发了解，一家之主项湘藻在她心目中的形象也愈发高大起来。

位于瑞安城区东南部的南堤街是明清时瑞安最繁华的地段。据旧志所载，项氏聚居城关镇南堤街，始迁祖于五代时，自湖州苕雪溪迁此，繁衍生息。在漫漫的历史长河中，这个拥有深厚文化底蕴且富有强大活力的大家族，文脉相传，精英辈出，荣耀门庭，誉盛浙南。孙锵鸣有记载：南堤项氏“世为城中望族”。晚清瑞安有四大家族，孙、黄、洪、项。项氏是孙衣言舅舅家。清代中后期，南堤项雾、项傅梅、项傅霖三先生，均好学，以诗文名世，著作刊为“瑞安南堤项氏丛书”，其中的《且瓯集》，由名臣左宗棠题写书名。项家有水仙亭和珠树楼，藏书惠及族人和乡亲，带动地方文明向上向善提升。项湘藻就出生在这样的书香家庭。

他幼承家学，博通事务。紧接着瑞安算学书院的创办，项湘藻斥巨资与弟弟项芳兰创办方言馆，馆址选择在瑞安县城范大桥街项氏宗祠。1896年12月3日（光绪二十三年十月二十九日）方言馆开学，设西文（英语）和东文（日语）两个班。从南京和上海聘请施静山和上海圣约翰书院毕业的蔡华卿至瑞安，为外文专任教习。这是浙江省近代创办最早的外国语学校。辛亥革命以前，瑞安留学生最多，占了温州地区外出留学生总数的近四成，与方言馆的创办有关。1902年，瑞安合并学计、方言两馆，创设瑞安普通学堂，后来，瑞安普通学堂更名瑞安公立中学堂，成为今天瑞安中学的前身。

晚清以来，国运衰微，民不聊生，忧国之士在黑暗中苦苦寻求救国之路。面对内忧外患，作为地方上远近闻名的开明绅士，项湘藻率先投身于教育强国和实业救国的实践，不但支持新式学校的创办，更将自己的主要精力用于推进实业的发展。他是温州早期现代化的探路者，也是温州近代内河航运的先驱。正是他协同孙诒让组织富强矿务公司，又集资组成大新轮船股份公司，租用上海“湖广号”客货轮，开辟瑞安至宁波航线。他还创建了通济轮船公司，购置动力汽轮船行运于温瑞塘河、飞云渡口及瑞平塘河，连接温州和瑞安、平阳两地，打通了温州内河航运的主动脉。

光阴荏苒，日月如梭，转眼间，李毓蒙已经11岁了。母亲谢氏见他长得聪颖俊秀，有心将他送入蒙馆读书。当时的蒙馆也就是项家的私塾。在文风蔚然的瑞安，每个母亲都在儿子身上寄托望子成龙的梦想，男孩满五六岁就要开蒙入塾，家中再穷，母亲也会从嘴边省下粮食供儿子读书。这是一场赌博，但母亲们乐此不疲，当然其中也不乏赌赢的先例。

小小年纪的李毓蒙时常会到项家玩耍，项湘藻见其天资聪颖，心地纯善，心里十分喜欢，便有心助其成材，见谢氏央求，遂一口答应。

人生，是由一连串偶然的链条构成的，如果你不慎更动了中间某一链环，人的命运就会变成另外一种样子。少年李毓蒙能够进入项家

▲ 11 岁时李毓蒙进项家蒙馆（私塾）读书

的私塾念书就是如此。直到晚年，在回忆自己所走过的人生道路时，须发斑白的李毓蒙还常常向子孙们讲述自己第一次进私塾时的情景。

这一天，终于盼来了李毓蒙热望的私塾开学的日子。把毓蒙穿戴得整整齐齐，背上装着笔墨纸砚的书包，跟着母亲踏入了项家的蒙馆。毓蒙头一眼看到的是先生桌上那根长约尺许、厚不足两寸的桑木戒尺。念过塾馆的孩子都知道它的厉害，只需打两三下，手便肿得发酵馒头似的。他发誓入塾后一定恪守规矩，万万不能挨戒尺。接着，进入拜师仪式。蒙馆正面墙上悬挂着大成至圣先师孔子像，为表敬仰这位万世师表，他虔敬地拜下去，以额触地，久久不起身。先生连连咳嗽提醒，他才明白过来还有其他人等着磕头呢；于是站起来，对坐在太师椅上的先生又一次以额触地，算是认了老师。

从此，李毓蒙开始了孩提时代的读书生涯。这是一种陌生而又充满了新奇的生活。毓蒙在项家游玩时，看着一个个孩子穿得整整齐齐，背着书包，蹦蹦跳跳地去上学，他是多么羡慕啊。他时常憧憬着，什么时候自己也能像那些小孩子一样，坐在那里和他们一起读书。他有一次甚至偷偷地站在私塾的门外，看小孩子们摇头晃脑地念着那些听不懂的文句，听先生讲着那些听不懂的辞章。他想，那里面，一定有着一个他从未涉足的世界和未曾探索过的领域。如今，他带着这种渴望和憧憬即将实现的急切心情，和那些过去令他羡慕不已的孩子们坐在一起，开始步入他的学生时代，他也能够读书了。这时，他的心情是异常激动和喜悦的。

“子曰：君子食无求饱，居无求安，敏于事而慎于言，就有道而正焉，可谓好学也已。”

“古之欲明明德于天下者，先治其国；欲治其国者，先齐其家；欲齐其家者，先修其身；欲修其身者，先正其心；欲正其心者，先诚其意；欲诚其意者，先致其知……”

课堂上先生口中念念有词，头则一摇一晃，身体也随着那抑扬顿挫、韵味十足的文句而摆动，看起来，他真是被文章中华丽而精采的词句所陶醉感染了。可是，坐在下边的毓蒙却茫然不解。第一天上课，他简直是如坠云雾之中。

回到家里，妈妈像欢迎一个凯旋归来的将军似的招前呼后，端茶递毛巾，又把儿子拉到身边问这问那。

“姆啊，读书好累吗？先生待你好吧！”

“阿妈，”毓蒙如实相告，“今天根本不晓得先生讲的是什么名堂。”

“听不懂？”妈妈问儿子，她认真起来了，“姆啊，如今有出息有作为的人都是读过书的，都是从学堂里出来的，学了就有用。先生讲的都是圣贤的至理，当然难懂啰，不懂就要好生学，专心学，晓得啵？”

毓蒙懂事地点了点头。从此，他将妈妈认定的道理带到了私垫，好生学，专心学，不懂更要学。毕竟毓蒙天性颖悟，经过慢慢领会，不断刻苦，很快就学得顺畅了，先生的文章和讲解他能很快学懂，甚至融会贯通，先生提的许多问题，别人答不出来，他能很快答出来，而且其领会程度常令先生刮目相看。他与从小一起玩大的项沆同成了同窗好友，两个人互相鼓励互相竞赛，读了《孝经》《毛诗》《唐诗》《千家诗》等，并能背诵和讲解，他们像贪婪的牛犊，拼命地吸吮着文化的乳汁，压抑已久的探究知识的欲望释放出来，两人都成了蒙馆的“尖子生”。

李毓蒙兴趣广泛，追求日新，私塾的文化教育令他视野开阔，思维活跃，开始琢磨起自己的将来。项氏是瑞安的名门望族，他从小就常到项宅和沆原、沆同一起嬉戏打闹，他们顽皮地在南堤街溜过来溜过去。但当母亲牵着他的手走过每一座大屋前时，总会停下来要他恭恭敬敬地走过，并告诉他这是过去读书人的藏书楼、这是状元住过的房子、这是开拓实业造福百姓的民族资本家的宅院……要尊重这些先人，不能在这里嬉闹。这也成为他生活中最深刻的记忆。

而项氏私塾在晚清改良主义的影响下，除了学习传统文化，还十分注重对学生开展新观念新知识的教学，这与主人项调甫密切相关，他因受维新派思想的影响，面对列强侵略、清庭腐败的局面，大力主张科学救国、实业利民。蒙馆的教师张楚玉先生等思想也比较进步，时常将译文书报，尤其是有关科学史略、发明家传记等著作列为教材，对学生开展新文化、新思潮和科学救国的教育。小小年纪的李毓蒙聪明过人，读书过目不忘，对中外科学家、发明家充满了敬佩之情，瓦特、爱迪生、达尔文、蔡伦、鲁班等都成了他心中的英雄和偶像。

才到4月，天气就暖烘烘的。在蒙馆里读书有点发闷，经项沆同提议，一个阳光灿烂的午后，李毓蒙和一班私塾同窗好友相伴，兴致

▲ 小毓蒙对瓦特、爱迪生等留下了深刻的印象

勃勃地“春游”隆山。在平日，他常常远望着隆山塔那巍峨的塔身，感到一片片白云就像拴在塔尖上似的。

孩子们在明媚的阳光中，像一群小鸟，喳喳嘻笑着，张开翅膀向山坡飞去。隆山是浙南一座历史文化名山，带着千年的文化积淀俯瞰着瑞安古城，紧依着滔滔飞云江，与同在城内的西山对峙而立，遥遥相望，古人有云：“西岘钟声晓，东山塔影斜。”

山道上行人稀少，宁静安祥，一阵清风搅起山林间百草杂树的清香，沁人肺腑，也包含了丝丝凉意。山上的林木渐行渐密，满目碧绿，浓荫遮日，举目仅见狭长的天空，斑驳的阳光透过枝杈洒落在泛着绿光的草地上。就在那狭长的天空中出现了一角飞檐，他们渐渐地看清了一座斗拱飞檐的古塔的身姿，大家很快就来到了塔前，忘记了爬山的劳累。隆山塔是一座以砖木结合构筑的仿木楼阁式塔，塔高七

▲ 瑞安隆山塔

层，平面呈六角形，各层高度依次递减，各层平面直径相应依次缩短。外施回栏，木构腰檐，翼角飞翘，风铎叮咚声可闻十里。这座历尽人间沧桑的千年古塔，建于宋代，作为瑞安的一座风水宝塔，凝聚着一代代先民对文化和良知的渴求。他们希望通过这座雄伟的宝塔振文风聚灵气、出人才兴瑞邑。

耸立于隆山之巅的隆山塔是历史上瑞安城的重要地标，更是瑞安人感到最熟悉最亲切的一座古建筑。出门异乡的瑞安人回乡临近瑞城，远远地望见隆山塔，心中都会油然升腾起一丝亲切感：到家了。尤其是阔别家乡多年的游子，归乡时看见隆山塔，心中都会激动不已：终于踏上家乡的土地，可以让浓浓的乡愁落地了。

啊！啊呀呀！这就是我所生活的家乡吗？站在隆山之上俯视，飞云江像一条金色的玉带穿流入海，仿佛娴静的母亲敞开怀抱用甘甜的乳汁哺育着儿女，罗阳大地一派宁静安祥。这座古城颇具传奇色彩，传说在唐朝时，一只白色乌鸦突然降临小城，人们惊呼其为祥瑞，这城便得到了一个颇为吉祥的名字——瑞安。这里山水俱佳，海陆兼有，地形可以用“七山二水一分田”来形容。这里的地势西高东低，在西北部有大片山区丘陵，到了东南部又以低山丘陵为主，然后伏地入海，形成东海大陆架上的列岛。由于受到海洋暖流、沿海岸流及入海径流的交替影响，大量的鱼群被吸收至瑞安海洋，渔民出海往往是满载而归，正如民谚所说，夏季多雨时打捞到的黄鱼多得可以当饭吃。飘逸千里的宋代大诗人陆游也赋诗赞叹：“俯仰两青空，舟行明镜中。蓬莱定不远，正要一帆风。”啊，这就是瑞安，这就是我的父母之乡！

李毓蒙倚着隆山塔身的石壁向四周远眺，4月的暖风吹得呼呼响，眼前如画的美景把他完全吸引住了。蓝天格外明净，大地一片锦绣。麦苗拔节了，和绿茵茵的小草一道，组成了连绵不绝的绿色绒毯。在绒毯上红的，黄的，紫的……一串串，一球球，一朵朵……各种山花向白云发出明灿的微笑。他只觉得一种温馨的、麻酥酥的感觉在心里荡漾，一切都这么好，这么生气蓬勃。

但是，由于生活窘迫，在13岁那年，李毓蒙就无奈弃学，离开了书声琅琅的蒙馆。短短两年的私塾生活，在他幼小的心灵里留下了极为深刻的印象，他也好像化蛹成蝶，思想发生了蜕变，这个如同做着庄周梦的乡下少年，因着蝴蝶的出现，目光明亮了起来，心灵底部也被光芒点亮，照亮了他命运的福祉。也因着蝴蝶幻化这个至纯至诚的梦境，他不断创新前行，开启了命运的另一扇门扉，对他后来一生致力于发明创造、实业报国起到了积极的作用。

母亲见李毓蒙身体单薄，如果跟从舅父谢阿法回东山车头去务农，做种田这样的重体力活，恐怕会吃不消。于是，谢氏当机立断，托人让他拜城内的裁缝师傅秦嘉稀学手艺。

在旧社会，当学徒、学手艺的生活是相当艰苦的。师傅家的一切家务杂活——洗衣、做饭、扫地、打水、带孩子、倒马桶等，都是学徒分内的事，这对毓蒙来说也不例外。干完杂活，就要帮师傅缝制做纽扣的带子和编制纽子，在这个时候，他经常偷偷地盯着师傅是如何量衣和裁剪的，看过之后在心里细细地琢磨一番，很快就把方法与要领记在了自己的心间。

有一次，秦师傅恰恰不在家，一位顾客上门了，见只有毓蒙一个人在店里，就找他问讯做某种衣服的用料。当下，拜师学艺没多久的李毓蒙胸有成竹地代替师傅做了回答，还详细地告诉人家各部位该用多少布料。这位顾客刚刚离开裁缝店，后脚师傅就回来了，当他知道这事后，非常生气，因为根据毓蒙所说的用料数量，是赚不到布头的。可是，在生气之余，师傅又因为他的聪明而着实吃了一惊，心想："我还一点也没教过他，这小子倒全知道了……"

由于李毓蒙心灵手巧、勤奋好学，并且悟性很强，很快就掌握了针线活的要领，针脚缝得又细又齐，像模像样。于是，师傅也就破例提前让他一同参与缝制衣服了。

在毓蒙学手艺的头年，就发生了这么一件有意思的事。一天，有位顾客要秦师傅做一套"百褶裙"，而且对款式要求比较高。就在师傅准备裁剪时，毓蒙在一旁提出了这样、那样的建议。秦师傅在心里虽觉得蛮有道理，但面子上又下不来，一着急，就恼火起来了，他把布料往小学徒面前一扔，说道："你本事大，那你拿去做吧！"李毓蒙却并不害怕，嘴上一声不吭，心里却在想："做就做，有什么了不起的！"于是，他便真的拿起布料动手裁了起来。第二天下午，一条做工精细、款式新颖的"百褶裙"就递到了师傅的面前。秦师傅把这条裙子翻来覆去地看了又看，实在找不出什么毛病，也忍不住地夸了起

▲ 李毓蒙学裁缝

来："嘿！蛮好，真的蛮好。"从此以后，师傅对这个虽然还没出师却动手能力很强的小徒弟也刮目相看了。

就在学裁缝的第二年冬天，秦师傅带着小徒弟李毓蒙去给一大户人家的女儿做嫁衣。那位正待出嫁的姑娘有点娇气有点挑剔，对一件大红缎棉袄的款式很讲究，提出了一定要典雅别致。师傅自然满口答应，但心里盘算了大半天，觉得实在设计不出什么新颖的样子。正待在旁边的毓蒙冥思苦想，一时也无计可施。可是，当他走出屋外，偶然抬头看见一座雕梁画栋的屋宇时，不禁惊喜地叫了起来："好图案！这可是个好图案！"

原来，李毓蒙不经意间在屋脊上发现了一幅龙凤呈祥的图案，非常生动醒目，立即产生了将这个图案"嫁接"到服饰上去的念头。就这样过了几天，经过他精心独到的设计，新嫁衣上出现了叫人为之叹服的"龙凤盘纽"。这种"龙凤盘纽"的新服饰，令那位待嫁的新娘欣喜万分，主人家在大加赞赏之余，特地另加两枚银圆作为毓蒙的“赏钱”。要知道，这时的小学徒李毓蒙才年方十四岁！

后来，“龙凤盘纽”在城里的有钱人家的小姐、太太们中间风靡一时，秦师傅的裁缝店也因此而红火起来，小小年纪的李毓蒙也在当地同行中崭露头角，名扬瑞安城。

1905年深秋的一天，李毓蒙正在裁缝铺里埋头做生活。他的幼年朋友、也是私塾同学的项沆原和项沆同，托人带来了口信说，“湖广号”轮船已经到了瑞安城关的南门码头，叫他赶快来看看。听到这个消息，毓蒙兴奋不已，当即向秦师傅告了假，急急赶往南门的轮船码头去。

原来，这艘运载量300吨左右的“湖广号”客货轮，是项湘藻为集资开办“大新轮船股份公司”，专门从上海租来的，准备开辟瑞安至宁波航线。在那个木帆船、夹板船、小火轮一统天下的年代里，它可谓是“鹤立鸡群”，这在瑞安的航运史上也是前所未有的。

李毓蒙在小伙伴的带领下，在“湖广号”里转了个遍，他对船只的结构原理产生了浓厚的兴趣，惊叹科学技术的巨大“魔力”，这也使他对什么是“机械”有了最初的感性认识。这第一次的见识真是非同小可，深深地扎根在毓蒙的脑海里，再也无法抹去了。

转眼到了1906年，李毓蒙艺满出师后，便与同庚、同行的好友林步郎搭伴，在瑞安城里给人家打短工做裁缝，开始独立谋生，收入不菲。此时，母亲谢氏更是欣喜万分，满以为苦日子从此熬出头了，儿子的裁缝手艺出众，将来也可以开个裁缝铺，养家糊口不成问题，生活就有依靠了。她哪里知道，自从毓蒙参观了那艘“湖广号”轮船以后，他的心已不完全在裁缝手艺上了。

在此期间，正值清王朝政治更加腐败，临近崩溃，社会经济萧条，外侮频承，民生困苦，全国各地都掀起了救国图存、兴办实业、振兴中华的爱国运动。瑞安县城也与全国各地一样，爱国人士和学生到处开展挽回权利、抵制洋货、提倡国货的宣传活动，受这一思潮的影响，李毓蒙与那些有识之士一样，产生了“改变我国极为落后的生产面貌”的想法和行动。

李毓蒙和邻居挚友严士水、吴良贵等一班热血青年，本是农家子弟，对于洋货，他们与广大贫困的劳动者一样，无钱问津，但对洋机器的优异性能，却极为向往。于是，这些年轻气盛的年轻人产生了在自身力所能及的条件下，改变现实落后的生产工具的想法。在几个人的合计下，他们打上了小木船的主意。他们生长在飞云江边，对船只相当熟悉，见过大轮船、小火轮……但他们经常打交道的却只是划桨摇橹的小木船。当地内河四通八达，境况稍好的农家都自备小木船，作运送肥料、农作物和外出赶集之用，农家男孩早早就会划船。划船是很费体力的劳动，其航速又极慢，与步行差不多，严士水等人对此深有体会，认为应该大力改进。

这几个年轻人，正是血气方刚、想象力十分丰富的年龄，说干就干，弄来一只小木船，根据自己的见识和想象，决定将划桨式船改成脚踏式，开始折腾了起来。这番举动被李毓蒙得知后，也产生了极大的兴趣，一方面是“湖广号”轮船的“魔力”激发了他，另一方面，他认为此举若能成功，就可减轻船夫们的劳作之苦。于是，他毫不犹豫地投入了这一行列，但为了多一些自己的主见，他独自弄了一艘小船，首次尝试机械研究。就这样，李毓蒙与他们几个人之间相互参考，共同研究，但各以自己的意见和想法进行试验。

经过一年多时间的努力，这班人试制出来的两条铁木结构的“人力脚踏”船，终于放到了塘河中进行“试航”。

试航的那一天，“仪式”煞是隆重，全村的人都跑去“观光”，河岸上站满了男女老幼。按理说，人们对两条新式船只是给足了面子的，可这两条船却不给“船老大”面子，任凭几个壮小伙子脚踩手拉，仍像老牛拉破车似的，充其量也只能赶得上普通木船的速度。这下子，河岸上传来了一阵阵哄笑，急得李毓蒙他们面红耳赤、大汗淋漓……

当即，就有好事者编了一个“顺口溜”来嘲笑他们的“创举”：东山上埠造陡门，东山中埠造火轮，火轮用脚踏，七个人踏，八个人拔，拔到长华夹，阿蒙去（伤）双手，士水佬去（坏）只脚，快慢比航船只了得轧轧。

但面对人们的嘲笑，李毓蒙根本不以为然，犟劲也上来了，对摆弄机械反而更增兴趣，念念不忘，把改进落后的生产工具和改善劳苦大众的生活视为己任。他时常对挚友林步郎倾诉自己的想法：“真想发明一种机器，来减少人们的劳动量；如果大家都动脑筋，设法革新改造现有的劳动工具，使生产效率大大提高，那就用不着进口那么多洋货了。生产效率提高了，劳苦大众的生活才能得到改善，不能让洋人永远看不起我们中国人……”

每当李毓蒙感慨万千、振振有辞之际，林步郎总会开玩笑地挖苦他：“你那只脚踏动力船什么时候跑得过洋轮船时，我们就用不着洋货啦！”同时，他也劝说毓蒙要安分地做好自己的裁缝生意，养家糊口才是最重要的。可这时，异想天开的李毓蒙已经根本听不进好友的说教了。

第四章

八年辛苦不寻常

1908年的春天来到了。春风还没有来得及在飞云江两岸多打几个滚，田野就抖抖身子，换了装，一片青，一片绿，阳光照射在碧澄澄的江水上，鱼儿的眼珠子被耀花了，尾一摆，潜入水片，留下一串咕咕响的气泡，闪烁着太阳七彩的光。瑞安的春天总是来得这么早，不用人请，她就跑来撒娇了。

在乍寒乍暖的早春季节，李毓蒙结束了在瑞安城里打裁缝短工的生活，在母亲谢氏的力主之下回到东山老家，在东山乡中村的凤林桥头，租用曹家的房屋开起了一个裁缝铺子，这也算是帮母亲完成了她的心愿。

但春天似乎是别人的，李毓蒙简直没有注意到她明媚的面孔，这些日子，他又陷入一种进退两难的境地中。在失败与嘲笑里挺直了身子，他一天比一天强烈地感觉到，自己应该在机械工业的广阔天地里驰骋一番。他咬紧了牙关，发誓一定要在这片崭新的领域里做出一番事业来。

希望的种子在心里发了芽，就应该用心血去浇灌它。于是，这个心怀梦想的小裁缝白天忙于替顾客缝制各式各样的衣服，晚上又总是惦记着那个“发明机器、改善民众生活”的愿望。

因为天天与手头的棉布、棉线打交道，李毓蒙有了更多的感触：洋布的确比土布细致漂亮，虽薄但牢度并不差，如果中国人能织出这样又薄又牢的布料，那谁还会去买洋布呢！但是，要靠农村现有的纺织手段是不可能织出像洋布那般细致的布匹来的，想使布料细致，就要求纱纺得细，纱细则纺得慢，这样的布料不可能便宜，穷人买不起。如果我们能够改进纺纱机的性能和增加纺纱机的锭数，则可纺制细纱，又能使纺纱的速度成倍增加……这样想着、想着，他便萌发了改进传统的单锭手工纺纱机的念头。

于是，他以做裁缝的微薄收入作为研制资金，开始试制五锭、十锭纺纱机。但在瑞安当地根本找不到一台合适的机器来借鉴，更因他未接受过数学、物理和机械等理论教育，缺乏基本知识，虽然经过一年多时间的艰苦努力，也花费了不少精力和财力，最后因棉条出纱不均匀和纺得不紧，而使纱的强度不够，他心目中的纺纱机未能研制成功。

在试制纺纱机失败后，他又转而研究棉条机。传统的棉条做法是用一块木板，将弹松的棉花压卷在细棍子上而成，可减少蓬松棉花的体积也便于纺纱时使用，但这种制作方法的致命弱点是速度很慢。又经过一年多的辛勤劳动，李毓蒙凭着自己的智慧和才能终于试制出一台新的棉条机。可是，由于机器性能不稳定，事故频发，机器实际上没有使用价值，最后他又以失败而告终。

李毓蒙试制的“脚踏动力船”“纺纱机”“棉条机”都相继告败，但这一切却没有使他气馁，相反，又一个研制项目在他的脑海中酝酿成熟了：也许弹棉花机器的研制会简单一些吧。随后脑海里的灵光一闪，他马上把自己的目标转到这上头了。

所谓弹棉花，其实就是要把棉花纤维弹松。籽棉在脱籽过程中，其纤维被压得十分结实，这种脱籽后的棉花称为皮棉。皮棉不能直接用来纺纱，也不能用来制作棉被、棉衣等，必须将其纤维弹松后才行。所以，弹棉花在整个纺织劳作中是一道必不可少的工序。

在没有弹棉机器的年代里，最原始的方法是将皮棉放在钉板上钩住，用手撕扯，使纤维一点一点地松散开来。使用这种原始的方法，一个妇女一天只能扯出几两棉花来。后来有了弓弦弹棉工具，便由男劳力身背大木弓，以木锤敲打弓上的弦，弦振动而使棉花纤维散开，而这种弹棉方法耗力大、产量低，一个男劳力一天到晚干十几个小时也只能弹棉七斤左右。不过，比起前者来，后者效率已提高了许多，但也有一个不足之处，就是会让棉花飞满屋，既不卫生又很浪费。

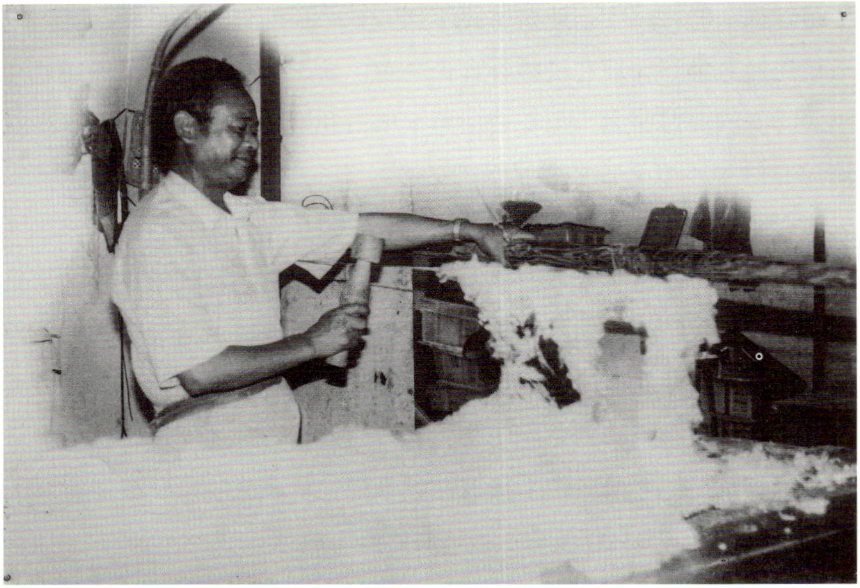

▲ 原始弹棉花手工操作

他下定决心，排除万难也一定要改变落后的弹棉方式。李毓蒙的这个“决心”下得非同小可，从1908年开始至1916年弹棉机试制成功，他整整奋斗了八个年头。

另辟蹊径，从头再来，在认真吸取、总结了纺纱机和棉条机研制失败的教训之后，李毓蒙把自己关在房间里，经过不知多少个日日夜夜的冥思苦索，终于搞出了一份弹棉机的设计图稿。

但在图稿完成后，要想让研制工作得以顺利进行，没有一定的资金还是不行。由于他在前几次的机器研制过程中几乎耗尽了全部积蓄，而且一直疏于自己的“正业”，做裁缝的收入越来越少，只得设法向亲朋好友借贷，可是，又有多少人会相信这个涉世不深、“不务正业”的小裁缝呢？那几年他的所作所为，在常人的心目中的确很难得到理解和认可，而且已经引起了许多非议。

为了筹集研发新机器的资金，李毓蒙白天干脆放下了手中的裁缝活儿，一连数日，在外头东奔西跑，但借遍了邻里亲朋，最后也所得无几。这天，当他回到家时，已经很晚了，家里人都已进入了梦乡。母亲谢氏也已躺在床上准备睡觉，见儿子回到家，得知他尚未吃晚饭，便急急要起床去给他热饭。

此时，毓蒙按住母亲的手说："娘，你先别忙，有件事要与你商量呢。"母亲轻声细语道："什么事这么急？等你吃了饭再说吧！"他连忙回答道："的确是很要紧的事，我现在也吃不下饭。"

母亲见毓蒙一脸焦急的表情，便又坐回到床上，正色说："娒啊，你讲吧！"

面对对自己寄托了厚望的慈母，年轻的毓蒙诉说了自己因为想搞弹棉机，多方借债，至今缺额很大的事，他低声请求母亲把自家的三亩水田卖掉，以解决所需的经费。

当谢氏听儿子谈到又有新的打算且向外借钱时，几次要打断他的话，而毓蒙总是以"你先听我说"来阻止母亲的插话。但是，当谢氏听到儿子说要卖田时，再也按捺不住自己的怒火，一拳捶在床板上，大声训斥道："你这败家子！你是不是不想活了？你要卖田，除非我死了！"说着失声痛哭起来。

这个刚刚长大成人的儿子怎么像变了一个人似的？本来他是个心灵手巧、善解人意的好孩子，从小就知道要帮衬母亲，经常跟着哥哥去捕捉鱼虾，贴补家用。而今，他手艺学成，自开裁缝铺子，生活可以过得平平稳稳的，却不安心守业，偏偏去搞那个对他毫无益处的什么机器，如今落到要卖田的地步。想到丈夫早早去世，自己独自含辛茹苦抚养两个幼子成人，因为田地是农家的命根子，再苦再累也要保住这祖传的三亩水田。现在，这个学艺有成的不孝之子非但成不了家里的顶梁柱，反而要卖田蚀掉老本，接下来这日子可怎么过呢？自己的命运怎么就如此不幸！谢氏越想越悲哀，哭得愈发伤心裂肺。

这是毓蒙自记事以来第一次见到母亲如此伤心和发怒的模样。母亲生性贤淑，一直像母鸡呵护小鸡一样倍加爱护两个失去父亲的孩子，所有的苦楚总是深埋在自己的心底，从不透露，有泪也是背着孩子们偷偷地流。因此，母亲在他的心眼里一直是和蔼可亲的。

李毓蒙当即傻眼了，一下子跪到母亲的床前，拉着母亲的手，泪流满面，哭着说："阿妈！你勿哭，你勿急啊！有话慢慢说，我会听你的……"

慢慢地，谢氏总算平静了下来，号啕大哭变成了小声抽泣，可是长久以来憋在心里的那些话语，今晚再也不能不说了！她流着眼泪，边哭边数落着儿子，说他不该不体谅自己十几年来的苦心，不该在手艺学成之后再去干外行事，不该到处借债败完家产……母亲的话句句实打实，毓蒙不断点头称是，并不住地说着"是儿对不起妈，儿心里明白……"

说着，说着，母亲再不忍心看儿子那痛苦的样子，语气也渐渐地平和下来了，"妈不是想你赚多少钱来养我，只是你兄弟俩年纪不小了，也该准备成家立业了。你哥毓芳在家靠种地只能勉强保他自己，你若再不安于裁缝，我与你哥是无法帮你的。你若成不了家，为娘如何去见你过世的父亲呢？"

她语重深长地对毓蒙说："你每次搞什么机械，都不成功，你可知道妈为此听了多少闲言碎语吗？那种揪心的苦痛你能理解吗？ 媠啊，求你不要再好高骛远了，我知道你聪敏能干，但家里没有能力供你上学府去学更多的知识，你有什么能耐去摆弄机械呢？妈这下半辈子不图大富大贵，只求安稳度日……"

毓蒙见母亲已经心平气和了，又壮着胆子向母亲诉说自己的心愿

▲ 李毓蒙说服母亲卖掉祖传的三亩水田

和理想："阿妈，你为我们兄弟俩吃尽苦头，儿子心里一直明白，儿确实对不起你。儿也一直在想，有朝一日能让你过上不愁吃不愁穿的好日子，而且，我还想让更多人的母亲都过上好日子……"

同时，他还用深入浅出的语言与母亲讲了一番"大道理"，告诉她当前外国列强入侵，洋货充斥市场，中国人若再不有所作为，后果将不堪设想，大家都不可能过上安稳的日子。最后，毓蒙对着母亲发了誓："这一次一定要搞成功，如果又失败，我就永远不再摸机器，一心一意做裁缝……"

这时，村子里的雄鸡开始"喔喔"地打鸣，黎明即将来临，屋外，天色已经蒙蒙发白了。母子俩就这样倾谈着，但都没有再提及卖田之事，最后，母亲对他挥了挥手说道："别再说了，去睡吧。"

然而，第二天下午，李家祖上传下来的三亩薄田还是被卖掉了，换回了三百块大洋。当接过母亲手中那白花花的银圆，望着母亲因操劳过度而憔悴的身影时，李毓蒙不禁鼻子发酸，热泪盈眶，心中再一次暗暗地发誓：一定要干出个“名堂”来，让母亲过上好日子！

有了母亲含泪交到他手上的沉甸甸的“卖田钱”，倔强的李毓蒙精神一振，很快就按自己的设想购置了各种材料和工具，独自敲敲打打地干了起来，之后更是一头扎了下去。这一次，幸运之神会降临吗？

村子边上的飞云江依旧是那样潺潺地流着，田野上、滩涂上的花草开了又败，败了又开。一年又一年，年年复年年。但随着一次又一次的失败，一次又一次的重新再来，几年时间又过去了，其间的支出，不是靠变卖田地的那点钱财能够维持的。发展到后来，因无力购买木料，李毓蒙竟然将自家房屋的板壁都拆下来充作材料！这样为了干一番事业而倾其所有、背水一战的人，天下能有几个呢？如此壮举传遍了方圆百里，人们无不为之动容。夜阑人静，他一次次扪心自问：“成功为什么离我这么远呢？我要走的路上为什么会有这么多的坡坡坎坎？”他的担心实在不是多虑，他正走着的路仿佛是秋日林间的小径，还没来得及清除先前的黄叶，风又将落叶盖满整条小径。

小路弯弯曲曲看不见尽头。路在何方？李毓蒙茫然四顾，踌躇着不知所措。就在耗尽家财、研制经费奇缺之时，他有幸结识了一个叫陈阿洪的朋友。

陈阿洪是邻县平阳宜山一家棉花店的老板，既卖棉花又兼做棉条生意。这样，家里自然请了几个男工弹棉花，不仅工效低、需要的工作场地大，而且单调乏味的弓弦声会搅得全家不得安宁。他早就盼望着能有一台弹棉花的机器来取而代之，当风闻有人在试制弹棉机时，他非常感兴趣，特地赶往瑞安东山探个究竟，深深为李毓蒙卖田毁屋、坚韧不拔的精神所感动。从此以后，他时常到东山来探望毓蒙，十分关心他研制机器的进展情况，并在经济上给予支持。时间长了，两人的交情颇深。

爆竹声声除旧岁，大年除夕一大早，李毓蒙就急急起身从东山徒步到平阳宜山去。由于接连的失败，他欠下了不少债务，时至年关，他实在无力偿还债务，于是只好去求助于陈阿洪这位好朋友。当他紧走慢走赶到陈家时，天色已经墨黑了，他站在门外向里望去，看到陈阿洪正和家人围坐一起，热气腾腾地吃着年夜饭。一想到自己身边未带一点伴手的礼物，便不好意思进去，只好站在门外等了很久。时值隆冬季节，刺骨的寒风冻得他直打哆嗦，再加上赶了一天的路，又累又饿，待到陈家吃罢年夜饭，他才跨进门槛，这时他已是站立不稳了……

陈阿洪看到李毓蒙如此光景，大吃一惊，问明了他的来意，当即表示愿意帮他解决经济上的困难，这使毓蒙感激不已。在弹棉机的试制过程中，陈阿洪曾多次慷慨解囊，给了他莫大的帮助。

这样，由于受到亲朋好友的支持，李毓蒙对研制弹棉机更是信心十足，日夜不停地扑入试制工作，简直到了废寝忘食的地步。白天，他要逐个制作零部件，反复试验其性能，集木匠、铜匠、铁匠于一身，不同工种的活全靠他一个人去完成，有时为了购买材料，还得徒步走远路；到了晚上，他又要为改进设计方案而冥思苦想，不断绘制、修改图纸，睡到半夜又忽然一跃而起，直到天明。

他如痴如醉，日夜劳作，有时连饭都忘记了吃。不知有多少回，母亲硬把他拉到饭桌前，他却举着筷子比比划划，到最后还是忘了吃饭。由于不思饮食，他的体力上消耗很大，天长日久，身体日渐衰弱。再加上无数次的失败在精神上给他很大的打击，他一度出现精神恍惚的迹象，无时无刻不想着自己的弹棉机，经常跑到村道上、大街上手舞足蹈、胡言乱语……

谢氏看到儿子如此这般，慌了手脚，紧紧拉住儿子的手苦苦相劝，坚决地要求他别再搞什么机器发明了，保住性命最要紧。但是，一个为实现自己梦想而达到痴狂程度的人，又怎能听进母亲的善意劝说呢？

一天，毓蒙外出归来，刚迈进家门便一下子傻了眼，紧接着就号啕大哭起来，呼天抢地把头往墙上撞。这到底是怎么一回事呢？

原来，母亲为了儿子的身体而心急如焚，眼看在百般劝阻之后儿子依然我行我素，就叫来了长子毓芳，乘毓蒙不在家时，两人亲自动手，将他用于研制弹棉机的工具、材料、半成品和各种零部件，烧的烧，毁的毁，毁不掉的就设法找隐蔽的地方全部藏了起来。

儿子撕心裂肺的哭喊声也撕碎了母亲的心，她抱住毓蒙，扑通一声跪倒在他的面前，两行热泪滚滚地落了下来……

这时，毓蒙突然停止了哭喊，两眼直愣愣地盯着母亲那憔悴而苍白的面孔，神情恍惚起来。母亲的心一下提到了嗓子眼……难道儿子真的疯了吗？

李毓蒙没有疯。他是一只勇敢的雄鹰，只是暂时折断了梦想的翅膀。是雄鹰，就要展翅翱翔，他一定会有再度奋起的一天！由于家人的强行阻止，他不得不停止了弹棉机的试制工作。但是，经过一年多时间的调养，在身体渐渐恢复之后，他又开始“重操旧业”。

为了不让母亲和哥哥担心，同时避免家里人的再度干涉，李毓蒙悄悄地将研制弹棉机的工具、材料搬到了离村子两里多路的烟墩山脚的玉泉寺内。当然，天下没有不透风的墙，他的“秘密行动”到后来还是被母亲发现了。

一连几天的雨，就像故意在考验人们的耐心一样，不紧不慢、淅淅沥沥地下个不停。正当毓蒙全神贯注地摆弄着那些零部件时，突然，母亲一手打着伞，一手提着旧竹篮，出现在了破旧的寺庙门口。毓蒙着实吃了一惊，惊愕之余，不知说什么才好。母亲不慌不忙地从

▲ 东山烟墩山脚的玉泉寺

竹篮里取出饭菜摆好，竟然一句话也没说，又撑起伞，跨出了寺门。看着母亲瘦弱的背影消失在雨幕之中，毓蒙的眼睛湿润了……这难道就是世间最伟大、最神圣的母爱吗？这难道就是能激励我战胜一切艰难险阻的力量源泉吗？

花开花落，春去秋来，李毓蒙孤独一人，在这座破寺中不知度过了多少个忙碌又沉迷的日子。也许老天爷要故意为难他，弹棉机的研制工作进展十分缓慢，一个接一个的难题接踵而来……

正当李毓蒙一筹莫展之际，一个令他欣喜万分的消息传到了他的耳朵里。原来，在瑞安城里有间横街通久棉花店，一台日本进口的旧式单桶弹棉机发生故障，因无人会修理而被弃在一边。于是，他当即前往棉花店，把那台报废的弹棉机运回了东山。

李毓蒙小心翼翼地将这台旧棉机拆散之后，经过认真仔细地观

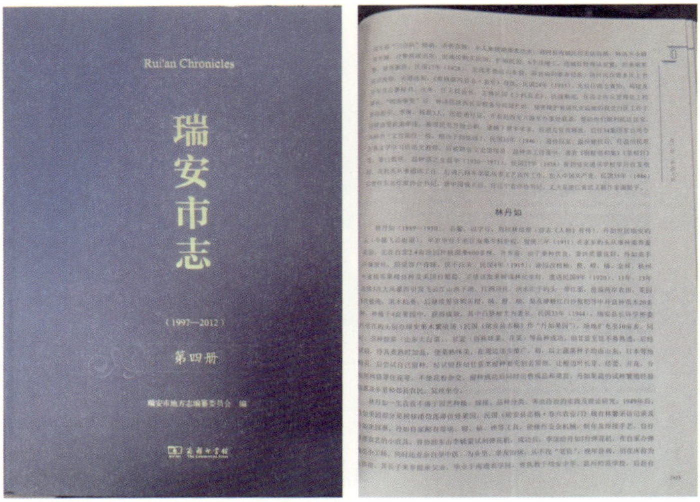

▲ 《瑞安市志》书影

察、分析，从中得到了很大的启发，并将它的开棉原理、传动机构及零部件与自己设计的弹棉机一一做了比较，权衡利弊，终于茅塞顿开。就这样，弹棉机的研制有了实质性的进展，他为此精神大振，信心大增，以超人的毅力克服重重困难，终于完成了最后的冲刺。1916年，我国第一台铁木结构、封闭式、三桶脚踏弹棉机终于问世了！《瑞安市志》第四册第2423页记载：当年“世居瑞安屿头（今属飞云街道）”的林丹如“曾协助东山李毓蒙试制弹花机，成功后，李送给丹如2台弹棉机，在自家办弹棉花小工场”。

当李毓蒙看到自己研制的弹棉机里出来的棉花松散均匀、无可挑剔，传动机构运转也很正常时，兴奋得不得了，拔腿就往家里奔去，他要把这个好消息第一个告诉母亲。一进家门，他就大声地对母亲喊道：“成功啦！弹棉机成功啦！我的弹棉机成功啦！”

他立马拉着母亲往烟墩山方向快步走去。一路上，逢人便说：“我

▲ 李毓蒙发明了中国第一台弹机棉

的弹棉机成功啦！”听到毓蒙大喊大叫的喜讯，大多数人仅仅付之一笑，以为他又在说胡话。有几个闲着无事的年轻人，则将信将疑地跟着去看热闹。

李毓蒙兴高采烈地把母亲扶进了玉泉寺，让她站在刚刚研制成功的弹棉机旁边，自己踩着踏板，使弹棉机快速地运转起来，一边踩，一边说：“阿妈，你快看机器下面，棉花出来了吧？”母亲低头向机箱里望着，但见那蓬蓬松松的棉花悠悠地飘落下来，便伸手接了一把，拿着细致地观看起来，接着喃喃地说：“真好！真正好！”

此时，母亲的双手开始颤抖起来，两眶热泪簌簌地直往下掉。而那几个年轻人则绕着这台弹棉机直打转，摸摸这个、动动那个，向毓蒙问个不歇，有两个则争着上去踩踏板，他们高声地说着、笑着、夸着。那欢乐的笑声止住了母亲的眼泪，毓蒙终于如释重负，不由得露出了会心的笑容。

一会儿，母亲突然好像想起了什么，转身就快步地走出了寺门，原来她是要把这喜讯赶紧告诉长子毓芳。哥哥李毓芳这时正在别人家田地里帮工，一听说弟弟的弹棉机试制成功，也立刻放下手中的农具，直奔玉泉寺来了。

弹棉机真的研制成功的消息飞快地传遍了东山乡里。那几天，好像是玉泉寺的神佛显灵似的，这座平时人迹罕至的旧寺庙里人来人往，机声隆隆不停，真是热闹非凡。

李毓蒙发明的弹棉机性能良好，一个十多岁的女孩可日产絮棉七十多斤，比手工弹棉工效提高了十多倍，与进口弹棉机相比，更具有机器轻便、操作简单、安全可靠、维修方便、价格便宜等优点，完全适合中国国情。第一台样机卖给了大峃镇（今文成县）的一家棉花店，轰动了整个山城。在机器制造业非常落后、什么东西都要靠进口的年代里，这台弹棉机的问世无疑是一项了不起的成就，它一方面解放了社会生产力，是对农村手工纺织业的一次重大变革，推动了整个农村经济的发展，另一方面也促进了地方机械工业的萌芽与发展。

这是一条充满坎坷和挑战的路，一条体现人生价值的路。他走了过来，就像走进了晨曦初露的绿色田野，那种芳冽、清醇、朦胧的美，沁人心脾，令人沉醉。八年的艰苦探索，八年的呕心沥血，终于结出了硕果。弹棉机的试制成功，确实地让李毓蒙高兴了好一阵子，也给家人和亲朋好友的心头吹来了一阵阵欢乐的清风。

雄心勃勃的李毓蒙梦寐以求的是拥有一家自己的工厂，有通过创业，实现为大众谋福利、改善百姓生活、振兴民族工业的强烈愿望。弹棉机终于试制成功了，这为他办厂的心愿提供了现实的契机，于是，由兄长李毓芳和做裁缝的朋友林步郎等共同投入少量资金，李毓蒙因陋就简地办起了一个小工场，一边自己动手做工，一边帮带其他几个人，进行了弹棉机的试生产。弹棉机的框架及箱体等木料部件，请木匠来干；铁件交打铁铺加工；齿条加工、钉齿条、扳齿牙、组装及调试等，则由他们四个人干。每台弹棉机所需360根齿条，在没有专用设备的情况下，全是以手工用裁缝剪刀，把铁皮裁剪成一条条的样子，然后还是用裁缝剪刀在每条铁皮边缘剪出一个个齿牙来，其工作量之大、工效之低是显而易见的。工作让每个人的手上都磨起了泡，磨出了血，干得十分辛苦，四个人一个月还做不成一台机器。另外，这样的手工操作，很难做到齿条宽窄一致、齿牙大小均匀，弹棉机的生产数量和质量都难以保证。

可是，欲购弹棉机的人却络绎不绝地前来询问。面对这个状况，李毓蒙很快便有了新的设想，就是要办一个像样的工厂，要有好的工具来制造专用设备，以适应生产需要。但要将这种设想付之实践，首先要解决的是经济问题，根据精细的核计至少要800银圆。对当时的李毓蒙来说，非但他的家底早已精光，而且在研制弹棉机期间所欠之债尚未还清，经济上的窘困再一次使他陷入了无奈之中。

第五章

『双麒麟』弹棉机的品牌效应

旧式风箱“突——达”“突——达”一进一出拉得好欢快，灶台里架着柴爿，不时爆出金红的火星，红红的火舌有滋有味地舔着铁镬子底。火真旺。铁镬子里的水“嘟噜噜”“嘟噜噜”翻腾着，沸水里直立着一个脸盆大小的木桶（瑞安人叫“年糕甑”），揭开圆圆的木盖，用嘴吹开白雾般的蒸汽，“年糕甑”里满满的白米粉正在渐渐变熟。火愈加旺，水愈加沸，白雾般的蒸汽升腾起一个香甜的大年三十。

“熟呗！熟呗！”欣喜的叫声从厨房间传到屋邸上间。李毓芳端着热腾腾的“年糕甑”兴冲冲地跑出来，与正从工厂里赶回家吃年夜饭的李毓蒙撞了个满怀。

道坦里摆放着一个倒梯形的青石捣臼，每年过年都在这里捣年糕。不知有多少年有多少代都在这里希冀“年年高”。热腾腾的“年糕甑”来个底朝天，一大团蒸熟的米粉跌进捣臼，水雾弥散。当哥哥毓芳正要拿起青石捣杵时，被弟弟毓蒙一把抢了过来。

李毓蒙往手心里吐了口唾沫，搓了搓双手，双脚立定，弯腰抬起那柄青石捣杵，扬臂抡起，不断地朝捣臼砸去。一下，一下，一下。边上的毓芳伸出双手，往木制脸盆里沾了沾冷水，随着捣杵的节奏，灵巧地翻动着捣臼里的米团。

米团又黏又糯，李毓蒙越捣越有劲。肌肉饱绽的手臂，画着孤线的捣杵，发出闷声的捣臼，是力量的爆发，是感情的宣泄，是报复的快感，是意志的征服。“好呗！好呗！”边上的人叫道。

“我要再捣一下！”李毓蒙抬手抹着满头的大汗，往地上甩了一把，双手抡起青石捣杵，重重地、稳稳地、准准地、狠狠地、落下来。

母亲谢氏端来一碗糖水，照着家乡东山的风俗，这第一甑年糕要先分给老人小孩尝鲜。

“哦！吃糖糕奶了！吃糖糕奶了！”几个穿着新衣服的小孩拍着手欢天喜地地叫着。随手摘下来的冒着热气的年糕团，往红糖水里一蘸，朝嘴巴里一塞，又细又软又嫩又甜，味儿好极了！好糕，好糕！寓意着好高，年年高！

一张八仙桌。桌上八盘堆成馒头山似的配菜：腊肉、牛肉、对虾、蛸蠓、花蛤、鳗鲞、海蜇、田蟢（河蟹），中间一个大盘里盛着满满的热气腾腾的年糕。八个斟满白酒的小陶瓷杯，八双放得整整齐齐的红漆筷子。谢氏点燃了一束香，毕恭毕敬地朝着祖宗牌位作揖，毓芳、毓蒙和一家老少无比庄重地站立两旁。先请列祖列宗吃年夜饭，在这神圣的时刻！

去年前年大前年以及过去的许多个年，有哪一个能像今年这样丰盛这样满足这样喜气洋洋？靠自己的奋斗、靠朋友的帮助、靠菩萨的保佑、还靠祖宗的庇护，经过过去一段的曲，到与现在的成功，真金总算不怕火，梦想现在到底成真了。弹棉花机的试制成功，结束了李毓蒙裁缝匠的生涯，使他开始专心致志发展机械工业生产。1916年，25岁的李毓蒙与哥哥毓芳、挚友林步郎等五人，因陋就简在东山乡车头村办起了一个小工场，螺蛳壳里做道场，进行试产试销。后来在归乡省亲的“洋状元”项骧的大力资助下，他们买了地建起厂房，翌年终于有了一座“李毓蒙制造絮棉机器厂”，并将所产弹棉机定名为“双麟麟”牌，这是温州府五县最早的机器制造厂。开始时，靠手工制作，生产效率很低，仅一台弹花机的铁皮切条和开齿就要花很长时间，质量又不稳，因此弹棉机生产供不应求。而他积极动脑筋，搞出了一台铁皮裁条机和一台开齿机，齿条加工产量提高了20多倍，弹棉机年产从几台增加到几十台，而且产品质量还有保证。因为弹棉机加工絮棉的确比手工好得多，各地来购买者纷至沓来，产品畅销瑞安及各邻县。不久这个厂就改变了面貌，企业招收学徒，人员增加到40余人，当时瑞安没有什么工厂，这个厂的创办，给随后的电力、碾米、棉织等企业的相继诞生提供了技术和维修条件。

▲ 浙南地区第一家机器制造厂
——李毓蒙制造絮棉机器厂

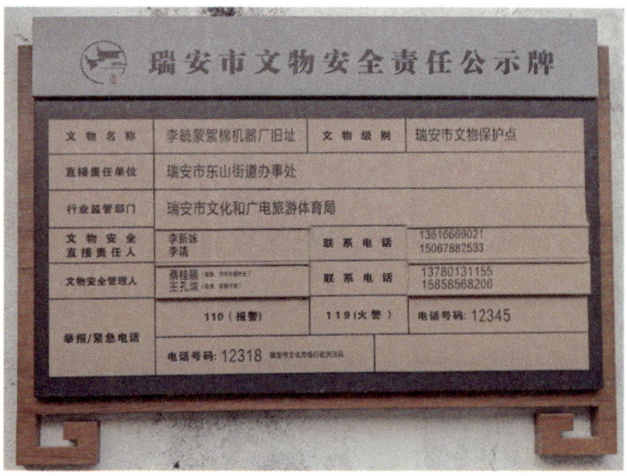

人的记忆有时有点奇怪。李毓蒙至今仍深深地记得萍水相逢的项骧对自己这个小青年那亲切、专注而相信的眼光。项家人对他可谓恩重如山，项湘藻的善举，使他这个“乡下嬷”到城里上了私塾，受了启蒙教育；项骧用开明和远见，和800个银圆让他好梦成真，办起了正规的弹棉机厂。创业艰难百战多，现在企业终于走上了正常的发展轨道。这几年利润滚滚而来，家庭的境况也随之改善，成为一个成功老板的李毓蒙早已不是当年的穷小子和寒酸的小裁缝了。

“噼——啪！”“噼——啪！”“噼噼啪啪！”屋外的爆竹带着喜庆在夜空炸响，纷纷扬扬地撒下无数个祝愿。送旧迎新之际，全村家家户户都亮着灯，而母亲亲手酿制的老酒喝喝喝，喝醉了一个温馨而欢乐的大年夜。

正月头。村边的飞云江水静谧而安祥，太阳也打着饱嗝懒洋洋地爬上了含烟发绿的树梢。

“新年吉祥！蒙兄新年吉祥！拜年了！”一个中等身材、气宇轩昂，打扮洋里洋气的青年后生，兴冲冲地迈着稳健的步子踏进了东山车头村李家的门台。

“沇同兄大驾光临，请进，快请进！”李毓蒙惊喜地把他迎了进来。

来人便是项沇同，他比李毓蒙小一岁，因为少年时在项氏私塾同窗就读，算是“开裆裤”朋友。含着“金阴匙”出生的项沇同身世优渥，1911年毕业于瑞安中学堂，并赴日本留学，毕业于日本法政大学。其父项湘藻在发展实业上雄心勃勃，大动作频频，成为了温州内河航运先驱。清

▲ 项沇同

末，朝廷推行“新政”，全国掀起了大办轮船公司的热潮，他曾集资组成大新轮船股份公司，租用上海“湖广号”客货轮，开辟瑞安至宁波航线。1905年，项湘藻、项崧兄弟创设永瑞轮船公司，购置小火轮“永瑞”号首航于温瑞塘河，航道北起温州小南门埠头，南至瑞安东门埠头，沿途设有梧田、白象、帆游、霞林、穗丰、塘下、莘塍等停靠埠，每天来回两次，每次行驶四小时，以运量大、乘客多、速度快、运价低成为温瑞塘河运输的主力军，开启了温州通航小火轮的新篇章。1914年，永瑞轮船公司改组取名通济轮船公司，这是温州地区最早经营内河客货运输的民营股份合作制企业。航线连接着的两端是温州城区与瑞安县城。而随着通济轮船公司越办越红火，项湘藻在1915年又购置汽轮进一步将航运业务扩展到飞云江的轮渡上，汽轮摆渡既安全又快捷，深受旅客欢迎，从而改写了飞云渡口依靠舢板木船摆渡的落后历史。不久，公司又开辟了飞云江南岸至平阳的内河汽轮航线，进而将温、瑞、平三地连成一片，对浙南经济和社会的发展起到了重大的促进作用。

1918年8月25日，项湘藻逝世，享年仅六旬，他生前曾大力倡办电灯局，筹办未竣而病逝。青年才俊项沅同是一个在外国见过世面的人，在日本几年的留学生涯让他认识了新文明。自日本东京留学归国后，他继承父亲遗志，发愿完成其父未竞的事业。1919年出资12000银圆，选址县城八角桥边的踏碓巷，着手筹建瑞安南堤电灯厂，至1920年竣工。当时，李毓蒙已经发明成功弹棉机并开办了“李毓蒙絮棉机器制造厂”，对机器制造有一定的经验，加上他善于思考、钻研，大家都认为他是“瑞安的瓦特”。因此，电灯厂创办人项沅同就请他担任顾问，在厂房选择、机器安装方面，大都听取他的意见，并帮助解决工作中的一些难题。瑞安南堤电灯厂由项沅同独资经营，属社会公用事业，购置一台24匹柴油机和8千瓦直流发电机，由李毓蒙指派第一批学徒中的唯一城关人管碎希（管辅煌）等安装机器，立杆放线。1921年，南堤电灯厂建成供电，共16瓦灯泡500只，是温州各属县中最早建成的电灯厂，也成为新中国成立后瑞安电力公司的前身。

正月里的好酒好菜都是现成的。谢氏看到两岁起就被自己抱大、在他身上倾注了深深母爱的小沇同，如今长成了生龙活虎的青壮后生，并到乡下来拜年，心里乐滋滋的，而与他一起长大的儿子现在也很有出息，两个儿时的玩伴还友好如初，她就更加高兴了。她十分麻利地把筷碗杯盘在上间的八仙桌上摆好，亲切地招呼沇同：“姆啊，乡下不如城里，菜配草次显，你来这里，就多吃点刚刚从飞云江里打上来的新鲜小鱼小虾，可不要放筷子呀！”

两位昔日的同窗、今天的密友，沐浴着乡下正月的暖阳，推杯换盏，谈兴正浓。往日，每当他俩在工作之余有空待在一起时，见多识广的项沇同经常会眉飞色舞与毓蒙谈及国外科技与工业的发展状况。这常常给老朋友在思维上以新的启发。

今天，精明的项沇同似有所悟，突然开口提醒毓蒙说：“蒙兄，你发明弹棉机是一件了不起的事情，按国外的做法，发明人对自己的发明应该拥有专卖权，产品的牌子也可申请注册。如果你的专卖权得到政府的批准，别人就不能生产相同结构原理的弹棉机，也不能用一样的牌子。到目前为止，我们这里还没有人申请过专卖和商标注册，如果蒙兄的申请能得到批准的话，这不仅是浙南地区第一个拥有专卖权的人，‘双麒麟’也将成为本地区第一个注册商标！这不仅是老兄你的光荣，也是我们瑞安人的骄傲……”

听了这番话，李毓蒙连忙摆了摆手道：“我苦心八载发明弹棉机，可不是为了给自己扬名！老兄是知道的，我出身贫寒之家，对老百姓生活的艰难是极有感触的，当时研制弹棉机就是要用它来代替手工劳动，让弹棉花的人从繁重的体力活中解脱出来，提高效益，增加收人。”“蒙兄，你误会了，我对老兄的苦心是知道的，对你能为广大民众着想，更是敬佩之至。”项沆同打断了李毓蒙的话头，“不过兄可曾想到，这可是关系到弹棉机今后发展的大事，申请专卖权和商标注册是扩大产品知名度的极好机会。知道‘双麒麟’弹棉机的人越多，来购买和使用它的人就越多，有更多的人买来使用就有更多的人从落后的手工劳动中解脱出来，也会有更多的人摆脱贫困。再说弹棉机销路好了，跟着蒙兄的那些工人、徒弟，日子也会好过起来！”

听君一席话，胜读十年书。受到项沆同这番话的启发，李毓蒙犹如醍醐灌顶，恍然大悟，连连点头称是，马上采纳了这位同窗好友的建议。产品即人品，他的产品也要创字号，这次“密谈”，可谓指点迷津，使李毓蒙念念不忘，心里一直牵挂着这件事。他加快进度，请人几易其稿画出了“双麒麟”图案，认真做好为弹棉机申请专卖权和注册商标的准备工作。

虽然北京的风沙是狂暴的，但终究还是挡不住春天的来临。1922年一开春，李毓蒙就亲自携带着弹棉机样机和专门请人绘制的“双麒麟”商标图案，前往北京中央政府农商部，专门去申请专卖权和注册商标。

初来乍到，来自南方的他虽然有点不适应北京的风沙气候，但心情还是十分舒畅的。4月的北京已呈现一片绿色，不会再有寒冷的西北风，转为了温暖的东南风，气候也不再干燥，空气中含有些许的湿润，微风拂拭脸颊，给人一种柔软、舒服的感觉。红墙碧瓦，绿树蓝天，这个季节北京的街巷仿佛一下子有了生机，什刹海的冰化了冻，护城河的柳条儿变了青，黄灿灿的迎春花也渐渐地站上了枝条。

李毓蒙的第一站便是拜访自己的大恩人。“洋状元”项骧自1912年出任财政部首席参事，直至1922年任财政部次长，后曾三度出任北京政府财政次长，两次兼任盐务署长。当他一踏进项骧所居住的四合院时，虽然一别几载，但能够再次在北京见面，两人都十分高兴。方正的院落，古朴的院墙，这个四合院小巧而精致，充分体现了庭院的精髓，关上大门，自成一统，走出房门，顶天立地。暖日暄晴，春云浮荡，他俩悠闲地背抄着手，仰头眺望碧空中群鸽围绕着四合院上空自由翱翔，嘹亮的鸽哨在晴空中响着，那是这个城市最动听的声音，还有小燕子也准时来了，掠过巷陌，起伏旋回，飞上飞下……

知悉李毓蒙这次来京的目的与使命，项骧十分支持他的维权意识和行动，待安顿下来后，便带他去拜会了正在北京中央政府农商部任职的瑞安同乡林大同。老乡见老乡，两眼泪汪汪。林大同与李毓蒙一见如故，对他也很欣赏。

林大同也出身于瑞安赫赫有名的望族。瑞安古县城是河道交叉的典型水乡，县前河的南岸旧时统称下岸街，后以新街为界分为东西两段，新街以东称东小街，新街以西称西小街。这是条具有水乡民居特色的小街，民居傍水而建，贴水成街，形成优美的小桥、流水、人家的水乡景色。而小街上除了一楼一底的连檐小木楼外，还有不少深宅大院，如明代景泰年间从林垟迁居东小街、人称学前林的林氏家族。他们在这里繁衍生息，形成了庞大的家族住宅建筑组群，从虹桥路至马房巷大多为林氏宅院。林氏望族人才辈出，如明代南阳府判林万梅，清康熙乙酉（1705）举人林上梓官嘉定知县，颇有政声；还有民国时期农商部次长林大同，著名土木、水利工程专家林大同，温州名医林镜平等。林大同早年就读于日本东京高等工业学校，毕业归国后历任翰林院编修，湖北劝学道署科员，浙江铁路公司铁路厂务总管，京汉铁路长辛店机厂厂长；民国成立后担任过北京政府工商部工商公报局局长，全国工商会议审查官，农商部佥事、司长、代次长等职。

俗话说朝中有人好办事，虽然北京是“侯门深似海”，但在外瑞安人的老乡观念很强，乡情很重，经过这两位大人物一活动，事情马上

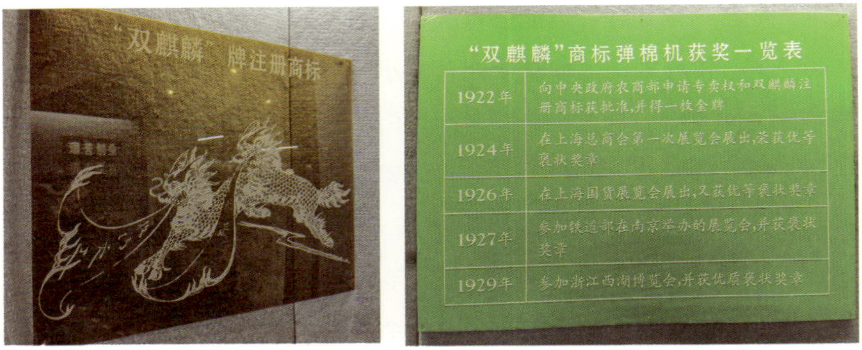

▲ 注册的“双麒麟”商标

有了名目，弹棉机的专利、注册商标全部妥妥地搞定了，很快就得到批准。项骧、林大闾看到李毓蒙虽出身贫苦，读书不多，却能大胆创造，成功地发明了我国第一台铁木结构弹棉机，对其非常器重，夸他是一位有宏大志愿的有为青年，并给予一定赞助，勉励他再接再厉，为国计民生继续做出贡献。这对毓蒙是一个很大鼓舞。

北京之行，李毓蒙原先的心情是有点忐忑不安的，由于乡情乡谊，在短短的时间里竟有了完满的结果，他欣喜若狂。他依依不舍地挥别了帮助自己的两位恩人，带着一路的感恩与欢欣回到了瑞安。

仿佛当年项骧中了“洋状元”，喜报到达瑞安城时全城狂欢的盛况，李毓蒙载誉而归，“双麒麟”成为浙南地区最早的注册商标，也成了家乡的特大新闻。为了庆祝他的成功，父老乡亲闻讯后，当即敲锣打鼓、鸣放鞭炮，接着还专门放了一部无声电影。

获得专卖权后，“双麒麟”牌弹棉机先后参加了各种全国性的展览会，并获“上海总商会第一次展览会”“上海国货展览会”“京沪铁道部展览会”“浙江西湖物产博览会”的优质褒状及奖章，随着广泛的推广使用，“双麒麟”成了地道的“国货”名牌，开始从瑞安东山走向全国。在长三角产棉花的地方，这“双麒麟”牌弹棉机成为畅销的“铁帮手”，人见人爱，久盛不衰。

而李毓蒙与项氏家族特别是项沆同的密切关系还在继续着。热心地方事业发展的李毓蒙，当年被项沆同聘为瑞安南堤电灯厂的“顾问”后，并不是“顾而不问”，而是多年来实打实地帮助项氏家族干了一系列实事。

1926年，电灯厂经理项沆同又请李毓蒙一起前往上海，向一家德国洋行购买100匹双缸柴油内燃机供南堤电灯厂发电。由于毓蒙的认真负责，使这次机器购买比较成功，安装发电操作后比较安全。最可喜的是他利用德国柴油机的结构原理，根据自己的技术水平，将双缸改为单缸，使该机的机型大幅缩小，终于在1928年试制成功一台50匹单缸柴油内燃机，为温州机器产品升级和机械工业发展做出了重大贡献。

1929年至1932年，李毓蒙与张楚玉等一起协助项沆同说服电灯厂最大债主项荫轩转为股东，使南堤电灯厂改组为南堤电气股份有限公司，并增资10万银圆置办两台150匹机组，发日电，开办同成、嘉生、泰丰三间双砻双斗20千瓦电动碾米厂，为当时温州五县之首创。同时，项荫轩独托李毓蒙代购动力设备和零件，增开瑞平内河航线，在瑞安沙塘底创办了淀粉厂。

1935年，李毓蒙根据瑞安电力厂和通济轮船公司机器修理的需要，与其学徒集资创办了“良友铁工厂”，专门从事发电设备和内燃机等修理，为瑞安的交通和电力事业发展起了促进作用。这个厂当时招收的学徒，以后大部分成为机械工业方面的技术骨干。由于抗日战争全面爆发，大部分设备迁往丽水，留下的部分设备及从业人员转办“永华铁工厂”。新中国成立后，该厂走上了社会主义道路，在1958年与瑞安县农械生产合作社合并而创办地方国营瑞安机床厂，以后发展为瑞安印机厂和瑞安机械厂。

为了求证项沆同和李毓蒙之间的关系，2022年秋天的一个大晴天，我们到瑞安集云山脚一间简陋的民房里找到并采访了项沆同的小儿子项大勋。项沆同膝下有四子三女，大儿子建勋现居台湾，是土木工程师，二儿子纪勋早夭，三儿肇勋在江苏扬州当工程师，小儿子大勋今年86岁，浙江大学肄业，是瑞安双环公司的退休工程师。

年近九旬的项大勋性情淡泊，但身体健康，记忆力惊人，他告诉我们，因为李毓蒙和他爸爸项沆同是项氏私塾的同窗同学，长大以后自然成了“铁杆”密友，因此他小时候经常能见到李毓蒙在自己家里进进出出，大家都叫“阿蒙先生”。他至今还背得出来“阿蒙先生”高兴时吟成的两句打油诗：“为公跑雪天，胡子白飘飘。”项家当时住南堤街“大隐庐”，大宅前有一条小河，已成为大老板的李毓蒙到项家做客时，经常坐在河边的木头椅子上边晒太阳边抽烟，但所抽香烟都是一般牌子的。当年他还是一个小孩子，十分调皮，经常会偷偷地躲在“阿蒙先生”的身后，出其不意把他嘴里的香烟一下子拔出来丢进小河里。但他好脾气，总是笑嘻嘻的不跟小孩子一般见识。新中国成立后项、李两家的家族企业都公私合营了，虽然也还有些来往，但李毓蒙长住温州，项沆同则因“出租房屋、反复辟倒算”在1957年被判处劳教，大约1960年死于长兴白鹤岭农场，至今找不到遗骨。这已成为一段历史的“谜案”，令人唏嘘！

第六章

温州毓蒙铁工厂横空出世

李毓蒙一觉醒来，曙色临窗，满屋子清芬流漾，把他隔夜的愁绪荡涤得干干净净。是窗台上那盆春兰在今晨迎风而开了。昨晚他睡得很迟，在床上辗转反侧难以入眠，随着企业越来越红火，弹棉机业务忙不过来了，这几年一直在满负荷运转，厂房太小，技术工人也不够，下一步怎么办？心里有了事，思前想后的有点不痛快，没想到睡足之后精神仍然如此振作。

起床以后，他会习惯性地在坦道里转上几圈，权作健身壮体。现在所居住的还是父亲留下来的歪歪斜斜两间老屋，在李毓蒙看来，老屋不是物质构成而是精神造像，已经融入了他的血液。当初为了发明弹棉机碰到资金困难，卖掉了三亩水田而没有卖房屋，因为老屋是“老窝”，是全家人遮风避雨的地方。每从老屋门前经过，他总是驻足停留，往往想起自己苦难的童年，甚至产生幻听，狭窄的空间里传出母亲纺纱织布的木机声，昏暗的灯影之下有一个凄凉孤独的身影。那逝去的日子里母亲真的太难了！

匆匆地扒了两口早饭，然后再步行去上班。东山不大，车头太小，兜兜转转就可以走遍全村了。东山的絮棉机器制造厂在他的苦心经营下，近年来发展很快，自己也有了一定的资金积累。照理，买上几亩田、盖上几间大瓦房，改善改善自家的生活，也是无可非议的，可他并没那样做。非但如此，他的母亲照样还在厂里当厨娘，不是他不孝顺年过半百的母亲，而是自己的老母亲坚持这样做，她要竭尽所能来支持儿子的事业。

不远处就是一排厂房，早在1917就建成的“李毓蒙制造絮棉机器厂”的厂房，当时用“洋状元”项骧牵头募集的800银圆买了几亩地建造了七间平房。令人欣慰的是，经过几年的苦心经营，企业发展十分迅速，注册“双麒麟”商标的“国货”弹棉机的知名度越来越高，江苏省和上海市附近各县均来购买，销路直至长江两岸的产棉区，为适应经营业务的扩大，还在上海设立了棉机销售所。但是，与快速发展的企业形势相比，如今场地太过狭窄，有点捉襟见肘了。

与一般暴发户式的生意人不同，有了钱的李毓蒙，在发迹之后心里又有了新的打算。当在上海目睹了一些大型机械工厂的技术装备和生产状况后，他毅然决然携带着大笔资金，到上海购置了一批大小车床、刨床、钻床等设备，以充实家乡工厂的金工车间，并增设了翻砂车间。同时，请来车工潘师傅（宁波人）和翻砂工戴师傅（无锡人），又对几个精明能干的学徒如林普银、管碎希、陈良桂、吴星珍等进行了技术培训，使坐落在东山这个小地方的“李毓蒙制造絮棉机器厂”成为温州地区唯一比较完整的机械制造厂。厂里除制造弹棉机车间外，还有金工、模型、铸工（翻砂）、锻工、钳工、安装等车间，配有大小车床、刨床、钻床等机械设备，从事修造其他铁制机器任务。当时，温州五县有些工厂铸件损坏都得到上海翻砂，时间一次半个月还不够，但到东山厂翻砂铸造，时间一周就可完成了。此外，李毓蒙还常常与那些从上海等地聘来的技工师傅待在一起，夜以继日地研究新技术，设计新图案，试制新产品，企业生产蒸蒸日上。从此，东山厂的技术力量和生产设备在浙南地区算是首屈一指了，弹棉机生产能力也因此大大提高，年产量可达200余台，工厂的全部从业人员扩充到40多位。

在20世纪20年代初，浙南地区已建立了少数工厂，如航运公司、电灯厂、碾米厂、棉织厂等，这些工厂的设备及其维修都靠国外或上海解决。由于弹棉机厂的技术和设备能力大大提高，那些工厂的机器修理事宜便找上门来了，因此，弹棉机厂又多了一项机器修理业务，这样，既便利了那些工厂，也给弹棉机厂带来了更大的生机。

可是，李毓蒙不是一个“安分”的人，并不满足于此。在修理过程中，他对一些机器有了进一步的认识，于是大胆进行仿制，1923

年，试制成功一台12匹马力引擎（即卧式半狄塞尔式柴油机）。因为当时所有车床、刨床等传动都是用人力传动的，大家都没见过动力机，所以都感觉十分好奇。试车那天，机轮在飞转，机器发出轰隆隆的声音，厂内外的人们听到机器发出响声，都争先恐后地围拢过来看热闹，纷纷竖起了大拇指，都称赞说："蒙师手段真会，本领比神仙还大，怎么会把死的铁器运动起来呢?"这大大开阔了大家的眼界，全厂上下都欢欣鼓舞，李毓蒙也不时地流露出胜利的喜悦。但是，他始终保持高度注意力，仔细地观察着每个零件的运动状况，倾听机器运转的声响，不断地研究、调整，直到完全满意。李毓蒙这种对产品质量高度负责的态度，对技术精益求精的精神，给人们留下了深刻的印象，并不断启发和教育着全体职工。这台机器不久就被运到永嘉县梧埏庆善米厂使用，性能良好，能拖动二只米斗，功率大大超过了设计要求，获得了用户好评。这台浙南地区最早的自产内燃机，曾轰动一时，温州人不断前来加工订货，使"李毓蒙制造絮棉机器厂"的声誉大增，像东海明珠一样发出了闪闪光辉，照耀着浙南大地。

此外，他还相继组织生产了碾米机、轧糖机、打面机等，这样一来，又促使了地方上其他工厂的创办。这时的东山弹棉机厂已经起了质的变化，业务虽忙得不可开交，还是不能满足当时工业发展的需要，李毓蒙又得设法另辟途径。

有一段时间，李毓蒙经常神秘兮兮地搭乘温瑞塘河的班船早出晚归，独自往返于东山和温州之间。七铺塘河以舟楫通行便利著称，不仅是温瑞平原间水上运输大动脉，而且还是浙南内陆水运和瓯江、飞云江中上游山区腹地货物东运的要津。在塘河两岸，人家尽枕河，往来皆舟楫，小火轮在河面上"突突突"地驶过，人字形水波向两岸鳞次栉比的村庄和民居展开。田园里一片一片金灿灿的油菜花，正开得亮丽热闹，镶嵌于碧青色的麦子中格外赏心悦目。牧童水牛缘河而行，鱼塘内鱼虾成群，一派水乡风光。但他的心情与沿途景色相悖，有点郁闷也有点焦灼。

他全身心扑到厂务上，东山的工厂现在一片欣欣向荣，他却并不就此自我满足。孤身一人去了好几趟温州，他都在小南门半间庙一带悠转，久久地徘徊，这里水陆交通便利，地方比较宽敞，还有可建厂房的空地。说实在的，自己与小南门确实有缘，多年前就是在这里邂逅“洋状元”项骧，使他的事业正式起步，这个地方也在无意之中成了他的“福地”，这使他相信命运之神的青睐。徜徉之间，一个宏大的计划又挤进了他的思维，他要办一个更大的工厂，准备大干一场。

这天，天气放晴，阳光晒得人身上暖烘烘的，船到瑞安东门白岩桥码头，李毓蒙就急匆匆地上岸了。带着满肚子的心事，他步履匆匆地穿街过巷，赶到了南堤街项宅，准备拜访同窗好友项沅同的小堂叔项荫轩。这位瑞安商界名副其实的大佬比李毓蒙仅大一岁，比项沅同大二岁，但出道早成名早，项氏家族创办的通济轮船公司在1919年扩充股份并由其出任经理，那一年项荫轩刚满29周岁，正值而立之年。

当李毓蒙跨进项家大门，步入项荫轩那宽大而华丽的书房时，恰好有几位熟悉的商界朋友在座，品着香茗，与主人正在高谈阔论呢。因为大家都是熟人，李毓蒙就把自己要扩大企业规模、新建一座厂房的计划和盘托出。在座的几位朋友纷纷叫好，各自献出妙计，表示要出钱出力，并让他立即付诸行动。当头的大佬当然是项荫轩。凭着多年来与项家不一般的关系，李毓蒙对项荫轩既钦佩又尊重，当然知道他讲话的分量。当下，豪爽又精明的项荫轩也

▲ 项荫轩

一口就答应了帮助李毓蒙创办新厂，有了他的支持，其他的问题便迎刃而解。

这位项氏家族里大名鼎鼎的人物，之所以能经营、善谋略，又能富而不骄、乐善好施，与其家学渊源密切相关。项萌轩是瑞安“项氏三先生”之一项傅梅的嫡孙。项傅梅字茗垞，擅长诗歌，著有《耕读亭诗钞》。项傅梅是孙衣言、孙锵鸣的舅舅，孙氏兄弟是项萌轩的表叔。孙衣言曾任江宁布政使、系曾国藩的左臂右膀；孙锵鸣则是李鸿章的老师。这背景已经够显赫了吧？还没完，项萌轩又是孙锵鸣的女婿；项荫轩还找了一个女婿叫曾联松，后来曾联松设计了中华人民共和国国旗的图案。

“和议初成海禁开，美欧互市擅雄财，自从瓯埠通商后，屡见洋轮鼓浪来。”这是清末民初瑞安文人洪炳文笔下的家乡。温州是在第二次鸦片战争后被辟为通商口岸的，近代西方式的资本经营模式应当从此时开始。但地处东海一隅的这个“瓯”仍旧在很大程度上制约了温州的发展，就连孙诒让所办的实业也无法壮大，更不会出现如胡雪岩这般的大商人、大老板了。温州后来有点名气的老板譬如许漱玉、项荫轩、李毓蒙和吴百亨等都是20世纪二三十年代起家的，因为那时已经有了先进的铁壳大轮船，交通问题解决了，温州才可以与外界互通有无。闭关自守永无出路，何况温州的闭关还是双重的，既有人为的因素，又有地理条件的制约。温州有名的五马街那些颇有特色的建筑，便是二三十年代大发展的见证。

据《温州机械工业志》记载，温州机械工业是在铜、铁手工作坊基础上发展起来的，早在春秋战国时期即有铜、铁手工制品，宋代冶铸工业已具一定水平，元、明时渐趋兴旺。19世纪末，温州开始出现近代工业。20世纪初，产生为近代工业服务的机器修理业，1910年在永嘉县（今温州市区）开设的罗恒发打铁作坊为最早。1916年，瑞安

▲ 1925年，李毓蒙在温州集资创办了“温州毓蒙铁工厂”，图为温州小南门毓蒙铁工厂旧址（现已改造）

李毓蒙发明了我国第一台木结构弹棉机，翌年创办李毓蒙制造絮棉机器厂，为浙南地区最早的机械制造厂。1923年，该厂成功仿制了浙南地区第一台12匹马力单缸卧式柴油机。1925年，该厂将主要设备与技术骨干迁往温州市区，开办了毓蒙铁工厂，与1919年和1921年开办的怡和、鸿昌铁工厂一起，成为温州市最早的三家铁工厂。随着近代工业的发展，机器工业也有所发展，到1937年，市区有大小铁工厂、作坊10余家，从业人员100多人。

在时代潮流激荡下，温州一批仁人志士实业救国，抓住时势和机会，在竞争中迅速崛起。1925年，经过多年的打拼，原始积累已完成，鉴于“李毓蒙制造絮棉机器厂”打开局面后，业务迅速发展，各种机械修造业务如内河轮船机器、电厂设备修理等日益增多，原设在东山乡的工厂已不适应业务发展的需要，李毓蒙果断出手，会同瑞安工商界的风云人物项荫轩、吴银泉、张明东、王子竹等人强强联手，筹资1万银圆，加上东山弹棉机厂金工车间的设备，联合创办了温州毓蒙铁工厂（温州冶金厂前身）。厂址设在温州小南门半间殿，面临小南门河，自建了码头，装卸物资和交通运输都十分便利，厂房面积达2000平方米，人员达100多人。厂内设有金工、翻砂、锻造、模型等车间，其规模之大、设备之齐全，在浙南地区可说是独一无二的。当时，小南门一带设有碾米厂、锯板厂、布厂、草席厂、发电厂以及内河轮船等，毓蒙铁工厂的建立，不仅为这些厂家提供了机器设备维修和技术保障，而且对整个温州地区的工农业生产技术和制造起了推动作用。这是温州地区机械工业发展的一次重大飞跃，奠定了温州机械工业的基础，并促使现代工业产业聚群与崛起，被史学界称为“温州现代工业的摇篮”。

毓蒙铁工厂的业务之一是机器制造。在李毓蒙的主持下，曾制造了陆用、航用的大、小动力机械（如500吨位的“同康”号和550吨位的“东山”号使用的动力机），碾米厂的成套机器，轧糖机，打面机等。随着温州木材加工业的大发展，分别从厦门和台湾引进排锯和带锯技术，又研制和生产了多种锯木机。1928年，先后试制成功一台50匹单缸柴油机和排锯机供胜美锯板厂配套使用，使该厂成为温州地区首家机器锯板厂。于是，毓蒙铁工厂一跃成为当时温州机械制造业的龙头老大，产品也由单一的弹棉机，变成可生产碾米机、轧糖机等多种产品的综合性机械制造企业。

毓蒙铁工厂的业务之二是维修各种机器，其修理能力也是一流的。1933年，温州电厂从德国进口了一台1500匹的巨型引擎，该机因大飞轮等机体损坏，最后还是由毓蒙铁工厂为其成功修复。为了确保电厂设备的运转正常，该厂还派出了技术高明的工人师傅吴乃丁，专为这台引擎服务，所以说，毓蒙铁工厂的技术服务也是一流的。

随着温州毓蒙铁工厂的声誉日益卓著，五六年后，东门鸿昌铁工厂主动并入。约在1930年或1931年，温州人潘兰门和楠溪人叶普如合伙，从日本购来大、小车床等设备，并请来日本留学的工程师，在温州东门开设了鸿昌机器厂。不久，该厂厂主潘兰门等因业务清淡，就向李毓蒙请求并入联合，后来，除工程师以外，所有设备和人员全部并入了毓蒙铁工厂。这样，几经股份进退之后，温州毓蒙铁工厂最后成为李毓蒙、林普银、孙朝兰3人合伙的工厂，当时资金14000元，其中李毓蒙4000元，林普银7000元，孙朝兰3000元。厂房面积达2000平方米，主要设备有大小车床13台、刨床2台、钻床2台以及铸造车间翻砂设备和各类机件模型。业务主要是制造内燃机、轧糖机、打面机和立式锯扳机、带式锯板机，兼负地方各种机器的修理工作，成为当时温州地区规模最大、组织最全的机器修造厂。在抗日战争胜利以前，毓蒙铁工厂可以说是一统浙南地区机械工业。

1926年暮秋，缠绵雨丝在天地间扯来扯去扯不断。正当温州毓蒙铁工厂办得风生水起，李毓蒙干得热火朝天之际，一个突如其来的噩耗打乱了他工作的忙碌和心灵的平静。

事情来得十分突然，年仅六旬的母亲谢氏因突发急病，在老家东山车头去世。25岁就开始守寡，含辛茹苦地独自抚养两个儿子成人，全村人都称赞谢氏是个好女人。为媳，她对公婆克尽孝道；为妻，她对丈夫体贴入微；为母，她用无私的爱包裹着两个年幼的孩子。特别是她的一双手，风里雨里，水中火中，家内家外，于是有了手的粗糙，也有了家的温暖。她一辈子没有享过清福，年过半百仍勤勤恳恳地在弹棉机厂里忙碌着，从东山弹棉机厂建厂开始一直在厂当厨娘，一干就是十年。老板的母亲给工人们煮饭吃，有福不会享，地方人讲起来也难听，说老板不孝顺。但他们不知道，作为儿子的李毓蒙曾多次叫她回家享清福，只是母亲劳碌惯了，叫她回家坚决不肯。母亲轻轻地走了，她把她的苦闷、惆怅、落寞和欢愉全部交付给了这个僻静的小村庄，唯一没有带走的，是她对儿子事业的深深惦记……这个苦命的女人就这样走完了她的一生。

李毓蒙带着一腔的悲伤和痛苦，急急登上从温州小南门驶往瑞安的小火轮。因父早逝，母亲的逝世使他受伤的心， 又一次受到重创。秋雨铺天盖地下个不停，大地仿佛失去了一切，云和雨诉说着无涯的悲痛。湿雨如愁，对于母亲的回忆又一幕幕涌上他的心头，她默默地活着，活得自信有尊严，一辈子就为了两个儿子。李毓蒙为有这样的母亲感到骄傲，觉得她是人世间最完美的女人。

风行水行，李毓蒙在最短的时间里赶到了东山祖居的老屋，他跪在母亲的灵柩前，悲恸欲绝，泣不成声。在家的哥哥毓芳说，母亲在弥留之际，一直叨念着小儿子，并喃喃地说着：活到这把年纪，自己比老公活得长了30多年，一辈子该做的、该得到的，她都做到了得到了，儿子有了出息，在九泉之下可以欣慰地告诉早早离她而去的老公了！

母亲“大殓”后，移往车头村附近的玉泉寺停灵做法事，按照当地习俗和佛家意旨，在这里停放“七期”，请僧人做道场，宾朋吊唁。母亲的灵堂正中摆放着牌位、香炉、供品，两边放着陪葬的金斗银斗、金山银山、摇钱树、聚宝盆等，挽帐低垂，青松雪柳，一片肃然，这也是人生的别一种壮观。阵阵秋风吹来，拂金飘银，一片萧索之音。灵堂外冷雨如麻，雨滴敲在玉泉寺的青瓦上如泣如诉，水幕从屋檐下垂落成一幅挽帐，也是凄清而冰冷。

出殡那天，毓芳、毓蒙兄弟泣不成声，披麻戴孝送母亲的棺木到莘塍仙甲的祖墓下葬。铅灰色的云像棉絮一样在天空覆盖着，旷野里万籁俱寂，仿佛大地也披上了一层悲剧色泽。葬后三日，兄弟俩又起了个大早，赶到母亲墓前设祭圆坟，祭毕，毓蒙又给母亲坟上多培了几抔黄土，在清晨的曦晖里，那墓冢似乎在他眼里放大了许多倍。魂兮，归来！李毓蒙在心里无声地呼唤着，默默地站在母亲墓前，越发感到心情沉重。平林漠漠，天涯望断，想到母亲生前对他的倍加疼爱，眼前的一切又让他迷茫起来。

伤逝是人类一种最复杂的情感，母亲的逝世使李毓蒙的情绪降到了冰点，笑容从他的脸上消失得无影无踪，很长一段时间，他都缓不过一口气来，大家都真的有点为他担心呢！

但母亲那一片仁爱之心，一直在李毓蒙的身上延续着，母慈子孝，影响至深。随着企业越办越大，特别是温州毓蒙铁工厂的创办、发展和壮大，他的“家当”与过去相比已不可同日而语了。他从办厂伊始所带出来的学徒、徒子徒孙越来越多，大家都亲切地叫他“老师”“老师公”。而李毓蒙心地善良，目光远大，为了扩大企业规模，基业长长久久，也十分注重培养年轻人。

有一位叫吴星珍的小学徒，从东山开始，就整整跟了李毓蒙几十年。1922年的一天，14岁的吴星珍见到了正在堂兄家里做客的李毓蒙。当李毓蒙听说他一周岁时就没有了父亲，家里仅有母亲和比他大三岁的姐姐，缺少劳力、家境非常困难时，当即表示要吸收他去棉机厂当学徒。在世态炎凉的社会，穷人家的孩子要找个生活出路比登天还难，听说李毓蒙有心收星珍为徒，他的母亲喜出望外，热切地叮嘱儿子一定要听蒙师的话，好好学手艺，为自家争口气。过了几天，吴星珍就跟着堂兄来到了“李毓蒙制造絮棉机器厂”，当时蒙师正在干活，一见到他，忙把工件放下了，把他领到师兄那一伙里嘱咐道：“这孩子叫吴星珍，今天才来，算是你们的小师弟，厂里有啥要你们做的，你们就和他一起干。他年纪小，你们要多加帮助。他还没长力气，不要让他干挑水等重活。”

老师的亲切关怀，使吴星珍感到无比温暖，就一门心思积极安心学艺。起初他被安排在弹棉机车间钉齿条，工作比较简单，可是蒙师却时常过来看望他，如果做成的工件平整合格就勉励他继续进步，如发现缺陷他总是耐心指教，激发他学艺的志趣。李毓蒙对这批小徒弟

▲ 李毓蒙试制成功的脚踏开齿机、动力机、打面机等产品

很关心，专门组织了两位师傅为他们培训车、铸、锻、钳等工种新技术，自己也不顾劳累，经常来指教他们工艺技术操作。在东山厂里一干就是3年，聪明勤奋的吴星珍从小学徒变成了熟练的技术工人。

为了满足社会需求，李毓蒙又在温州小南门创办了“温州毓蒙铁工厂”，并把吴星珍带到温州做工。1926年，瑞安电灯厂向德国禅臣洋行购进一台100匹马力双缸引擎，毓蒙铁工厂就根据那台引擎的结构原理，造出了一台单缸立式50匹马力柴油内燃机。因为温州森林工业发展，要求造一台配套排锯锯板机，当时既无技术资料，又无实物借鉴，怎么办？当李毓蒙打听到德国商人在上海设有排锯锯板厂，就亲自带一名木型师傅，想方设法进厂参观，巧妙地把那排锯机构造原理，目测心记地全都记了下来。返厂后，仅仅花了半年时间，就成功试制了一台排锯机，与50匹马力引擎配套，卖给温州胜美锯板厂。胜美厂是浙南开办最早的第一家机器锯板厂，吴星珍被派到该厂当助理司机，几年后仍回毓蒙铁工厂做工。

一次，瑞安通济轮船公司“快利轮”机车损坏，无法修理。该公司请求毓蒙铁工厂设法解决，李毓蒙就派吴星珍去修理，待正常运转后，通济公司要求他留下来开车。这时节，铁工厂里生产很忙，人手也不够用，所以他不想留。但李毓蒙为了解决别人的实际困难，就答应了他们的要求，决定把吴星珍派到通济公司开车，临行时，他语重心长地说："快利轮船公司的发动机坏了，我们把它修好，这是件好事。如今再把它开好，那就是更好的事。我们办厂的宗旨就是运用机器发展生产，你是我的徒弟，更要好好工作啊！"当时社会上熟练的技工奇缺，李毓蒙急人所急、舍己为人的办事精神，使吴星珍深受感动，他牢记老师的话，在通济公司兢兢业业开了八年机车，直至抗日战争全面爆发后通济公司船只停航，没有出现一次事故。

第七章 乡下佬挺进上海滩

繁华嘈杂的上海外滩，高楼林立，车水马龙，行人摩肩接踵，其大气宏伟令人惊叹。李毓蒙最爱这涨潮时的景色，立在外白渡桥上，看浑黄的江水从面前铺展开去，辽阔而雄浑，从海上来的船只由长江口驶入黄浦江，远远望去，仿佛耸立波际似的。

天色渐渐地由鱼肚白转成了绯红，他仿佛看到红日已经从海上升起来了。这一年他刚好30岁，正是雄姿英发的年华，一张方圆脸，一双炯炯有神的眼睛，再加上宽宽的额头，有些气宇不凡。他太喜欢外滩这地方了，奔涌的浪花仿佛要跳到心尖上来，哗哗的涛声像一阵阵呐喊，撞击着他的胸口。灾难深重的中华民族，快快挺起脊梁！有血有肉的四万万同胞，应该摆脱贫穷和愚昧，而兴办工业、富裕百姓又是何等重要的大事！

不错，他从乡间来到都市，正蓄着一腔热忱，寻求富国富民的道路。从一个寂寂无名的小裁缝成为发明生产弹棉机的企业老板，年轻的李毓蒙华丽转身，雄心勃勃。位于瑞安东山的“李毓蒙制造絮棉机器厂”经过几年的技术改造和人员扩充，产量迅速提高，但因浙南地域不大，又不盛产棉花，对弹棉机的需求量毕竟有限，为了扩大销售领域，1921年，李毓蒙又大步跨入上海滩开拓市场。他要在这里施展抱负，开创崭新的事业，实现自己的宏愿。

被称作冒险家乐园的大上海，麇集着遗老遗少、官僚买办、军阀流氓，还有那些蓝眼珠高鼻子的洋商。波涛起伏的黄浦江，一半流的是金元，一半流的是血汗。上海滩，毕竟不同于家乡的那个小城，在这里可以看到许许多多新鲜的东西。作为孤勇者，一个乡下佬贸然闯入，能站稳脚跟吗？

初到上海，由于人地生疏，李毓蒙寄居在同乡人黄柳钦所开的茶叶栈里。后来，由于他的“小本生意”受到客栈里一些大茶商的鄙视，他为此感到不快，经黄柳钦介绍，又转到四马路普庆里10号乐清人王鸿舟处。王鸿舟是个开裁缝铺的，为人热情好客，由于既是同乡又是同行，李毓蒙与他一见如故，十分相投，不久便借这里设立了弹棉机销售联络处。

在设立联络处期间，李毓蒙奔波于上海附近的苏州、无锡、常熟等县，深入乡村，走访农户，详细了解弹棉机销售的潜在市场。这一带盛产棉花，家庭手工纺织业极盛，无论是城镇或农村，家家都有纺车和布机，妇女精于此道，五六岁的女孩子就学纺纱，十三四岁就要上布机织布。这里生产的棉布，花色品种多样，有印花的，也有织花的，一般的可织成条子或格子，还有织成芦席斑纹的。这个发现使李毓蒙欣喜若狂，与温州相比这里的市场真的大多了。他惊讶于这里的纺织盛况，也十分赏识这里勤劳能干的妇女。他的续妻汤氏就娶于此，这当然是以后的事了。

功夫不负有心人。独具慧眼的李毓蒙单枪匹马走苏南，独独相中了这块市场潜力巨大的风水宝地，迅速地打开了广阔的销路。随着弹棉机在上海附近地方的推广使用，深受产棉区广大用户的欢迎，在松江、崇明、常熟、昆山这一带销量大增，业务进展很快，为自己的弹棉机厂带来了勃勃的生机。没花几年时间，他就在上海滩打开了崭新的局面。

进军大上海之后，不仅仅弹棉机的销路得到了拓展，赢得了市场，更重要的是李毓蒙的眼界得到了开阔。上海作为全中国经济最发达的城市，李毓蒙不仅可以购到生产所需的物资和设备，也能聘请到技术水平高超的师傅，去充实瑞安东山弹棉机厂的技术力量，这就进一步提高了生产能力和产品质量，形成良性循环。

1924年，“双麒麟”牌弹棉机在上海总商会第一次展览会上露面，受到国内外参观者的一致好评，并荣获优等褒状奖章；1926年在上海国货展览会展出，又获优等褒状奖章，这使弹棉机名声大震，在

▲ 上海销售联络处旧址

▲ 上海普庆里李毓蒙住所旧址

▲ 上海发行所旧址

上海一带的销售量稳步上升。为了适应形势，1927年，李毓蒙就在南市万豫码头64号设立了“李毓蒙弹棉机上海发行所”，终于在上海滩牢牢地站稳了脚跟。从此，他自己的大部分时间都留在了上海，而把家乡那几家已经走上正常生产轨道的工厂，交付给兄长李毓芳以及林普银等人具体负责管理，只是在他们有问题实在解决不了之时，才亲自回去瑞安几趟。

就这样，李毓蒙终于事业有成，家大业大，成了远近闻名的发明家、实业家，在发家致富的同时，也带出了不少学徒；他在家乡东山还热心公益，乐善好施，受到父老乡亲的一致好评。但是，任何事业发展的道路都不会平坦，也不会一帆风顺，其中有崎岖有曲折，在他的创业协奏曲里，也不时出现几个不和谐的音符。这里单单讲一个发生在1922年的“李逵碰上李鬼”的故事。

话说就在“双麒麟”牌弹棉机荣获专卖权不久，便有同村人堂而皇之地挂起了“××厂”的牌子，进行仿制弹棉机。当时，李毓蒙对此还有点不以为然，却气坏了他的兄长李毓芳，他愤愤地对弟弟说：“××家也开办了弹棉机厂，你怎么听之任之呢？你忘了自己是怎样发明弹棉机，如何办成这个厂的？他倒好，在我们厂里马马虎虎学了几天，就方方便便地办起弹棉机厂了！我们是有专卖权的，他根本就没有资格和权利去造什么弹棉机……”

李毓蒙认真地听着哥哥的这番话，一时也不知道该如何回答，因为毓芳的话，实在句句在理。李毓芳见弟弟不吭声，便更来气了，跳起来说：“好吧！你不管，我管！”

当下，就操起家伙，招呼了几个学徒，就要去砸××家的招牌。此时毓蒙慌忙上去阻止，可是体力上哪里是他哥的对手？非但阻拦不了，反而被哥哥推得倒退了两步还稳不住身子，一屁股就坐到了地上。

毓芳见弟弟被自己推倒在地，便迟疑了一下。此时，毓蒙扑了过去，死命抱住了兄长的双腿，大声地恳求着："哥，求你了！你先别急吆！我们不同意他们做弹棉机，也只能好好地去与他们交涉，你这样去砸牌子，会打起来的。如果伤了你，我们犯不着；若伤了他们，我们也于心不忍。大家乡里乡亲的，低头不见抬头见，伤了和气多不好！乡亲们会认为我们太势利……"毓蒙又接着说："他们一家子人多地少，没有其他出路才干这个的，再说弹棉机市场很大，我们一家也做不完，就让他去做吧，绝对不会妨碍我们的生意的。"

俨然一种大事化小、小事化了的姿态！当即李毓蒙以情以理说服了自己的兄长，也平息了这场即将爆发的争端。

但是，这样豁达大度等于默认了仿造者的不法行为。默认了第一家，后又默认了第二家、第三家……一些邻近乡村的手工业工匠，见"李鬼"与"李逵"相安无事，便纷纷仿效，也都仿制起弹棉机来了，就连个别李毓蒙的学徒，居然也另起炉灶，争相仿制，一时间大有星火燎原之势。在众多的弹棉机厂中，最主要且粗具规模的有：高兆涛等人在东山上埠所设的"华昌"厂（双狮牌），姜醴泉、姜辅舟兄弟在中埠所设的"广华"厂（聚宝盆牌），毓蒙的徒弟吴庆恩在中埠所设的"庆华"厂（狮球牌），铜匠蔡威涛及其徒弟阮尧荪在上望乡所设的"兴华"厂（地球牌）等四家。

仿佛刮起了一阵风，东山及其周边乡镇一下子冒出了这么多的仿制者，大大小小的弹棉机作坊和工厂也是"遍地开花"，形成了一种虚假的繁荣。但是，就像李毓蒙对其兄长毓芳所说的那样，他们都影响不到东山"李毓蒙制造絮棉机器厂"的发展，由于该厂产量不断提高，在上海的弹棉机销售量也相应增大，一直处于供不应求的状态。再者，毓蒙厂不但生产弹棉机，还开发其他机器的制造和维修，业务变得十分繁忙。从此以后，毓芳等人再也没有产生去制止别厂生产弹棉机的念头，那些厂也因为弹棉机专卖权人的大度，"平安无事"地进行着仿制生产。

一波未平，一波又起。市场自有其铁律，虽说商战没有弥漫的硝烟，但也刀光剑影暗流涌动，未过几年，市场上正宗、仿造弹棉机的较量又白热化了。这场风波以闹剧开始，却以喜剧的形式结束了。

原来，“华昌”“广华”“庆华”“兴华”等四厂所生产的各种杂牌弹棉机，开始时只在本县以及邻近地区销售，后因产量增加，便设法前往杭州、宁波等地开拓销售市场，这里虽然远离毓蒙的发行所和销售地域，经过一段时间的经营后，销售势头却很不理想。但李毓蒙在上海的弹棉机发行所生意却十分兴隆，供不应求。在这种情况下，一些弹棉机厂便无所顾忌地向上海“进军”，各厂先后派人前往上海推销自己的产品。

最早去的是东山车头村人庄久通，他在上海万豫码头、左近外马路处租用房屋，设点经销仿制的弹棉机。庄久通的经销点临近李毓蒙的发行所，他的经销活动就在李毓蒙的眼皮底下明目张胆地进行着。这一举动，确实具有一定的挑战性，为此，李毓蒙弹棉机上海发行所的工作人员议论纷纷，大为不平，有的还义愤填膺地要去讨个说法。

可李毓蒙对此却十分坦然，笑嘻嘻地对员工们说：“你们着什么急呀？我们现在的生意这么好，每天忙得团团转还是应付不了买主，他们来这里正好替我们解急，也为买主解急，这是蛮好的事嘛。天下的生意是做不完的，你们尽管放心好了。”他还再三交代：“你们切不可到人家那里去说三道四，给人家难堪。相反的，他们若有什么困难，你们一定要诚心诚意地帮忙。出门在外，同乡人之间理应相互关照啊。”接着，他又向这些员工说起了自己初来上海时，别人所给予的冷嘲热讽或真诚帮助给他的感受。

这个头一开，各厂便相继派人来到上海周边地区销售弹棉机。由于上海市区房租昂贵，他们难以负担，于是就纷纷把经销点设在周边地区，一则可解房租昂贵之难，二则地处产棉区内有利于销售。当时在各处设点的有："华昌"厂的林宗城在闵行，朱云卿在常熟县梅李镇，"广华"厂的姜醴泉兄弟俩在大团镇，"庆华"厂的杨锡霖在南翔，"兴华"厂的陈普荣在张堰。他们除经销外，还承接弹棉机的维修业务。以上各处，应该说都是比较理想的销售地点，可这些点的销售业务还是不尽如人意，就连庄久通在上海的经销点，上门求购者也寥寥无几，生意十分清淡。

路遥知马力，日久见人心。"李毓蒙上海发行所"的"双麒麟"牌弹棉机已经行销多年，牌子硬码，质量可靠，还对用户实行包用三年、免费上门维修的承诺，得到了用户的信赖，生意越做越好，一直处于供不应求的良性循环之中。而那些跟风的厂家生产的杂牌弹棉机却乏人问津，为解决产品滞销、积压问题，他们竟然以降低价格的手段来争取客户。于是，各厂之间为了争夺市场而竞相压价，成本一降再降，产品质量就无法得到保证。这样一来，他们仿制生产的弹棉机就更加难以脱手，这一恶性循环，致使这些厂家都到了濒临破产、难以维持的地步。在这种情况下，便有人想到求助于李毓蒙，希望他能出面帮助大家扭转败局，走出困境。

李毓蒙心地向善，宽宏大度，他一直把所有的弹棉机从业人员都视为自己的徒弟，大家对他则亲切地以"老师"或"老师公"相称。这些年虽然经历了一系列的风风雨雨，有些人心中也有深深的愧疚，但对他的人品由衷地钦佩，由惶恐转为敬重，每次来到上海，都会去拜访李毓蒙，自己有什么困难也很自然地向他吐露，在经济上得到他的资助也是常有的事。所以，李毓蒙对这些厂的生产销售情况还是相当了解的，当他发觉各厂在削价竞销时，每当碰到那些厂的员工，便告诫他们一定要把好质量关，不能一味减价而降低成本，去牺牲用户的利益。可是，当时又有几个人能真正懂得他的良苦用心呢？后来，还发现有人甚至假冒“双麒麟”牌子，以次充好来蒙骗用户。对这些做法，李毓蒙早已忧心忡忡，一直为他们造成的严重后果而焦虑，如今真的到了这一地步，又切切实实为他们感到惋惜不已，决不能熟视无睹。

面对同行们的热切求助，此时的李毓蒙面临着两个抉择：一、由他们自生自灭，以无能为力告之，这也无可非议；二、不计前嫌，竭尽全力辅佐同行，以求共同发展。李毓蒙毅然选择了后者，因为令他担忧的并不是自己的利益与得失，而是如何解决众多的弹棉机从业人员的生计问题。在他的脑海里盘算的是如何使广大手工业纺织者早日从繁重的体力劳动中解脱出来，提高生产能力，早日脱离贫穷落后。这，还得依靠众多弹棉机从业人员的共同努力。

当大家听说李毓蒙愿意出来帮助解决困难问题时，便感到往后的日子有了希望。于是，一些厂马上来人与李毓蒙进行了协商，首先当然是甘愿“俯首称臣”，紧接着又提出了一些五花八门的“建议”：要求将自己厂生产的弹棉机放到毓蒙发行所代销的有之；要求将自己的商标取下来换上“双麒麟”牌出售的也有之。有些不合理的提议，简直让李毓蒙感到哭笑不得！

李毓蒙感到各种沽名钓誉、偷梁换柱的做法有损用户的利益，不但解决不了目前的困难，反而会使问题变得更加复杂化。再说，那么多作坊、厂家的产品也不是现有的一个“弹棉机发行所”所能承担的，一定要有一个根本性的解决方法才行。为此，他再三考虑，反复权衡，终于得出了结论，就是要通过协商，有组织地把各个弹棉机厂联合起来，先统一思想、统一领导，再统一质量标准、统一安排生产和销售，这样才能彻底避免同行之间的相互倾轧，以求得共同发展。心中有了一个基本方案，李毓蒙便亲自出马，把几个关心弹棉机事业发展的热心人士如林宗城、杨锡霖、林献春等召集在一起，进行了认真的商讨。在多次讨论研究他提出的关于联合的具体方案之后，当大家纷纷认为这个方案基本切实可行时，他才付之行动。

1932年开春时节，在春寒料峭之中，李毓蒙特地从上海回到了东山老家，召集各大、小弹棉机厂的厂主和工人代表开会，共商“联合”大计。临时借用开会的林氏宗祠，人山人海。此次到会的有100多人，其中很多人并不在召集之列，因为关心弹棉机的发展前途，不召自来，挤满了会场内外，而在祠外观看、张望的人也不计其数。召开这种性质的大会，在东山乡是前所未有，也是前所未闻的。

会议开始了，李毓蒙首先发言：“今天把这么多人请来，是为了商讨弹棉机行业的生存和发展问题。目前很多弹棉机厂困难重重……”

台上台下鸦雀无声，大家竖起了耳朵，认真地聆听着。在阐述了各弹棉机厂以往所存在的一些不正常做法和目前所面临的危机以后，

▲ 在东山林宅祠堂召集同行商讨成立“毓蒙联华公司”开会

他说："弹棉机从业人员对今后的路该怎么走，我为这个问题确实考虑了很久，也多次与好些同行探讨过。现在，我把自己的一些设想向大家交代一下，请大家讨论、修正，定出一个切实可行的方案来。"

或许是想起了自己发明弹棉机、创办弹棉机企业的艰辛历程，李毓蒙当下触动了感情，他饱含着热泪，激动地说："首先，我要大家明白一个道理，就是办厂不要光为赚钱，钱当然要赚，但一定要拿出质量好的产品。要让用户满意，绝对不能马马虎虎，更不能明知故犯，以次充好去蒙骗用户，这种生意是做不长的。这种做法，也对不起我！我不计较专卖权，诚心诚意让大家生产弹棉机，希望我发明的产品能给乡亲们带来财富，也希望给生产弹棉机的人，给更多从事手工纺织业的劳苦大众带来财富。在座的都是贫穷出身，穷人更应为穷人着想，干事业永远不能忘记这一点！"在谈到这些关乎弹棉机生死存亡的尖锐问题时，由于心情比较沉重，李毓蒙的话语也十分严肃，会场内掉下一根针的声音也能听见，一些心中有愧的人则低下了脑袋，生怕他会点到自己的名字。

接着，李毓蒙对弹棉机行业的大联合，阐明了自己的基本观点和初步方案，他说："我认为，要想避免各生产厂家间的互相竞销、互相倾轧，只有各厂联成一体，包括我的弹棉机厂在内，把所有的弹棉机从业人员紧紧地捆在一起，大家紧紧地……"

未等他的话说完，底下的与会人员一下子就热腾起来了，有的鼓掌，有的叫好。他们实在没有想到，李毓蒙会把自己正处于产销两旺的弹棉机厂也搭进去。他们深感他的真诚与赤心，对联成一体的提议有了强烈的兴趣，并寄予莫大的希望。

待人们逐渐平静下去，李毓蒙又一下子提高了音量，大手一挥接着往下说道："大家联在一起以后，对内要统一领导，人员统一调遣，产品统一质量标准和统一销售；对外用统一牌子，统一厂名。至于怎么

‘联’，怎么‘统’，就要靠大家开动脑筋，定出具体可行的方案来。”

在20世纪30年代初的中国，在竞争十分激烈的同行业之间谈什么“联合”“统一”，的确是一件破天荒的新鲜事。李毓蒙所提出的“怎么联”“怎么统”这个讨论题，倒使到会人员个个大伤脑筋。他们在会上各抒已见，会后相互探讨，会上会下，气氛始终十分热烈。因为，如果“联”得好，才会有人参加这个联合体；如果“统”得好，联合体才能发展壮大。严冬已经过去，春天即将来临了，大家对李毓蒙顾全大局、不计个人利益的精神非常敬佩，一致同意联合。

这一关乎弹棉机从业人员切身利益的会议，足足开了三天，在广泛和充分吸取大家的意见后，一个史无前例的联合体——毓蒙联华公司终于诞生了。决定由“毓蒙厂”“华昌厂”“庆华厂”和“兴华厂”四家大厂进行联营，下设总部和四个分厂，各分厂则以规模较大的厂为基础，其他小厂根据双方自愿原则，并入大厂。除了“广华厂”因停办和庄久通没有加入外，其他各大小弹棉机厂全部加入，“广华厂”虽停办，但后来该厂也有部分工人自行加入了这个联合体。“毓蒙联华公司”之名，就是取意于“毓蒙弹棉机厂”与带“华”字的弹棉机厂联合起来。

夏天追着春天的脚步来到黄浦江畔，用热烈占据了所有的空间。人逢喜事精神爽，毓蒙联华公司终于在上海南市万豫码头41号紧锣密鼓地开张了。如果说春天是萌芽，夏天是勃发，那么这一比喻与李毓蒙的联合大业也颇为吻合。大家公推李毓蒙为公司总经理，高兆涛为协理，林宗城、李琳昌、李毓钏等13人为工人代表。“毓蒙厂”为一分厂，负责人林步郎；“华昌厂”为二分厂，负责人高兆涛；“庆华厂”为三分厂，负责人吴庆安；“兴华厂”为四分厂，负责人阮尧荪。毓蒙联华公司的宗旨是统一领导，统一人员安排，统一质量标准，统一经营。总部负责产品的统一销售，根据销售量和各厂人数，按比例

▲ 麒狮球商标

分配生产任务，负责产品质量检验和验收，并按公司的实际需要，有权调配人员。各分厂都设在原来厂的所在地，分厂要按公司所规定的质量标准进行生产，按时完成总部所分配的生产任务。分厂与公司的经济关系为独立核算。老分厂为合股形式的则由分厂内部自行分配核算，与公司无关。各厂生产的弹棉机都以“麒狮球”为其商标。公司还在上海附设修理组，以切实执行三年包用制度，从而克服了市场的混乱现象。

上海毓蒙联华公司的成立，彻底改变了弹棉机行业原来的那种混乱局面，为弹棉机事业的进一步发展，奠定了坚实的基础。人多力量大，大联合促进大生产，全公司年产弹棉机增至525台，产品除行销浙江全省外，并销往苏、闽、赣、皖、湘、鄂等省，总产值达到10余万元（不包括温州毓蒙铁工厂的产值）。

待在上海的日子里，李毓蒙一方面为弹棉机寻求更大的销售市场，另一方面广泛接触机械行业，还随时注意和物色值得开发的机械产品。他不断学习和研究新技术，时刻不忘开发新产品，在沪研制成功的金刚砂砻谷机，又是一项集经济效益和社会效益于一体的新产品。

砻谷机的研制，在整体机械结构方面，对李毓蒙来说已构不成难度，但必须解决的难题则是砻谷机上的一个关键部件金刚砂盘。当时，在上海已有进口的金刚砂砻谷机，其中的金刚砂盘虽看得见、摸得着，但对砂盘的成分以及所用的是何种黏结剂和固化剂等，则是看不出来的，有待去研究。然而，这一研究内容已不属于机械范畴，李毓蒙又介入了一个崭新的领域，面临崭新的挑战。由于他的聪明才智和坚强的毅力，日夜苦思冥想，不断实践，最后得以成功。

因为“李毓蒙弹棉机上海发行所”没有专门的生产设备，在整机的试制过程中，李毓蒙便与“上海广利机器厂”合作，在研制成功之后，成果双方同享，广利机器厂也可生产这一产品。于是，李毓蒙则在上海和温州各办了一家金刚砂砻谷机厂。

那个年代，我国对稻谷的脱壳手段是十分落后的。在农村里，农民将谷放在石臼里，用手握舂柱进行舂米，也有将舂柱组装在踏板上，利用杠杆原理，用脚踩踏板进行舂米，可以省力和提高工效；在山区也有用水轮带动的；在县城里的碾米厂则是采用木砻或泥砻进行砻米，一天砻米4000斤左右，这算是比较先进了。采用金刚砂砻谷机，一天可砻出2万余斤，不仅产量提高了5倍，并且米粒完好无损，机器使用的寿命也很长。

由于金刚砂砻谷机本身具有的优点和弹棉机发行所开拓的销售渠道，销售局面很快就打开了。李毓蒙研制成功的这一新产品，在取得骄人经济业绩的同时，也获得了良好的社会效益。

在这里值得一提的是，金刚砂砻谷机虽没有申请专卖权，但砻谷机厂的建立，没有像弹棉机厂那样，仿制者在全国各地蜂拥而起，其原因是砻谷机的金刚砂盘配方没有公开，李毓蒙仅传授给了几个具体制作砂盘的学徒。这种“保密”做法，一方面是受控于合作者，上海广利机器厂的经理尹宏道是安徽滁县人，在上海办厂多年，是个很有经济头脑的人，十分清楚技术保密意味着什么。另一方面，李毓蒙倒不是想独自赚钱，而是当时已看到他的弹棉机因多家纷起仿制，产品质量得不到保证，产生了许多不良后果，前车之鉴，使他不得不采取这种做法。同时，技术保密符合制作工人的利益，他们掌握核心技术后也绝不外传。因此，这个制造全砂盘的“秘方”，一直保密到解放以后。

抗日战争胜利后，李毓蒙的几个制作砻谷机的学徒，到汉口办起了砻谷机厂，他们按传统的做法，关起门来制作砂盘，厂内其他人员均不得观看。新中国成立后，该厂公私合营了，他们还是这样干。公方要扩大生产，让他们带几个助手，他们不要；直截了当地要求他们公开配方，他们又不肯。因为他们是私方，担心在交出配方后，若被公方踢开，以后就没了活路。在这种情况下，公方也组织人员进行了试制，虽然根据厂方所购的原材料，可以清楚地知道砂盘所用的是何种材料及各种材料的比例，但就是做不成。后来，当公方人员获悉这个砂盘的创造者是李毓蒙，其长子李安邦就在当地，便找上了他。

原来，李安邦在师兄的帮助下也办了个小工场，他虽不搞砻谷机，但知道砂盘的制作方法，这不是父亲传授给他的，而是从这几位师兄处看来的，师兄当然不会对他进行保密，只要李安邦愿意，随时都可以进出他们的工作间。当该厂的公方负责人找到李安邦时，年轻人没有什么后顾之忧，就毫无保留地公开了这个“秘密”。为此，李安邦受到了厂方的表扬，却被师兄弟们狠狠地教训了一顿。

第八章

挥师江汉大平原

1935年已经接近尾声，阳历年快到了，武汉的东湖边刮起了阵阵寒风，将东湖水激起阵阵涟漪，北风呜呜地一阵紧似一阵，预示着天寒地冻的季节即将来临。唐朝诗人李白曾在此写下“黄鹤楼中吹玉笛，江城五月落梅花”，武汉自古又称“江城”，因位于云梦泽地带，湖泊之多，不可胜数，可谓名副其实的“千湖之乡”。那些湖泊如同玉盘之珠，大大小小散落在堤畔城边，湖水如蓝，绿树映带，成为这座“楚中第一繁盛处”古城的一大特色。

地处长江边上的武汉，经过几天北风的袭扰，街头巷尾算是彻底换上了冬装，光秃秃的街树已经落下了最后一片树叶，可怜地伸出那裸露的枝杈，灰色而单调的街头，处处是瑟缩着匆匆而过的行人。今天，往日阴沉的天空却少有地露出了太阳，似善解人意地护送着一位外乡人第一次踏上这座陌生的城市。武汉真大啊！这是他脑海里闪现的第一个想法。在中国历史上，只有两个城市以“大”为开头而命名，一个是大上海，另一个就是大武汉。享有“九省通衢”美誉的武汉处于江汉平原东部、长江中游，长江及其最大支流汉江汇于市境中央，形成了武昌、汉口、汉阳三镇隔江鼎立的格局。但是，这大冬天的他跑到武汉来做啥呢？

现在，这位身量不高的中年男子正独自一人，踽踽地在汉阳的街头徘徊着。汉阳因位于汉水之阳而得名，东隔长江与武昌相望，北隔汉江与汉口对峙，自古就是商贸繁盛之地，也是中国近代工业的发祥地。清朝末年，著名洋务运动领袖张之洞创办的汉阳铁厂和兵工厂，开创了中国钢铁工业之先河，汉阳兵工厂造出的步枪人称“汉阳造”，作为当时中国最先进最精良的枪械，直至中华民国时期还广泛装备于各部队。由此可见汉阳在洋务运动中的特殊地位，在武汉的地名中，汉阳的名气之大非比寻常。

“晴川历历汉阳树”，踩着冬日的阳光，他情不自禁地在嘴里吟出了一句家喻户晓的唐诗。经过多次向路人打听，终于寻到了汉阳月湖街，在寒风中走着走着，当他看到“月湖街60号”门牌和“毓蒙联华公司驻汉弹棉机发行所”的招牌时，嘴角不禁浮起了微笑，低声地嘟囔了一句：“噢！到了到了，应该就是这里了！”

他一边自言自语着，一边兴奋地抬腿迈进了这幢朝向街面的两层小楼，见到底楼的办公室里坐着一个稚气未脱的小后生，正睁大了好奇的眼睛望着自己这位“不速之客”。没等年轻人开口，也不管是不是家乡人，他自顾自只管操着瑞安话亲热地问道：“娒！怎么你一个人独自上班，你老师不在这里呀？”

虽然一面打生不相识，但听到这亲亲切切的瑞安乡音，年轻人只知道是同乡人来了，便笑嘻嘻地反问道：“你是谁呀？”

当下，中年男子朝着后生儿笑眯眯的、一字一顿地回答道：“我啊？你还要叫我老师公呢，我是李毓蒙。我是从上海来的！”

年轻人蓦地听说来者是李毓蒙，便一下子涨红了脸，慌了手脚，站在那里不知该如何迎接这位长者与贵客。虽未见过李毓蒙真人，但一听这个名字却如雷贯耳，因为在出来当学徒之前早已听说过李毓蒙其人及其业绩，如今又在以毓蒙命名的弹棉机发行所内工作，在他的心目中这是一位极其了不起的大人物，今天突然之间见了面，使他十分震惊。此时，李毓蒙未等年轻人转过神来，只管自己来到里边，一面左右观看，只见底楼设有一个办公室和一个弹棉机房，楼上大概是工作人员的宿舍，一面又笑着轻声问道：“真的，就你一人在这里呀！”

李毓蒙衣着朴素，态度慈祥，在他的感召下，年轻人的心很快地平静下来，回过神来请老师公坐下，忙着沏茶、递烟，并告知发行所几位负责人的去向：林宗城去麻城推广弹棉机的使用方法，杨锡霖和张公权也在附近农村推销产品。自己是新来的学徒，今年刚满17岁，今天只有他一个人在发行所留守。小学徒此时已不再拘束，不过心里仍有一连串的疑问：老师公出门怎么不穿长袍马褂？要是没有前呼后拥，那也该有个跟班的呀？怎么事先没有通知，也不打个招呼就来了，致使这边竟无人迎接！

在简单地喝过茶，休息片刻之后，李毓蒙立刻让小学徒带他去车间看望一下。在月湖街北首距发行所200米处，还有一幢租下来的两层两开间砖木结构房子，楼上为工人的住房，底下为工作场地，用来装配、验收和维修上海毓蒙联华公司运来的弹棉机。这时，工人们正在紧张地工作，一听说“上海总公司的李总经理来看你们了！”大家马上放下了手中的工件一下子拥向门口。一时间，“老师！”“老师公！”叫声此起彼伏，亲切的呼喊声响成一片，大家乐成一团。工人们因为长年离家在外，见到家乡来人自然十分高兴，再说他们都视毓蒙为自己的恩人，就显得格外亲切。

李毓蒙见到工人们也十分兴奋，有认识的，便直呼着他们的名字；对不认识的，则拉着他们的手问其姓名、家住何方。他不住地向大家问寒问暖、问长问短，特别对几个年纪较小的学徒更是倍加关怀。李毓蒙把他们拉近自己的身边，对几个年长的工人说：“你们对这几个嬶一定要多加关心，他们小小年纪就远离父母出来学做工，也真难为他们了。你们要把这几个嬶当作自己的小弟弟那样对待，要好好教导教导他们！”又亲切地与几个小学徒开起了玩笑：“嬶！谁欺侮你，你就来告诉老师公。”说得那几个孩子眼眶都红了。

在与工人们的谈话中，李毓蒙得知此时的车间已有20多名工人，有几个是流动性的装配工兼修理工，每当发行所三个负责人忙不过来时，就由他们出去帮助办理销售业务，其他几个则是检验和装配工。从上海毓蒙联华公司运来的弹棉机组件，经检验合格、装配后运转正常的，他们才可运送给湖北各地客户，不合格的则要进行维修。交谈良久，见到弟子们个个身体健康精力旺盛，毓蒙感到十分欣慰，对大家勉励有加，并上楼察看了工人的居住环境。房间还算宽敞，窗户通风良好，不过工人们的被褥比较乱，有的比较脏。他特意交代一定要注意卫生，并风趣地对大家说："你们小心长虱子，长了虱子，就别想回去见老婆了。"

依依不舍地告别之际，工人们推出了几位代表，要送李毓蒙这位总公司的"老总"去住高档宾馆。可他大笑着拦住了大家，指着发行所的小学徒说："你们勿送，老师今天就与他同住一个'宾馆'！他住的'宾馆'很好，很清静，本来他一个人住，今晚我与他一起住，正好可以相伴。"说得大家都哈哈大笑。最后，李毓蒙高声地笑着，就与小学徒一同回到了发行所。

晚上，在被李毓蒙称为"宾馆"，实为装修十分简陋的小学徒宿舍里，一老一少坐在灯下聊天，当后生儿拿出了针线，在钉自己衣服上的纽扣时，动作显得很不熟手。这时，李毓蒙眼快手紧地拿走了学徒手中的针线和衣服，说要代他装钉。小学徒紧拉着衣服哪儿肯放手，怎么能让老师公代劳呢！可李毓蒙神秘地笑着，对他说："老师公可是裁缝师傅出身，13岁当学徒，14岁就会缝制皮袍，钉纽扣是最拿手的，小事一桩，你信不信？我钉好给你看看，包你百分百满意！"接下来又问东问西，问到了小学徒的父母兄弟以及家庭状况，原来两人还是邻村的同乡呢，顿时倍觉亲切起来。就这样说说笑笑，寒气逼人的漫漫长夜很快就过去了。

第二天，林宗城、杨锡霖、张公权分别从农村赶回了武汉。他们离开上海的总公司，与老师分别已有一年多时间了，能够在武汉见到从上海赶过来的老师，心情十分激动，把甜酸苦辣化成千言万语，向老师畅叙别后的生活和工作经历，并汇报了现阶段的状况。这一年多来，他们三人大部分时间都奔波在江汉平原的广大产棉区，到处去表演机器弹棉，使棉纺织者很快认识到了弹棉机的优越性；还用滚板改进揉棉条工艺，帮助他们掌握这些新工艺，取得了用户的信任。加上实施优惠销售，销售量增加很快。为便于棉农购买弹棉机，他们在邻近县区设立了产品销售“接洽处”30多个，这些“接洽处”代顾客联系订购事宜，对客户不收任何费用，由发行所按机价的5%付给代办费。还在安陆县设有一家“经销处”，如果客户以现金批购机器，则按九折结算。从湖北全省的营销情况来看，弹绵机的销售面大，分布点广，林宗城等一致认为旺销阶段即将来临。李毓蒙对他们三人的经营方式和所取得的成绩赞不绝口，高兴地说：“一年多前派你们到武汉来开拓市场，看来这条路走对了！”

那么，要交代这次李毓蒙为什么会特地从上海乘长江轮到武汉来，武汉的弹棉机发行所又是怎样办起来的，事情的动因还得从一年多前说起呢。

就在1934年正月初旬的一个早晨，李毓蒙派人去请林宗城。林宗城是原“华昌”弹棉机厂厂主高兆涛的表弟，曾在“华昌”厂做工，后在上海近郊的闵行镇设点经销弹棉机兼弹棉机修理。在筹建“毓蒙联华公司”时，他是一个积极的参与者和赞同者，公司成立后是工人代表，也是公司推销员之一。李毓蒙与林宗城相处一段时间后，认为他诚实可靠、热情能干，是一个值得信赖和能够赋以重任的人。而林宗城也十分敬仰李毓蒙的为人，非常钦佩他的聪明才智和艰苦创业精神，对其为拯救弹棉机从业人员于困惑之中，自愿贡献出专卖权和多年建立起来的市场信誉，主张联合的举动，佩服得五体投地，一直尊称毓蒙为“业师”。

李毓蒙之所以去请林宗城是有原因的。自从1933年夏天上海毓蒙联华公司成立以后，各弹棉机分厂在公司的统一领导下，消除了后顾之忧，集中精力，保质保量地进行弹棉机生产。公司也积极组织推销人员，深入产棉区进行销售，生产和销售平衡发展。但随着弹棉机总产量的逐渐加大，而销售量不能与生产量同步增长，不到一年，又形成了产大于销的局面。当时联华公司弹棉机的销售市场还局限在浙江和长江下游两岸，对长江中上游特别是江汉平原的广大产棉区尚未涉足。那里路途遥远，交通不便，语言不通，信息闭塞，如何去建立销售网点，李毓蒙心中还无底数，所以必须先派人深入产棉区了解详情。谁能担此重任呢？自联华公司成立开始，其实李毓蒙早已开始物色人才，此刻，他的目光锁定了林宗城。

林宗城接到邀请后，立刻来到上海四马路普广里64号的李毓蒙家中。李毓蒙在沏茶让座后，目光里流露出一丝忧虑，立即言归正传，开门见山地说明了请他来议事的原因："现今公司下属各分厂的生产都走上了正规，产量很大，生产潜力也很大，而公司销售量递增不够，产大于销，产销失衡。这一状况，想必你也知晓，如果不及早设法解决，将会引起各分厂的慌乱，失去联合的信心，必将重蹈覆辙，后果不堪设想。"林宗城是个精细明理的人，又是公司的推销员，对这一现状早已看得清清楚楚，也正为这种状况而担忧，因此连连点头："确实如此！确实如此！"

话头一转，李毓蒙又接着说："据我从布商朋友处得知，湖北境内的江汉平原盛产棉花，是我国重要产棉区之一，出产的原棉不仅量多而且质佳。该地带的广大农村挨家挨户就地取材，把纺纱织布作为副业，所织布匹由附近棉布商贩进行收购，然后运往武汉、上海等大城市，再转销全国各地乃至海外，这种湖北棉布被誉为'湖北土特产'，在市场上享有盛名。但那里的纺织工具亦是古老的沿袭，非常陈旧，弹棉花的方法，与过去我们这边一样：身背大木弓，槌敲牛筋绳，一天六七斤，累得腰背疼，棉绒满天飞，喷嚏声不歇，清早少年郎，夜来白头翁！咚咚噔——咚咚噔——"

李毓蒙一边念着"顺口溜"，一边站起身来，弯腰弓背地模仿弹棉花的姿势，逗得林宗城笑出了声。随即他又坐下来，严肃地说："这样又累又不卫生的工作，我们这边还是由男劳力来担当。而在湖北，听说是由女人来干的，真难以相信，女人怎么干得了这个?"

他边说边激动地站了起来："就这样，一天到晚弯着腰、弓着背，我看，叫我们干半天也受不了。你想想看，那里的女人有多苦？但家里穷呀！再苦也要干呀！一天干到晚弹个三五斤絮棉，把背都弹驼了，又挣得几个钱呢？所以再苦干还是逃不脱这个'穷'字。如果用我们的弹棉机，一则可以挺直了腰板轻轻松松地干活，不用担心会驼背；二则弹棉效率起码提高十来倍，那么收入也可增加十来倍，这日子就会好过多了。所以我认为，我们的弹棉机对他们会有好处，也会受欢迎的。现在我们若去湖北推销，于己于彼都是十分必要的。"在阐述了到湖北推销弹棉机已是当务之急、势在必行之后，李毓蒙最后说出了以重任相托的意图："我们与湖北远隔千里，详情不明，故先得有人到湖北内地并深入产棉区，了解各棉区纺织业的盛衰、经济状况和交通道路，是否适宜设立经销网点等等，为以后前去经营打下基础。但是，此去路途遥远，条件艰苦，责任重大，我在你们推销员中间已观察许久，认为只有你能胜此重任，不知意下如何?"

林宗城是个事业心很强的人，听了李毓蒙的这席话后，十分感动。他一方面为弹棉机行业能有这样一个随时为大众利益操心的带头人而庆幸，深信毓蒙联华公司的前程必定远大；另一方面为自己能被这样一个有才能的总经理看中而感到骄傲，便马上回答道："老师如此看重弟子，弟子自当尽力而为，决不辜负恩师厚望！弟子才疏学浅，还望老师多多教诲……"

尔后，林宗城马上开始了湖北之行。他在前后两个多月的时间里，足迹遍及鄂东、鄂西、鄂北等地区，并在麻城、宋埠、罗田、浠水、新洲等城镇和农村进行了深入的考察，对江汉地区的产棉区分布情况、农村手工纺织业盛衰及其所用的工具等，都进行了深入的走访。他的所见所闻表明：湖北的手工纺织业相当盛行，唯生产工艺落后，亟待改进。因此，去那里推广弹棉机并革新手工纺织工具，以提高棉纺织品的产量和质量，其意义十分重大，很有必要。

林宗城每到一处，便将调查所得的情况及时地向老师写信汇报，这更加增强了李毓蒙去湖北开拓弹棉机市场的信心和决心。李毓蒙对林宗城那种不怕艰辛、细致深入的工作作风深表赞赏，后来常称他为自己的"信徒"。

1934年农历三月，在上海"毓蒙联华公司"本部，李毓蒙召集了推销员会议，到会的有姜醴泉、姜辅州、姜教恩、吴铁珊、林宗城、杨锡霖、张公权、高兆镜等10多位。会上，他首先简单介绍了公司的生产和销售近况，当前所面临的困境，以及林宗城去湖北的调研结论，强调当前开拓新销售市场的必要性和可能性，勉励各位开动脑筋去扩大销售网点。

李毓蒙对大家进行了动员，他恳切地说："在座各位同人，我今天把大家召来的目的，是想让你们去湖北开发市场，那里是弹棉机销售的好地方，前景肯定不错。当然，初去湖北会碰到很多困难，譬如人地生疏、语言不通、饮食不习惯、生活条件差、难以照顾家庭等等。不过你们都是吃苦耐劳的人，我看其他问题都不大，唯有语言问题，作为推销员来说显然更为重要，要下点功夫。听懂当地土话，可能会容易些，因为你们经过这几年的闯荡，南腔北调听过不少。但要学会当地语言，让当地人能听懂你们的话，恐怕得好几个月。自然，我们不可能在那里等上好几个月后才去推销。现在我有一个办法，就是哑巴去了也行的！"此话引起了哄堂大笑。他接着说："你们不信？听我给你们讲，我们把弹棉机运往那里，找间房子，就在那里弹棉花，你们不用说话，隆隆的弹棉声就会引来许多人，那时候里三层外三层围得你下不了弹棉机。他们会看见只要将皮棉放在机箱板上面，它自会慢慢地进入机箱，弹好的棉花又在机箱下面慢慢地出来，那弹好的棉花又松泛又均匀，看得他们个个想买，哈哈……”

又是一阵哄堂大笑。就在这欢笑声中，李毓蒙道出了一个先进的销售方法，就是用实物演示，以直观形象展现让观众自己看出这一新事物的优越所在，以引发他们的购买欲。最后，李毓蒙说：“当然，我这样说是太简单了，到时还得你们自己开动脑筋，克服种种难以预料的困难。现在，看看你们之中，谁愿做第一批开拓者？”

李毓蒙从不强求人家去干这干那，这次也不例外，最后由他们自愿报名。林宗城当然是其中的响应者，鉴于各自都有种种原因，他的追随者只有两位，那就是杨锡霖和张公权。

虽说只有三人响应，李毓蒙还是很满意，因为从当时的实际情况来看，人去多了也不一定是好事。其一，江浙一带的营销任务相当重，一下子抽走较多人员肯定不行；其二，这些推销人员都是各自为政的，互相之间没有联系，各自与公司联络，如果去多了恐怕主意太多，难以做出统一行动；其三，人去多了，将增加公司在初始阶段的经济负担。所以，李毓蒙笑着说：“有三个人，可以，可以了！三个臭皮匠就可顶个诸葛亮，有你们三人去，这第一炮肯定能打响。”这次会议，就决定林宗城、杨锡霖、张公权三人作为去湖北开拓市场的“开路先锋”。

“要做生意你莫愁，拿好本钱备小舟，顺着汉水往下走，生意兴隆算汉口。”这是一首流传于清代的民间歌谣，由于长江最大的支流汉水发源于陕西，在汉口附近注入长江，陕西人便说：汉口、汉口，就是汉水的出口。作为武汉三镇之一，汉口处于长江、汉水交汇之处，早就因地理优势而成为商业贸易的集散地。晚清时被迫开埠通商，有英、法、德、俄、日五国的租界区。在民国时期汉口跟上海滩相比也是有过之而无不及，以“东方芝加哥”之名驰声于海内外。这里水陆交通十分便利，可以内进外出、通江达海，长江是贯通我国东西各省的主航道。溯汉水而上，可深入湖北省腹地及其重要城镇如襄阳、樊城、老河口等，再往上可抵河南及陕西省东南部。陆路有京汉、粤汉两条铁路隔江相对，贯穿我国南北各省。在当时长江航运也算是相当发达了，无论是人员或货物来往都十分方便，沿江而下至上海有直达航班，便于与公司本部联络；溯江而上可达江汉平原各产棉区，有利于弹棉机的营销。所以，李毓蒙和林宗城商讨决定：此去湖北，先在汉口落脚，至于以后经营总部设在何处，待进一步考察后再做定夺。

动员会的次日，李毓蒙便调拨了五台弹棉机，派人送交长江航运“三北轮船公司”托运至汉口，当天就将提货单交给了林宗城，并交代这五台机器由林宗城视具体情况自行分配使用。

经过几天的远行准备后，林宗城偕同杨锡霖、张公权一起到黄浦江码头，登上开往汉口的“南洋号”轮船，在五等舱要了三个铺位。从上海至汉口，一张船票（包括膳食）之价为当时货币7元5角。临行与老师告别，李毓蒙再次嘱附三人要相互关照相互尊重，遇事多做商量，有困难及时告知，以便帮助解决。从此，林宗城等三人开始了赴湖北“开疆拓土”的艰辛历程……

开春的江水从面前铺展开去，辽阔而雄浑，江面水天相接，犹如一条蜿蜒曲折的玉带。在雾霭浓浓的江面上，汽笛声声，一艘轮船正逆江而上。正当春暖花开的季节，从窗口望出去，江岸上的田园山野已经出现了姹紫嫣红的景色，看上去多彩而朦胧。在船上，三人在饱览长江沿岸风光之余，常靠在船舷上聚首聊天。林宗城口才好，善于讲故事，因他曾往湖北各产棉区进行过调研活动，对所到之处的风土民俗、水陆交通、棉纺织业等情况了解较多，就把自己的所见所闻包括各种趣事统统告诉了两位同伴，讲到生动精彩处还手舞足蹈的，听得杨锡霖、张公权一愣一怔地直乐。

由于三人欢乐相伴，他们觉得三天的航程很快就结束了。就在起航后的第三天晚上，“南洋号”长江轮顺利地抵达汉口码头。夜幕沉重地垂在江面上，从船上看出去是一片无边的黑蓝色，半轮冷月，几点星光，还有远远近近、零零落落的灯光。三人踩着淡黄的舷灯的光晕，提着随身携带的行李登上了岸，便在沿江马路上的一家普通的迎宾旅馆住了下来。

在正式开展工作之前，三人商讨决定，林宗城因已经去过各产棉区，先暂住汉口，就近熟悉武汉本市的有关情况，其他两位先去各产棉区见识见识。杨锡霖选择沿着京汉铁路去鄂北的孝感、云梦等地，张公权则自定乘船去鄂东的黄冈一带，并约定一个星期后返回汉口的旅馆，对下一步的工作再作讨论。

一周之内，林宗城在武汉三镇到处悠转，深入了解当地的有关情况。等到杨锡霖、张公权分别从鄂北和鄂东调研回来，三人相互之间开展了热烈的交谈，对于在江汉平原产棉区推广弹棉机之举，有了共同的认识，一致认为前途十分美好，毓蒙联华公司在此地推广业务将大有希望。大家感到精神振奋，发誓同舟共济，共担重任，立志要干出一番事业来，为此，三人金兰结义为异姓兄弟。

这三位出身贫寒的推销员，牢牢记住李毓蒙“事业要以勤俭为本”的教诲，在弹棉机尚未被当地人认识和接受之前，决定第一步先开设一个“弹棉试验所”以扩大宣传影响力。这个弹棉试验所的业务之一是用机器弹棉花供人观看，再零售弹出的絮棉，亦可代工弹新、旧棉花，此项收入大抵可补贴他们几个人的开支费用；另一业务便是弹棉机销售，试验所提请上海总公司再派一学徒来此留守即可，三人的任务就是要深入各产棉区进行推广。

1934年8月，“毓蒙联华公司驻汉弹棉试验所”正式在汉阳月湖街

▲ 1934年8月，“毓蒙联华公司驻汉弹棉试验所”在湖北汉阳成立

60号挂牌成立，地处汉阳通向汉口集家嘴码头的大道上。地段不错，两层楼，底层设一个办公室和一个弹棉机房，楼上为推销人员的宿舍。

弹棉试验所开张后，林宗城等三人又各自带着一台弹棉机以及改进过的揉棉条滚板若干副，分别去农村演示弹棉机的使用方法，帮助手工纺织妇女革新手纺的工具，同时结合推销活动，宣传弹棉机优惠的销售办法。当时的优惠项目有：（一）分期付款，交货时先付半数，其余分三期付清，每期为一个月，上门收款，不加费用；（二）包用期为三年，若有故障，三年内免费修理；（三）弹棉机运至距客户最近的车站（铁路或公路）或航运码头的栈房交货，不加收运费（这一条在后期取消）。

三人不辞辛苦，辗转奔波在江汉平原产棉区，不到三个月，销售业务就快速上升，汉阳月湖街60号的弹棉试验所已不能适应事业发展

▲ 湖北汉阳月湖街弹棉机发行所旧址

的需要，便被提升、改名为“毓蒙联华公司驻汉弹棉机发行所”。同时，在本街北首距发行所200米处又租下一幢砖木结构的房子，两层两开间，有10多米长，还有20多平方米的空地，楼上做工人的住房，底下为工作场地，用来装配、验收和维修上海总公司运来的弹棉机。从“弹棉试验所”很快发展到“弹棉机发行所”这一业绩，显示了林宗城、杨锡霖和张公权三人精打细算、艰苦奋斗的创业精神，实在难能可贵。

时光荏苒，林宗城、杨锡霖、张公权奔赴湖北转眼就有一年多时间了，佳音频频传来，弹棉机源源运去，这喜人的景况，使李毓蒙按捺不住喜悦的心情，决定亲自前去武汉实地考察一番。另外，他觉得将弹棉机从瑞安运至上海，再由上海转运汉阳，这种长途运输的做法，已不能适应销售量迅速增加的需要，并使成本增加了许多，应该考虑就地生产弹棉机了。于是，便有了1935年11月他这一趟事先没有通知也不打任何招呼的武汉之行。

唐代诗人崔颢曾经写下："黄鹤一去不复返，白云千载空悠悠。"来武汉一趟，又怎能不去登临黄鹤楼，饱览一下楚天胜景呢？人逢喜事精神爽，因为在武汉见到了弹棉机发展的光明前景，那些日子李毓蒙总是笑嘻嘻的，心情十分舒畅。在工作之余，他还兴致勃勃地游览了位于长江南岸蛇山上的黄鹤楼故址、以一百零八罗汉出名的归元寺、鐘子期摔琴谢知音的古琴台等名胜古迹。

这次在武汉所待的时间虽然不长，但李毓蒙高兴地看到，在林宗城等三人的努力下，弹棉机在江汉平原已经大显身手，受到广大用户的青睐，发展前景十分广阔。为适应旺销需要，他对此作了深入的研讨，认为原来那种由上海总公司发货给武汉发行所的方法已不适应，在当地直接生产更为恰当，其一可节省运费，其二可避免因长途运输而损坏机件所造成的经济损失。因而，他当机立断，大胆拍板，马上决定在此建立一个分厂。

在三人陪同下，胸有成竹的李毓蒙一边游览武汉三镇，一边认真地为分厂选址，最后决定把分厂设在汉阳，并对建厂的一些重要问题作出如下决定：（一）发行所以独立核算原则与毓蒙联华公司结算；（二）所建之厂为毓蒙联华公司下属分厂，定名为"毓蒙联华公司汉阳分厂"；（三）原发行所改为"驻汉总发行所"，下属汉阳分厂；（四）汉阳分厂的筹建资金由毓蒙联华公司拨付，其股权分配为：公司占半数，余下半数由原汉阳发行所工作人员自行安排，其中林宗城、杨锡霖、张公权三人为主要股东，股权均等；（五）分厂经营所获盈利，以总额的20%的红利归厂全体职工分配；（六）本分厂与其他分厂一样，交纳弹棉机发明酬劳金（即专卖费）；（七）林宗城为汉阳分厂负责人。

汉阳与汉口隔汉水相望，是当时中国重要的工业基地之一。沿汉水南岸下游直至长江汇合口的一条汉阳双街，原是沿江筑成的堤岸，全长800多米，是民营机械工业的云集区。这里交通运输十分便利。著名的长江航运民生轮船公司造船厂的前身——周恒顺机器厂、胡尊记船用机器厂、义恒顺船用机器厂、洪顺轧棉籽机器厂等都在这条街上，清末洋务运动中官办汉冶萍钢铁公司汉阳炼钢厂所在地也临近此街。

李毓蒙来武汉视察时，林宗城等人也曾陪同他参观这里繁荣的工业景象，并商定汉阳分厂设在这条街上，不仅因为这里交通方便，而且在工业集中区建厂，可以迅速提高本厂的知名度。

林宗城为了落实厂址，在汉阳双街来回打听，最后在132号内物色到一座大厂房和相连的一幢三开间二层苏式楼房。此处房屋属当时汉阳商会会长萧振沄所有，便央人说合，经协商达成了长期租用的协议。

1936年1月1日，“毓蒙联华公司汉阳分厂”在汉阳双街132号成立，同时成立了“毓蒙联华公司驻汉总发行所”。分厂设经理室和下属会计、营业、供销3科，林宗城为经理，杨锡霖为副经理兼营业科长（当时张公权离职往政界任事），张公度为供销科长，刘亦夫为会计，黄嘉云（省初）为出纳。厂内生产部门设金工、装配、木工3个车间。上海总公司从瑞安各分厂调来了40名技工、30名木工，新招收30名学徒青工，充实汉阳分厂，全厂职工由原来20多人猛增至120多人，月生产量为60多台，当年产量就达700多台，超过了总公司原来的生产总量。

林宗城担任汉阳分厂经理后，仍然与杨锡霖一起深入农村去推销。随着弹棉机市场的日益扩大，销售量不断增加，他们的信誉也不断提高，销售点从湖北扩及河南、河北、陕西、四川、甘肃等省。至

1937年上半年，分厂职工由建厂时的120多人增至190多人，日夜加班时每月可生产棉机100多台，年产量可达1400台，取得了良好的经济效益。

驻汉阳总发行所的业务除弹棉机外，还经销毓蒙联华公司所属温州砻谷机厂生产的金刚砂砻谷机，这是毓蒙联华公司的另一新产品。武汉三镇原有200多家砻米厂，均沿用旧式木砻或坭砻，金刚砂砻谷机推广之后，极受当地米厂的欢迎，砻谷机的销售量也日渐增大，与弹棉机一样，形势喜人。

这种由毓蒙联华公司全体人员开创的兴旺发达的美好局面，给职工们的生活条件带来了很大的改善。对这些离家外出、做工致富的工人，瑞安特别是东山的乡里人都羡慕他们生活状况改善之快，特此编了一段顺口溜打趣说：“毓蒙徒弟，着蒲鞋走出，着三八式皮鞋走归；戴破帽子出去，戴学士帽回来！”

第九章

烽火连天的岁月

铁蹄下的上海滩，刺刀的寒光冷凝着1937年8月。正当李毓蒙在人生舞台上喷发新一轮创造热能的时候，日军进攻上海的“八一三”的炮弹，把他创办的“毓蒙联华公司”夷为瓦砾，使他干得风生水起的事业毁于一旦。

“嘘——轰哗！——”突然之间，尖利的枪声，轰隆的炮声，一阵紧似一阵地响起，呼啸的密集的炸弹四处横飞，骤然爆炸，火光冲天，把整个城市的天空烧得一片通红。8月13日晨9时，6000余名日军在日本驻上海的海军第三舰队司令官长谷川清指挥下，向上海大举进攻，以租界为依托，突袭闸北，占据八字桥和持志大学，并以黄浦江中的日舰猛烈炮火滥炸上海市区。中国守军奋起还击，淞沪会战爆发。

“八一三”事变是日本经过长期和周密的预谋而发动的。1937年7月7日日军制造卢沟桥事变，侵占平津以后，又准备对上海发动大范围进攻。8月9日，日军蓄意制造事端，派遣驻上海陆战队第一中队长大山勇夫和一等水兵斋藤要藏乘军车闯入虹桥中国军用飞机场，遭到中国守卫兵士的阻止后，他们竟开枪打死1名机场卫兵。中国军队进行自卫反击，当场将日军官兵2人击毙。事件发生后，上海市市长俞鸿钧即与日方交涉，表示希望以外交方式解决，日本政府一方面派员与中国政府谈判，麻痹中国，一方面则加紧制定作战方案，向上海增派军队。日军准备就绪后，在8月13日以虹桥事件为借口向上海中国驻军发动了大规模的进攻。上海抗战是中国军民共同抵抗日本侵略者的壮举，战争延续了3个月，日军投入10多个师团、30多万兵力。中国军队则在张治中等将军的率领下，在上海和全国人民的支持下，奋力抵抗，沉重地打击了日本侵略者。

这个夏天确实有点异常，天气闷热得令人窒息。虽然上海的大公馆、跑马厅和跳舞场等热闹场所仍然灯红酒绿，纸醉金迷，贫民区里能依旧响着啼饥声、呻吟声和咒骂叹息的声音，但山雨欲来风满楼，战争的浓云已经密布在黄浦江上。特别是七七事变发生后，十里洋场更是风声鹤唳，日军快要进攻上海滩的消息像一群黑蝴蝶到处乱飞，逃难的人群成群结队，乱乱纷纷，嗡嗡营营。然而，人都是有侥幸心理的，生活在大城市里的人们过惯了安静宁帖的生活，当他们隐约听到日本侵略者渐渐逼近的脚步声时，惊慌失措者有之，听天由命者有之，以放荡的生活方式来刺激沉沦的意志、麻醉灰暗的灵魂者也不少。

暮色缓缓地罩住了这座著名的东方大都市，千百个窗洞闪亮着奇奇怪怪的眼睛，一串串黑色汽车拥来掠去，车灯像挥舞的闪电，令人心惊目眩。心情焦躁的李毓蒙急匆匆地跳下了电车，电车顶上的电线摩擦着架空电缆，不时爆响碧绿色的火花。对面江边的大厦顶端飘动各种式样的旗帜：三色旗，星条旗，太阳旗……庞大的霓虹灯广告则在洋房尖顶上闪烁着青磷和赤焰。风暖而且软，从遥远的海上吹来，从不远的江上吹来，挟带外滩公园吵人的音乐，拂进酒吧、舞厅、花园、洋房，拂着油光可鉴的老板、买办、银行家的脸庞，鼓起外国水兵肥大的裤脚，鼓起涂满香脂的媚女们倦态的舞裙。面对越来越紧的风声，李毓蒙的心里总有一种不祥的预感，意识到日本人已经把魔爪伸向我国各大城市，对沿海最大最发达的城市上海更是虎视眈眈，但这时他和大多数的上海人一样都有些大意了，认为好些国家在这里圈有租界，日军应该不敢有猖狂的侵略行动。因此包括李毓蒙本人在内，毓蒙联华公司的各位成员也存在这样的想法，仅仅对公司职员的人身安全做了安排，而对于所有的器材、物资都未曾转移。每当日军的飞机掠过黄浦江，在城市的上空盘旋时，大家如果来得及就去租界里躲避一下，来不及的话，就随便在自己草草设计搭建的简易防空设施里暂时躲藏。

对于李毓蒙来说，1937年8月13日是个终生难忘的厄运之日。那天上午枪炮声突然大作，战争形势一下子就吃紧了，他就迅速带领家属和毓蒙联华公司的几位职员躲入租界避难。好不容易等到了枪炮声停止，马路上允许行人通行，李毓蒙随即让夫人带着孩子先回普庆里的家中，自己与兄长李毓芳等几人马上去公司察看情况。当他们几个人紧打紧来到南市区万豫码头一带时，只见街道上多处被炸得面目全非，慌乱失措的人们来来往往，在倒塌着火的房屋里还不时传来女人和孩子的呼救声、哭喊声。

心一下子被提到了嗓子眼，气喘吁吁、心急如焚的李毓蒙再也无暇顾及马路上的各种惨象，立即加快了步伐向自己的公司跑去。他们急慌慌地冲到硝烟未散的万豫41号，街边已经变成了一地的断砖碎瓦，哪里还有什么公司的影子呢？一看到自己的公司已被炸成废墟，几个人连声高喊着“皇天啊，皇天”，就悽惶地扑了过去，把那些正在趁火打劫之徒吓得四散逃跑。

李毓芳等几个人义愤填膺，看到大伙多年的奋斗成果顷刻之间化为乌有，怒气冲冲地围着还冒着青烟的废墟，高声地痛骂着日军的罪恶行径。而此刻的李毓蒙气急攻心，全身瘫软，已经说不出一句话了，他跪倒在地上，两眼盯着联华公司的“残骸”，发青的嘴唇颤抖着，两颊不住地流淌着悲伤的泪水。

面对此情此景，他在无声地哭泣，他的心在滴血！设在上海的“毓蒙联华公司”是李毓蒙事业发展的总部，也是各弹棉机分厂的指挥和监督中心，出谋划策、解决难题，家乡的产品经这里出去，运向全国各地，为弹棉机开辟了广阔的市场；国内外先进的讯息、技术和设备，也从这里返回家乡。所以说，这里既是瑞安产品走向全国各地的门户，又是瑞安人探视世界的窗口，还是李毓蒙研究新技术和开发新产品的基地。除了弹棉机，他在这里研制成功的金刚砂砻谷机，在全面抗战前夜已推向国内稻米产区，而手摇式的10锭纺纱机，也正在试验着……

李毓蒙从1922年开始到上海活动，1924年在普庆里设弹棉机销售联络点，1927年在上海南市万豫64号设立了较具规模的“李毓蒙弹棉机上海发行所”，最后为扶持帮助同行，在万豫码头41号又将发行所改为“毓蒙联华公司”，到1937年抗日战争全面爆发，在沪历时15年之久。这是李毓蒙苦心经营、呕心沥血的“十五年”，也是他和他的徒子徒孙们共同走向兴旺发达的“十五年”啊。人生能有几个“十五年”呢？不幸的是，日本侵略者进攻上海的一场轰炸，顷刻间就把这一“基地”夷为平地！

上海毓蒙联华公司被炸毁，这是全面抗战初期李毓蒙及其员工们所遭受的最为残酷的当头棒，损失之巨大实在无法估计，因为这不仅毁灭了公司所有的资产，而且摧毁了李毓蒙事业的根基。随之而来的，是公司无法进行营业，致使瑞安四个弹棉机分厂只得停工，弹棉机从业人员纷纷失业；李毓蒙本人的几个研究项目也因此戛然而止。从此，李毓蒙在经营多年的上海失去了立足之地。为了牢记这个沉痛

▲ 上海沦陷

的日子，他蓄起了长长的胡须，直至抗日战争胜利。

上海沦陷了，“膏药旗”摇拂在阴霾的天空中，翻卷起阵阵灰浪。李毓蒙在劫后的街市上踽踽独行，跺着鞋面上的尘土，啐着嘴里的尘沙，眼望着远处的天空，愁眉不展，心事重重，一想到日本侵略者就气得拳头捏得嘎吱嘎吱响。作为一个血性男儿，在鬼魅横行、虎狼当道的沦陷区，他那正直的灵魂常常燃烧着怒火，强烈的民族责任感常常撞击着他那颗饱经忧患和辛酸而善良的心。他心中暗暗立下誓言：国难当头，能为国效微薄之力也好，绝不可做摇尾乞怜的走狗，那样就太没有国格了。我是中华儿女，不能愧对中华民族，决不能过苟且偷生的生活。

日本侵略者强加在中国人民头上的战争，给多少人带来毁灭性的灾难，使多少人的命运发生险厄的逆转。这一切，像无数把小刀戳在李毓蒙的心上，一颗心颤抖着，流血着，锐痛着。但是，遭到这番打击，他并未因此萎靡不振，而是一心认定打败日军后还可以东山再起。于是，他收拾收拾残余的东西，于1937年10月从上海回到了瑞安东山老家，又投身到为民谋求福利的事业和支援抗日前线的行列中去。

“烽火平安夜，归梦到家山。”秋天的牛毛细雨小心翼翼地飞扬着，愉快地弥漫在飞云江畔的东山滩涂上。此时此地，李毓蒙说不清自己心里是种什么感觉，看着陌生而又熟悉的故乡村落，心里充满着无限感喟，还夹杂着几分伤感。历尽波折，他终于又带着妻子孩子回家来了。

他迈着轻快的步子走在祖传老屋的道坦里，后面跟随着夫人和孩子。逝去的岁月是值得怀念和留恋的，他忽而用手轻轻敲一下窗棂，忽儿用手拍拍院子里的树木，忽儿仰起热辣辣的脸孔去承接凉丝丝的雾沫一样的细雨，心中充满对家的深情厚意。是啊，家不仅是一座房子一个院落，还是社会和历史的衍生物，是夏天的雨像朦胧的诗，只有当事人如鱼饮水，冷暖自知。

由于总公司被毁，弹棉机已无法在上海营业，瑞安的各分厂受此影响也只能停产解散，工人们都失业在家。部分工人为生活所迫，各自配搭人员制造弹棉机出售，当时据蔡朝升（后任联华总厂总务主任）统计，在东山、上望制造弹棉机的有13家之多，他们用的都是毓蒙联华公司的招牌和商标，而质量和价格却没有定规、没有保证，又形成了紊乱的局面。

虽说是带着一颗失望甚至无望的心被迫回到家乡的，李毓蒙对自己半辈子打下的基业仍然念念不忘，随即发现了弹棉机行业的这种紊乱情况。他深怕过去的历史会重演，为之十分担忧，考虑再三，觉得还是把大家重新组织起来，进行整顿才是。为此，他先后征询了李琳昌、李毓钏等老工人的意见，他们都表示愿意听从“老师”的主张。后来又与原公司协理高兆涛、老工人蔡朝升等人多次商讨，他们也一致同意毓蒙的意见。最后，李毓蒙召集了各厂负责人和工人代表进行会议，在会上，再次阐明了“各自为政、不求质量的做法，只会带来害人害己的结局；只有联合起来，才有光明的前途”的观点。经过会议讨论，大家作出了“组织起来，分两步走”的决定。

幸亏老本还在，最早办起来的老厂仍在运行。第一步就是先在位于东山的“李毓蒙制造絮棉机器厂”内设立“弹棉机发行所”，把各单位制造出来的弹棉机成品集中到发行所，经检验合格后销售；半成品待完成后亦交发行所。第二步是各厂再实行组织联合，各单位及个人根据自愿原则进行投资，已有的工具、设备及原材料等，均可估价作为资金投入；原来各分厂的新老职工，经统筹安排，全部进厂工作。

第一步比较简单易行，在1937年11月份，新组建的“弹棉机发行所”就宣告成立了。但是，在发行所成立之后，为了实现第二步计划，李毓蒙马上碰到了解决不了的难题。因为第二步计划的顺利实施

▲ 1937年上半年，在东山上埠陡门头，建成了“毓蒙联华总厂”

急需一个生产基地，而几个分厂的原有场地都不大，不可能容纳所有分厂联合一起后所形成的规模，必须再建造一座较大的厂房。

正当李毓蒙为此事大伤脑筋之际，“毓蒙联华公司汉阳分厂”经理林宗城恰好风尘仆仆地从武汉回到了瑞安，目的是向总经理李毓蒙汇报生产业务及厂务情况。这仿佛大热天下了一场“及时雨”，李毓蒙高兴地拉住了这位分别经年的得力干将，随即把家乡的情况和自己的想法向他陈述，并要求林宗城支持建造“总厂”的计划。林宗城一直对李毓蒙十分敬重，称其为自己的“业师”，当即表示赞同，并允诺返汉后立即汇款12000元交李总经理支配。

由于建厂资金有了着落，喜上眉梢的李毓蒙和林宗城师徒俩便在

▲ 毓蒙联华机器制造总厂证章

东山地界到处悠转，物色建造新厂房的地基。后来，终于在烟墩山南麓、上埠陡门头附近选中了十几亩贫瘠的水田。这些水田位居山边，环境清静，将来建成厂房，产品的海运、河运都比较方便。

地基选定，李毓蒙亲自设计，画出了厂房平面图。把厂房规划在整块地基的西南隅，在厂房后面（北面）倚山地块，挖掘了一个100多平方米的大池，再在池之东侧，挖出一条绕厂基东、南、西三向而转北与大池贯通的小河，由此小河之水汇入大池。厂基正前方修一条公路，入口河面上铺桥。

经过半年多的辛勤操劳，这片贫瘠的水田洼地，被建成了倚山环水、景色宜人的厂区。以后，李毓蒙还带人在河堤边上种植了杨柳、翠柏、冬青、梧桐等树木以及各种花卉，把整个环境美化得十分幽雅。

回到东山，就要“东山再起”！1939年上半年，“毓蒙联华总厂”终于在新厂房重新开业，全体职工都进厂参加生产。原设发行所结束后，业务并入总厂办理，一个新的集体企业在东山重新崛起了。

在建设东山弹棉机新厂房的同时，李毓蒙还办了一个心心念念的鱼类罐头厂。心系渔民，为家乡的“打鱼人”谋求福利，这是他在

1937年10月回乡后的新设想。

居住在飞云江畔各村庄的乡民，大多以捕鱼为业，每当渔汛，渔民出海都满载而归，他们心中充满着丰收的喜悦，也怀着能卖个好价钱的希望。但在那个年代，交通很不发达，鲜鱼不可能远运，没有冷藏设备，无法长期贮存，唯有向附近城乡居民推销这一条销售渠道。所以，在渔汛期间，城乡的大街小巷响彻鱼贩的叫卖声，街道两旁摆满了鱼摊子。有钱人家餐餐吃鱼，任你变着花样，清蒸、油煎、油炸，最后还是吃腻烦了，穷苦老百姓又买不起鲜鱼吃，于是，只得用盐腌晒成鱼干、做成鱼鲞贮存起来。但就近还是消费不了那么多的鱼，而偏偏渔汛大多在气候较热的季节，加上本地区的气候温热潮湿，新鲜的鱼放不了一天，就会变质发臭。而鱼价则由鱼的鲜度来决定，因此，一天里的鱼价每时每刻都在下跌，到最后，鱼发臭了，白送也没人要了，只好随手倒掉。就这样，不知浪费了多少鱼类资源，且弄得腥气熏天，极不卫生。

“打鱼人”捕的鱼越多，价格就越低，他们丰产了，却得不到相应的收入，再加上“行贩”（渔民的鱼只能卖给大鱼贩，由他们再卖给鱼店和沿街叫卖的小鱼贩子）的盘剥，渔民们的生活怎么能富裕起来呢？所以，他们一直过着“潮涨吃鲜，潮落点盐”的贫穷而又不安定的生活。再加上当年的渔具落后，气象全凭经验预测，渔民出海遇难者较多，留下的孤儿寡母，更是苦不堪言。李毓蒙看在眼里，痛在心头，早就有意改变这种状况。

如何解决这一问题呢？李毓蒙对此早已有所考虑。他在上海等大城市曾见过鱼类罐头，并特别加以留意，得知国内广州、汕头等沿海城市已有鱼类罐头生产厂家。他认为办鱼类罐头厂是个好办法，在渔汛期将鱼类做成罐头后，可达到“旺季不烂，淡季不淡，远销他乡，收益大增”的目的。

在1938年，筹建罐头厂的自身条件已相当成熟：其厂房可与筹建“毓蒙联华总厂”统一考虑，资金可由汉阳分厂所汇入的一万二千大洋中支出；罐头生产所需的机械设备，自己能仿制的就仿制，仿制不了的则可购买，就搞机械来说，李毓蒙本人在行，同时温州毓蒙铁厂也大有人才可以援助。

筹建罐头厂虽已成为定局，但是对鱼类如何配料和加工，对罐壳材料如何处理等等，这些制作鱼类罐头的具体工艺，尚需专门出去学习或聘请技术人员来瑞指导，办厂所需的设备也要派员外出购买。

可是自抗战全面爆发后，日本侵略者的舰队长期在我国海岸线上横行，渔船出海常遭其抢掠和杀戮，以致温州、瑞安的航班全部停开。所以，为创办罐头厂而必须外出参观学习和采购设备的打算，都未能实现，最后罐头厂也就成了泡影，这使李毓蒙内疚与自责了好些年头。

当然，在这战火纷飞的日子里，不要说办一个鱼类罐头厂并不简单，就是想干成一件正正经经的好事也真的很难！但性格执拗的李毓蒙并不气馁，他是一个闲不住的人，又特别热心地方公益，在有些人的眼里就是“爱管闲事”。在回乡闲居的不长时间里，他到处走走看看，连续为地方办了几件好事，受到乡里乡亲的称赞。

当时，瑞安东山乡农民在稻田里车水，用的是一种木制的水车，由三人站立其架上，脚踏转动而提水灌田的。李毓蒙出身贫苦农家，见农民们在赤日炎炎之下，疲惫不堪地劳动着，十分不忍，决心改掉这一落后的劳作方式，以减轻农民的劳动负担。经过一番设计、试验，他大胆地把脚踏的太轮换成铁笼式滚轮，采用自行车链条传动，试制成功了坐踏式水车，从而大大地减轻了农民车水的劳动强度。

东山乡陡门水闸原来是靠木板、竹竿吊钩来升降的，既费力又不安全。一次，李毓蒙恰巧路过，见到这种劳累的操作，即停步注目，思考如何改变这种落后的升降方法。数日之后，他制定出以铁板夹套木闸，由桥头的铁罗旋盘转动来控制水闸升降的方案。经过试验，一举成功，这办法既减轻了开关闸门的劳动强度，又比先前安全得多。

30年代修建的温分公路（温州至分水关）曾经通行汽车，卢沟桥事变发生后为防日军利用公路突袭而被扒毁，仅剩下路基，因此温州至瑞安的通道唯有内河小火轮，每天四班，来回行驶，以沟通温瑞间人员和物资的交流。每当夏季来临，“水荷花”（水浮莲）大量繁殖，这种外来水生植物被引进至我国时最初用于喂猪，后来猪也很少吃，在短时期内蔓延后极难治理，经常塞满河面，严重影响了轮船通航，一直难于解决。李毓蒙看到这种状况，当下心中暗忖：交通应当畅通，能不能把这些“水荷花”也利用起来呢？后来他想出了一个办法，即发动农民把“水荷花”打捞起来晒干，又派人将其收购起来作为造纸原料。结果，没几天河面就被打捞得干干净净，很快就清除了交通障碍。同时，他又请来了造纸师傅，用收购过来的晒干“水荷花”造出了纸。虽然这些利用“水荷花”制成的纸，由于质地太粗糙，没能全部派上用场，但温瑞唯一的内河运输线得以疏通，这也算是李毓蒙为地方所做的一件好事吧。

对于多年闯荡异乡的游子来说，这一次回乡的味道特别浓，外面在战争，乡村却很宁静，家乡的泥土是那样的肥沃那样的滋润，随你怎样去拿捏，就像一个面团，像一团幸福。这一次他会在故乡多待一阵子的，应该是一段较长的时光吧？

自他从大上海失意回来，蜗居东山乡下，心情自然比较苦闷，因而经常会到瑞安城里走一走，散散心，南堤街上的项宅是必到之处。项氏家族在这里繁衍生息，形成了规模庞大的家族住宅建筑组群，这些宅院以多个三合院或四合院为基本建筑形式，作纵向和横向进行组合，占据了老城深处的几条古街，古老的青砖老宅，平和的幽静小巷，浸淫了数百年的明清遗风。

李毓蒙当然是项沇同家里的常客，这位私塾同窗、儿时好友，长大以后成为他的密友，两人来往十分密切，在创业方面更是互相帮助和促进，一见面就有说不完的话题。而在看望过项沇同之后，他也常常从会文里东侧进去，慢慢踱步到草堂巷的“状元居”，拜访一下自己的恩人项骧。自1926年9月从北京解职回乡后，这位“洋状元”就一直长住在这里，以书法、诗文自娱。出于对恩人的敬重和信任，李毓蒙这些年有什么打算和动静，譬如办厂或办学，总是向项先生汇报并征求意见，项骧虽然退出官场，但见多识广，人脉广泛，言谈之间不乏真知灼见。正在逐渐老去的“洋状元”一直对李毓蒙十分赞赏，认为当初自己并没有看走眼。

七七事变爆发，全国震惊，揭开了全民抗日救亡的序幕。年已花甲的项骧对日军得寸进尺侵占我国领土的行为感到非常愤慨，就趁着瑞安民众召开抗日救亡大会时，在主席台上向父老乡亲痛切陈词，揭露日本帝国主义侵略中国、企图灭亡中国、独霸亚洲的血腥罪行。这时台下群众人心沸腾，抗日热情十分高涨，“打倒日本帝国主义！保卫中国！保卫家乡！”的口号声震天动地。项骧在演讲后，将随身带去的100银圆及20美元，一并交给大会作为自己的抗日捐资款。

1941年4月19日凌晨，日军的铁蹄践踏瑞安城，瑞安第一次沦陷，项骧没有离开可爱的瑞安古城，怒目注视日军的可耻暴行，终于积愤成疾，患上脑血栓，行动不便，卧床不起。但他仍然关心地方公益事业，经常勉励子女积极参与抗日后援工作。1944年9月，永嘉沦陷，瑞安危在旦夕，风声鹤唳，人心惶惶，县城在进行人口疏散。他以衰病之身，不忍再见家乡沦于日本侵略者的铁蹄之下，决意绝食，于11月4日逝世，享年66岁。时值瑞安第三次沦陷之前，丧事一切从简。

国难当头，获知项骧逝世的消息，身在外地的李毓蒙久久地沉浸在悲伤的情绪里，往事一幕幕地在眼前回放。抗日战争的年代里，历史犹如一个审判官，严峻地拷问着每一个人的灵魂，作为中华儿女，是出卖灵魂还是坚守正义，是使灵魂变得卑劣还是变得高尚，时时受到错综复杂的情势的诱惑和严厉的拷问。项骧面对日军侵略，毅然绝食而死，可歌可泣，可敬可佩，可谓高风亮节，在温州被传为佳话。同样，李毓蒙则是蓄须明志，直至抗日战争胜利才剃掉长长的胡须，也算大气磅礴，大义凛然。

第十章 内迁丽水

逆水行舟不进则退。上溯瓯江，山与水层叠，水与山相伴，江水是清澈的，能见到水中的卵石和游鱼，由于滩多水浅，几十艘两头尖的“蚱蜢船儿”满载着机器设备和钢铁材料，吃力地在急流里左冲右撞，水上人与险恶大自然的搏击颇有点惊心动魄。李毓蒙额头缀满了汗粒，手抚平头，捋着胡须，望滩惊叹。

八百里瓯江，被称为浙南地区的“母亲河”。江流的得名往往与所在地紧密关联，温州古为瓯地，汉时称东瓯；上、中游地区也是横跨秦汉之时的瓯越故地，因此人们习惯将整条干流统称为“瓯江”。作为浙江省第二大河，瓯江发源于龙泉与庆元交界的百山祖西北麓锅帽尖，自源头至丽水大港头称龙泉溪，属上游河段；大港头至青田石溪称大溪，属中游河段；石溪以下始称瓯江。这条充满灵性的大江一路向东，徜徉在浙南的山水间，孕育了古老悠久的瓯越文明。

瓯江东来翦高浪，洒作晴雪倾层峦。地处瓯江中上游的丽水古称处州，仙霞岭、洞宫山、括苍山在此交汇融合，位置偏僻，地形闭塞，经济落后，被冠以“浙江的西藏”。李毓蒙率领这支十分特殊的“蚱蜢船儿”船队逆流而上，在青峦翠峰间蜿蜒转折，水是眼波横，山是眉峰聚，经过几天几夜的艰辛努力，人与船终于来到了眉眼盈盈处的丽水云和。

这是弥漫着腥风血雨的残酷岁月，是中华民族遭受奇耻大辱的日子。自从1937年8月13日上海被日本帝国主义侵占以后，我国东南沿海一带，就一直处于被攻击、空袭和封锁的紧张局势之下。由于自己奋斗了十五年的上海基业被日军的炮弹炸毁，李毓蒙怏怏不乐地回到了家乡，但还是渴望着“东山再起”。虽然眼下避开了战火、偏居东南一隅，毕竟耳闻目睹过日本侵略者的横行霸道、凶残杀戮，什么“中日亲善”“大东亚共荣圈”之类的鬼话，简直是日军侵略行径的辛辣讽刺。在这种心境下，他岂能甘当“隐士”？虽然自己人单力薄，但也要在国家、民族危难之际，尽自己的绵薄之力，为抗击日军贡献力量。于是，他马上忘掉了痛苦，一边重新组织四处星散的弹棉机从业人员，调济资金，在老家东山建造“毓蒙联华总厂”的新厂房，一边继续倾注心血，惨淡经营作为“老家底”的“温州毓蒙铁工厂”。这座设在温州小南门的铁工厂，自1925年建立至1938年，已有13三年之久，由于李毓蒙以及林普银等徒弟的艰苦奋斗，该厂的技术水平和技术装备在浙南地区是独一无二的，这也是大家感到骄傲的地方。这一次，他又力排众议，带头响应政府的号召，把“温州毓蒙铁工厂”整体搬迁到云和，并入浙江省铁工厂，积极投身抗日救亡运动。

1937年12月6日，身材魁梧、气宇轩昂，身着皮夹克、双腿着高统皮靴的著名爱国将领黄绍竑抵达杭州，在民族存亡的紧急关头临危受命，第二次出任浙江省政府主席，兼任浙江抗日自卫军总司令。作为文武兼备、才华超卓的儒将，黄绍竑与李宗仁、白崇禧合称“新桂系三巨头”。曾任国民政府内政部长、监察院副院长、军长、战区副司令长官及广西、湖北、浙江三省主席等职，在政治上、军事上是具有影响力的人。上任不到一个月，省会杭州沦陷，很多达官贵人都带着金银细软，携全家前往云南、四川疏散，黄绍竑把临时省会从杭州迁去金华，后又迁往方岩，再迁至云和。在云和，与敌人的距离只有40千米，他仍镇定自若，照常办公。几经搬迁，周周转转，其夫人蔡凤珍女士及子女一直跟随在身边，蔡夫人还担任战时儿童保育会浙江分会会长，为抗战出力。

黄绍竑主政浙江期间，为发动民众及各方面力量共同参加抗日救亡，采取了一些比较开明的措施，力排众议，通过了《浙江省战时政治纲领》，动员全民抗战，号召保卫浙江。同时，与共产党军队新四军协调共同抗日，受到周恩来等共产党领导的好评。为了抗日，黄绍竑还利用军政之余搞科技发明，亲自研发改进了多种武器装置，并做了一个非常重要的决定，那就是在丽水山区搞起了兵工厂——浙江省铁工厂，把抢运到后方的机器集中起来，让流落各地的技工、技师汇聚在一起，研制生产各种枪支弹药。他给枪支也命名为“七七式”，说明黄绍竑心里永远都记着那个国耻日。

这样，就在1938年下半年，浙江省政府为确保全省的主要工业不被炸毁和支援抗日前线的需要，动员一些主要工厂内迁山区。温州的“毓蒙铁工厂”也属内迁之列，全部设备和材料等资产，将运去丽水云和山区，与从杭州迁去的浙江省铁工厂进行合并，专门生产军需产品和轻重兵器，支援抗日前线。

当时，不少企业主拒绝政府当局紧急动员沿海工厂内迁的要求，纷纷转移资财、遣散工人加以抵制，而李毓蒙怀着对日军极其痛恨的心情，毅然以民族大义为重，为国分忧，排除了阻力。在接到内迁通知后，温州毓蒙铁厂立即行动起来，除少数无法搬迁的特大设备和少数不值得搬迁的机具外，其他大部分机床设备、器材和原材料都全部运走。据当事人回忆，当时内迁的有大、小车床24台，刨床2台，钻床5台，生铁60多吨。先用板车拉至江边码头，然后再装上“蚱蜢船儿”运往丽水。

由于瓯江上游水浅，又是逆水而上，因此载重量受到了较大限制，这些“铁家伙”和“铁疙瘩”需用几十只船运载。这一大串的“蚱蜢船儿”，一会儿拔缆，一会儿撑篙，在江面上慢悠悠地向上游进发，直至三四天才来到丽水云和。此次航程，总算平安无事。

按省政府要求，内迁的温州毓蒙铁厂并入了由杭州迁来的“浙江省铁工厂”。温州毓蒙铁厂的生产技术骨干及瑞安弹棉机行业的部分青壮年工人，也陆续分批地输送到丽水，由李毓蒙和林普银负责，将他们安排到浙江省铁工厂内各部门、车间开展工作。

由于毓蒙铁厂的设备及许多技术工人的并入，使浙江省铁工厂的

▲ 浙江省铁工厂旧址

实力大增，马上着手生产和研制武器和军用设备，实际上已成了兵工厂，主要生产枪支，并研制水陆两栖军用艇。李毓蒙也是从事生产研究的成员之一。

浙江省铁工厂配备有正统的技术人员，在研制军用艇时，还聘请了从事这方面研究的专家，李毓蒙虽也参与这一研制项目，但在这些人的眼里，不过是个“土包子”而已，能让他参与这两栖艇的研制就算是看得起他了。所以在技术问题上，他没有什么发言权。

在研发试制过程中，李毓蒙曾对水陆两栖军用艇的轮子直径问题提过意见，认为如果直径过小，则容易陷入松软的沙滩而影响爬坡能力，但他们根本不予理睬。结果，军用艇造出来了，在水中和陆地上都能行驶，却就是爬不上岸。经过专家们的认真分析，原因的确如李毓蒙原先所提出的那样——轮子的直径太小了！

为了这件事，李毓蒙十分生气，闷闷不乐了好长一段时间。正因为他在浙江省铁工厂没什么正式的职务，也不受特别的重视，因此不常蹲在这个厂里。

1942年初秋，正是抗日战争最艰难的时期，浙江省铁工厂遭日机多次轰炸，被迫停产疏散。1943年前后，敌军进攻金华时，国民政府重庆兵工署派人来到丽水大港头，即行把浙江省铁工厂（又称大港头兵工厂）包括小顺分厂的所有器材、生产设备，又搬迁到福建南屏开展生产活动，厂里部分工人随厂迁往南屏，也有部分职工被遣散，许多是温州、瑞安籍人士。原籍瑞安的毓蒙学生、原任浙江省铁工厂工程师的应复生，就在遣散人员之列，面对日军的进犯，他带着家眷及新生的儿子在瓯江上游的龙泉乡下暂避数月，在日军从丽水退去后，全家人才回到了家乡瑞安。

在这遍地烽烟的年头，地处瓯江上游的丽水山区虽说不是“世外桃源”，总的还算是平静的世界。由于浙江省的一些重要工厂都内迁至丽水地区，大山深处搬来了这么多企业，打破了山区的寂静，一下子就变得热闹了起来。设在松阳溪口堰头的浙江化工厂就是其中之一，该厂专门生产硫酸。

在这山沟沟里，虽说山清水秀，景色宜人，不过国难当头，谁都无此雅兴。这里又没其他好的去处，闲来无事，大家也只有在各厂之间相互串串门，谈谈国事，聊聊厂务，所以各个厂的负责人及工程技术人员都有所交往。

在1941年的一天，李毓蒙来到浙江化工厂拜访厂长薛则诚和工程师朱介甫。薛则诚是留美的应用化学博士，朱介甫则留学日本。在交谈中，李毓蒙得知他们厂制备硫酸的反应炉烧坏了，舶来品又断绝，因无法修复而使工厂停工，两人正因无计可施而烦恼呢。

薛厂长与李毓蒙谈及此事，只是闲谈当前的困难处境而已，并无求助之意，因为一个搞的是化工，另一个搞的是机械，信教的哪有求佛之理？

但是，当李毓蒙听到有解决不了的难题时，倒马上来劲了，便以自己的经验与见识，道出了想法：“是否可以用陶瓷来代替呢？”

两位工程师自然认为可以，因为反应炉本身就是一种陶瓷耐酸材料，但不同用途的陶瓷，都有其不同配方、烧成温度和烧成时间的要求，再说这山沟里又没有陶瓷生产工厂或工场，哪有陶瓷可供应或现成的试验手段可提供呢？

陶瓷属硅酸盐学科，与两位工程师所学的学科不属同门，他俩解决不了陶瓷问题，那也无可非议。可李毓蒙却轻声而坚定地说：“我看，可以试试！”

一个搞机械的人，对于化工行业可以说是完全的门外汉，何况又是在化工博士和工程师面前，那真是班门弄斧，自不量力。而两位工程师听李毓蒙说“可以试试”时，的确大吃了一惊，但碍于面子，当然不会有不得体的回答，而是说了一番“有劳”“拜托”之类的客套话。他俩在心里自然不抱任何希望，你说“试试”，就“试试”吧，反正没有什么害处。

这一年，李毓蒙刚刚步入知天命之年。他早已不是初出茅庐的小裁缝了，自发明弹棉机后的30来年里，闯荡世界，见多识广，具有十分广泛的实践经验。他虽没有直接搞过陶瓷，但曾见过陶瓷厂的生产流程，同时研制过金刚砂材料，两者是不是有些相通之处？但不管他对陶瓷了解多少，在这山沟沟里却没有现成的陶瓷原材料可提供，也没有选择或辨认原材料的手段，更没有烧制陶瓷的设备。这一句“试试”，其分量之重，是可想而知的。一般来说，“试试”毕竟只是“试试”，成功了自然是好事，不成功当然也无所谓，所以，你可以努力去试，也可以马马虎虎、应付了事，谁也不会责怪于你。

说过“试试”之后，可就忙坏了李毓蒙自己。只见他好几天从山坳到山顶，从田边到地头，挖来了各种土块、泥料，用乙炔火焰烧烧这块，烧烧那块，有的留下，有的扔掉，最后把那些合适的材料混合后做成了砖坯，又经过几天时间晾干，再烧成砖块。他把砖块放在硫酸里试验，结果完好无损。大家那个高兴劲儿就不用说了，对李毓蒙本人来说，更是感到欣慰，因为好几天的辛苦总算没有白费。

成功研制了“土瓷砖”，李毓蒙又亲自钻入炉膛进行修理，干得不亦乐乎。说来也巧，这一天，浙江省建设厅厅长伍廷飏因技术问题需要向李毓蒙先生咨询，听说他正在浙江化工厂里，故直接来此找他。

伍厅长来到了化工厂的办公室，接待人员告诉他说：“李先生在车间参观。”厅长又来到车间，但哪里有李毓蒙的人影呢？

再一问，一个工人指着硫酸反应炉说：“他在那里。”并过去高声叫道：“李先生，有客人来找你。”

李毓蒙听到叫声，便从炉膛里探出头来，但见他满脸灰烬，还笑哈哈地说：“对不起了，请厅长到办公室坐一坐，马上就好，实在对不起了！”说完又把头缩了进去。

伍厅长见李毓蒙如此投入地工作，深深为之感动，便走近炉子，对着正在炉子里边忙干活的李先生说：“你老人家怎么亲自这样干呢？应该让年轻人进去嘛。”

伍厅长就这样待在车间里等候，一直等到李毓蒙终于修好了炉子。李毓蒙从炉子里钻出来后，接着伍厅长的话头说：“不是不想叫年轻人进去干，但这个事情我也没干过，没法指导别人怎么干。再说在外头看不见里边的情况，也无法知道人家干得对不对。所以还是自己进去比较合适。”两人兴奋地边说边走，离开了车间。

不久，制备硫酸的反应炉终于修复成功了，浙江省化工厂也开始了正常生产。在这次成功的基础上，李毓蒙后来还帮化工厂建成了一座粉矿焙烧炉，使该厂的工效大大提高。

这件事给大家留下了很深刻的印象，人们对李毓蒙十分折服，既佩服他的聪明才智，更钦佩他的为人。李毓蒙就是这样，经常把别厂的事当作自己的事，不辞劳苦、尽心尽力地去干，如此感人的事迹一直被传为美谈。

在抗战时期，一条瓯江承载着多少背井离乡的悲欢，瓯江水运也成了抗战大后方物资供应的“生命线”。而随着时序进入1939年，由于日本鬼子的入侵封锁，丽水与上海、宁波等地交通阻隔，内迁工厂所需的机械工具来源断绝，乃至螺丝钉都无法购到。

为解决这类困难，李毓蒙于1940年初在丽水南岸创办了“浙江工具厂”，并在丽水城关镇大水门建造了一个翻砂车间。起初，工人都是来丽水的弹棉机从业人员，后来，各地一些逃难来此的无业人员，只要有求，毓蒙都为其安排进厂工作。

当时，有这样一则趣闻：一天，李毓蒙在丽水集市，碰到了两个原来不认识的瑞安东山老乡在叫卖螺蛳，听到那亲切的乡音，便与他俩打招呼，才知道这两人是逃难来丽水的，以捡螺蛳维持生计，生活过得十分艰难。出于对家乡人的同情心，李毓蒙便把他俩领进了工具厂，并告诉生产负责人说：“绞螺丝老师有了！”负责人听了很高兴，因为当时就缺乏绞螺丝的熟练工人。后来一问，原

▲ 李毓蒙于1940年在丽水创办了“浙江工具厂”（图为丽水旧城）

来两个人是从未摸过机器的农民。因瑞安话的“捡螺蛳”与“绞螺丝”是同音词，毓蒙爱开玩笑，故意把他们混淆起来了。

由于不断把逃难的无业人员收进刚刚草创的工具厂，到后来“浙江工具厂”人数增至170多名。实际上，工厂根本不用那么多工人，简直成了难民收容所。为维持众多工人的生活，李毓蒙把销售产品的利润全部搭了进去，连本带利都花光，还不够发工资。

苦苦地强撑着到了1940年底，日机竟盘旋在丽水山区上空，对此地进行轰炸，最后，浙江工具厂中弹被毁，工人们有的返回老家，有的又只得流落街头了。

在温州毓蒙铁工厂内迁丽水的过程中，并不是所有人都赞同的，林普银则是股东中最坚定的“内迁”支持者，他是李毓蒙的表弟和得力助手，多年来一直伴随左右，义无反顾地与毓蒙事业共命运同进退。由于设备基本上全部迁往云和，温州的“毓蒙铁厂”几乎成了空架子；而丽水的“浙江工具厂”因人员猛增，人多于事，一直处于亏空状态，林普银在丽水也没什么事可干。再说温州的铁厂也得有人留守，于是，他就回到了温州，接些简单的维修业务，以维持自己的家庭生活。

返温后不久，林普银便接到了一项动力机的制造业务，由于厂里已没有机床等生产设备，为此，他特地赶往丽水，告知毓蒙表兄，并要求从浙江工具厂里搬回一台机床。

李毓蒙看着这位鞍前马后跟着自己奔波了几十个年头的表弟，很有些为难，在低头沉思片刻后，他为难地对林普银低声说：“现在工具厂工人那么多，设备搬走了，工人工作无法安排。你还是另想办法吧，不能搬这里的机床……”

因为李毓蒙不同意搬走机床，使林普银急得团团转。待毓蒙转身离开后，林普银马上向李毓蒙的夫人汤氏吐起了苦水：“这个工具厂，非但一点收入都没有，连本带利还不够工资费用，迟早会亏光，若再不接些生活来做，我们大家只得喝西北风了……"

汤夫人也十分同意林普银的看法，她满怀着同情心，狡黠地向他使了使眼色，微笑着告诉他："表弟啊，你先别急，在你表兄面前再也不要提及此事，只当没事一样。你自管前去雇好'蚱蜢船儿'，停在工具厂附近，等你表兄不在厂里时，只管把机床拆了运走。"

"这可不行，表兄回来知晓了会急死的。"林普银连连摇头，怎么也不敢答应表嫂"教"他的这一做法。

汤夫人说："你放心好了，这里由我来应付，你只管走，不会对你怎么样的！工具厂的机床如果不够，让你表兄再去浙江省铁工厂要回一台来，这里总会有办法的。"

于是，林普银就按此计划行事，汤夫人还为他准备好了船上所需的酒菜食物等，就这样背着李毓蒙偷偷地运回了一台机床。等毓蒙知道此事后，只对着汤夫人无可奈何地说了几句："唉！你一个妇道人家，不懂得事情的轻重缓急，净瞎做主张?"

汤夫人只当没听见，一句话也不搭理。李毓蒙十分清楚，东西已经运走了，多说也没有用，再说自己正在设法增加设备，供工具厂生产之用，多一台少一台也无妨。这样，事情就过去了。但不幸的是，还没等李毓蒙搞到设备，浙江工具厂就被日军飞机炸毁了。

就是这一台机床，对温州毓蒙铁工厂却起了很大的作用。靠着这台偷偷从丽水运回来的"宝贝"机床，已成空架子的企业再次慢慢地运转起来，又因林普银等在厂留守人员的艰苦操劳，铁厂逐步积累、发展、壮大，至抗战胜利时，又成为同行中的佼佼者。新中国成立后，于1952年参加公私联合，毓蒙铁厂成为"二联"的主要成员之一。

就在"浙江工具厂"遭空袭被炸毁以后，日军的飞机常在丽水、云和上空盘旋，此处已很不安全。有点灰心丧气的李毓蒙便让汤夫人和长子李安邦先行回温，并把在工具厂废墟上收集起来的生铁及损坏的设备等货物，随夫人搭乘的船只运回自己的“老巢”——温州毓蒙铁工厂。

当把工具厂所有残余的货物及行装统统装上船后，李毓蒙望着这算不上满载的“蚱蜢船儿”一声不吭，呆呆地站在那里，直到汤夫人对他说“要开船了，我们要走了”，他才回过神来，有些伤感地向母子俩挥了挥手。

他并不是为夫人和儿子的离去而伤感，而是在回想着当初内迁时，运来那么多器材、物资，有几十只船呢，在江面上也算得上浩浩荡荡了，可是如今，连一只船还装不太满。虽说还有些设备并入了浙江省铁工厂，也不知有没有运回去的可能？可恶的日本鬼子什么时候才能被赶走呢？

江水漫漫，细流无声，此时的李毓蒙百感交集，一直静静地屹立在瓯江岸上，望着那远去的小船和帆影。汤夫人见毓蒙那站着发呆的样子，心里实在有些不安。

一上路，汤夫人心情也不大好，结果又碰上了一个鬼头鬼脑不老实的船家，她每上岸一次，回到船上时总觉得货物被翻动并少了一点。这使她恼火极了，但一直忍着，一声不吭。

待到了温州，她终于爆发了，怒气冲冲地把船家的无耻行径，一股脑儿地告诉了林普银和来接船卸货的工人。当下，铁厂的人都瞪大了眼睛、捋起了袖子凶巴巴地围住了船家，结果，吓呆了的船家只好把偷藏的生铁等物品统统拿了出来。汤夫人最后抹着泪水恼怒地跟船家说：“我厂被日本鬼子炸了，就剩下这点东西，其实你也不必偷，明着向我要一些，我会给你的。你这样做是欺负我妇人家，所以不能放过你。”

第十一章

夜茫茫路漫漫

春天的江汉大平原，炮声从远方隐隐地传来，似乎越来越近了。地处长江边上的武汉已有了盎然的春意，那携带着春意的东风吹绿了大地和山川，报春的燕子则往来梭巡在城市的上空，充满了它们的呢喃繁语。然而，就在这春光灿烂的季节，炮声隆隆，武汉告急。

日军发动侵华战争的初期，人们对抗日曾抱有幻想，以为日军能够被抵御在沿海交通发达地区，不至于深入内地；认为武汉可以平安无恙，当时沿海地区的工厂都把武汉作为安全地区，大批搬迁到这里。但眼下局势十分严峻，抗战已进入最困难阶段。上海弃守，南京沦陷，1937年11月19日国民政府迁都重庆；日本侵略军沿着平汉、津浦铁路南犯，半壁河山已经易帜，日军的飞机经常骚扰武汉。

武汉的早春乍暖还寒，仍然充满着严冬的气息，江面上的霜风冰冷彻骨。1938年4月29日，是日本天皇的生日，这一天日军出动飞机大举空袭武汉，据说是想用“辉煌”的爆炸给天皇一个庆祝。中国空军升空迎敌，高射炮阵地也全部投入了战斗。那一天天空非常晴朗，蓝天白云，在蓝色的天幕上，一枚枚高射炮弹炸出一朵朵奇诡的绒花。日本的零式战斗机示威性地在这些绒花中画出一道道弧线，显出了一种极其残酷和冷漠的美感。许多老武汉人还记得当年如何完全忘了恐惧，目睹了这半个小时高空空战的经历。

“毓蒙联华公司”于1936年1月1日正式成立的汉阳弹棉机分厂，由李毓蒙的得力助手林宗城担任经理，他们也抱着同样的和平愿望与幻想。在此，一方面坚持和发展弹棉机生产，另一方面购进车床两台、牛头刨床1台、钻床1台、12匹柴油机1台及其附件等，准备仿制“42”型带锯机，制成后准备在湖北增设锯板厂，完全是要大干一番的架势。

但在1938年开春，华东战区日益扩大，战事西移，南京政府开始部署撤退。5月间，前方战局更告紧张，汉口当局下令动员居民疏散，要求工厂迁移。随着沿海港口的陷落，日本侵略者掐断了中国的海上供应线，上海、南京、苏州、无锡、常州等地的工厂、学校、机关团体陆续撤往武汉，许多工厂的大量器材物资都集中在武昌，沿江堆积如山。按原来的计划，一部分将南运至湘西或桂林、柳州，一部分西运经宜昌到重庆，由于国民政府迁都重庆和局势的发展，绝大部分势必将沿长江西运。这是一个十分艰难甚至难以想象的运输任务，铁路不能通四川，汽车很少，汽油紧缺，唯一的交通孔道就是溯长江而上的航运了。遥望重庆，崇山峻岭重重，河道险滩密布，激流恶浪湍急，要将这么多、这么笨重的物资器材转运走，难啊！此时此刻，"毓蒙联华公司汉阳分厂"的内迁也势在必行，事不宜迟。

这时的汉阳分厂已是"家大业大"，若要搬迁，自然困难重重。林宗城心急如焚，赶紧召集厂里的骨干分子进行商讨，经再三研究，决定搬迁地点为四川的重庆和陕西的汉中（南郑）两处，生产资料的搬迁和人员的疏散则分期分批地进行。

第一批物资迁移立即行动，他们将主要的机器设备、车床、刨床等，与广利机器厂的设备放在一起，并以该厂名义，交托长江轮船三北公司运往重庆。由于广利机器厂经理尹宏道的大力帮助，这批设备很顺利地到达了目的地。

第二批物资迁移，汉阳厂先是递交了申请内迁报告，经工矿调整处审查批准后，已挤不上轮船运输，而只能交给两艘载重量为60吨的民船，起航时已是6月中旬。可叹的是，两只民船抵达宜昌已是8月下旬。这时日本侵略军迫近武汉外围，形势日益严峻，武汉危在旦夕。武汉不保，宜昌将失去屏障，岌岌可危。

历史的聚光灯，突然将自己强烈的光柱照射着这座不大的城市，地处江汉平原的宜昌，上接巴蜀，下引荆襄，素有"川鄂咽喉"之称。宜昌没有铁路，公路也不能直达战时大后方四川，只有这江水，夺西陵峡口入楚天的江水，成为唯一的通道。这么多的人和物又必须从这条江上撤往四川，为全民族的抗战出力，否则，铁与血的战争法则将证实它的冷酷。然而，这条通道被石壁千仞的三峡卡住了脖子，大吨位的轮船根本不能溯江而上。也正是由于三峡独特的地形，促使了宜昌的繁荣，上水下水的船都得在这里转江。

快到枯水季节，长江依然一副恢宏气派，在如砥的绿野上疾跑一阵后，矜持而懒散地踱步宜昌城外。时间一天天过去，武汉已危在旦夕，宜昌成了撤退的必经之地，大批的物资，大批的难民，溃退的军队如潮水般涌进这座城市，更加剧了这里的堵塞和恐慌。宜昌城内外，大江南北岸，湖北话、四川话、上海腔、宁波腔……在争、闹、吵、说，从凌晨到子夜，从子夜到凌晨。这座城市简直爆满了，从全国各地撤退来的人员和难民挤满了客栈，挤满了民房，连街头都露宿着人。他们都被迫整日奔波，抢购轮船票，目的只有一个：去四川。

此时，宜昌轮船公司的仓库里，待运物资更是堆积如山，且多属国家急运物资。于是，见多识广的林宗城当机立断，看清目前的形势，汉阳厂的这些物资如果交付轮船公司托运的话，启运的日子恐怕会遥遥无期，他们只得又雇用民船，于8月下旬开航起程。

自宜昌至重庆，途经长江三峡，航程十分艰险，江水在弯来拐去的河床里咆哮吼叫，风在高耸的峰谷间狂呼怒啸，阴森森的千仞石壁愈发显得狰狞。又经过两个多月的艰苦历程，终于在11月中旬，两艘民船安全抵达重庆码头。而那些要来重庆的汉阳分厂工人，三五人结伴，陆陆续续都已到达。

在第二批物资启运之后，汉阳分厂里头还留下了20多名工人，继续在装配成品，料理余留器材，做好最后撤离的准备工作。临近8月，前方愈发吃紧，敌机空袭更加频繁，武汉当局再次部署紧急疏散。此时，只好再雇了一只载重量为30吨的民船，把厂里所有遗留物资及成品，悉数装上民船，连同20多人，一起向汉江上游进发，计划由湖北老河口换船，转运陕西南郑。结果，由于运输条件十分艰难，船到湖北均县草店镇即停航，人员和物资也只得留驻这里了。而1938年10月25日武汉失陷，武汉大会战失败，第三十三集团军张自忠部也被迫向汉水撤退设防，以阻击西犯的日军。

经历了惊心动魄的大撤退，林宗城等人历尽艰险，终于踏上了山城重庆的土地。国民政府机关已搬迁过来了，作为陪都的重庆成了战时中国的政治、经济、文化中心。

这时的重庆作为中国西南商业重镇，已经发生重大的变化，战争打破了在大后方的重庆人的正常生活秩序。“七七事变”后，沿海及沿江地区有六七百万人迁移到四川，原仅几十万人的重庆一下猛增了上百万人。地处长江、嘉陵江交汇处的山城重庆，“口吃两江水，山高路不平”，市区狭窄，仅限于朝天门至两路口之间，分为上半城和下半城。一下子国民政府、国民党中央党部、军事委员会及其下属的各院、部、会、局等机构，还有大批的工厂、学校、文化单位都迁到重庆，兵工厂、民用厂在四郊建设，科研机构、大中学校在觅地修建，社会、文艺团体在城内外安家，迁来的商铺购房陆续开张……这个内陆城市突然涌进来许多穿着各异、南腔北调的外地人，四处来的人几乎充塞了每个角落。由于人口爆满，住房奇缺，有些政府机关只得利用旧房、庙宇、草棚栖身，条件极为简陋。重庆被压得喘不过气来了。

这样，汉阳分厂的工人和设备全部到达后，由于重庆已经人满为患，他们连住处都找不到，更不用说租用厂房了，一时间还不能复工生产。人员刚到时，就住在嘉陵江北岸刘家台西边半山腰的尼姑庵里，之后又是靠广利机器厂经理尹宏道的帮助，才在重庆通远门金汤街8号找到了一处住所，那是一座两开间三层小楼房，除了作为住所之外，还在门口挂上“毓蒙联华公司驻渝办事处”的牌子，在此开展业务工作。

工厂经过半年多时间的搬迁折腾，花费极大。大家历尽千辛万苦到了重庆，除了工人的伙食由工厂统一负责外，其他的费用一概没有，但工人们都积极设法自救，有些人外出打工，小部分人租间小房子制造少量弹棉机推销。

这期间，适逢重庆市号召小学教师赶缝棉军衣，捐献给抗日前线的将士。当时，住在“毓蒙联华公司驻渝办事处”对面的一位小学女校长，正为弹棉跟不上棉衣缝制速度而发愁，偶尔得知办事处有弹棉花的机器，就前来要求援助。面对这个能够为抗战出力的机会，办事处的负责人员当然欣然接受，赶紧为那所小学加工了几千斤絮棉。这次絮棉的加工意义极大：其一，帮助小学教师按时完成了棉军衣的缝制任务；其二，为那所小学节省了开支，因为人工弹棉的工钱每斤需4至5角钱，而机器弹棉只收8分钱；其三，工人们在经济十分困难的情况下，也得到了一点收入；其四，让重庆市民知道了有弹棉花的机器。

因为一时租不到也购不到可作为生产场地的房屋，林宗城只得退而求其次，设法购地建厂了。几经寻找，他们在嘉陵江南岸的观音岩山脚下大溪沟，物色到一块面积为200平方丈（约2222平方米）的山坡地，并以7000法币成交。此款于1939年1月由“工矿调整处”贷给。虽成功购到了地皮，可又缺乏建造厂房的资金，于是就将所购地皮向建设银行申请6000元法币的抵押贷款，几经洽商，仅贷了4000元法币。此时，尹宏道又伸出了支援之手，借给他们法币4000元。

动工建厂时，林宗城他们按照山坡的地势，自行设计、建造了防空抗震的简易厂房。根据现实需要，建成一个车间后就复工一个车间，经过五个多月的自力更生和艰苦努力，重庆分厂终于建厂完成，全面复工。

重庆分厂复工后的业务分两个部分，一是继续生产“当家”的产品弹棉机与砻谷机，为解决抗战后方粮棉加工、解决当时的吃穿问题发挥重大作用；二是制成带锯机后，干脆再办一个机器锯板厂，一方面可为生产弹棉机所需的木料进行加工，另一方面也承接来料加工的新业务，其中签订了加工合同的就有从上海内迁到重庆、大名鼎鼎的中华铅笔厂。

在战争的乌云下，由于战区不断扩大，局势愈发紧张，各大城市的机器纺织厂关的关、毁的毁、迁的迁，以致纺织品的来源，不管是军用的还是民用的，极大部分都有赖于后方的手工纺织，从而促使弹棉机的需求量猛增。1939年重庆分厂建厂复工后，弹棉机年产量达600多台，并销售一空。

但随着搬迁到大后方的工厂急剧增加，大后方的物资供应越来越紧张，原材料奇缺，价格暴涨，使许多工厂长期处于停工待料的状态，1940年，重庆分厂只生产了弹棉机300来台，到了1941年就更少了。1942年，重庆弹棉机厂在敌机空袭时中弹被毁，绝大部分工作人员去湖南衡阳工作，余留人员则在渝收拾残局。

强敌压境，国难当头，随着抗日战争进入艰苦的相持阶段，中国人民所承受的苦难愈发严重。在重庆方面，敌机空袭不分昼夜，物资供应日益困难，原材料价格飞涨，弹棉机订购时的材料价格与几个月后交货时相差甚远，交货时所得之款额只够买原材料，这样，利润极低，经济效益越来越差，工人的生活十分困难，工厂也确实难以维持。为此，主持重庆棉机厂厂务的林宗城十分忧虑，认为在重庆办厂将会更加困难，恐怕无法持久。

1941年春，林宗城心灰意懒地回到家乡瑞安东山，把种种困难向李毓蒙汇报，并提出应该再辟途径，不能在渝待毙。当时，林宗城已经看中了湖南衡阳，因衡阳地处粤汉、湘桂铁路连接点，又是湘水和遂水的汇合口，水陆交通方便，市场上原材料充足，购运十分便利，而湖南省盛产棉花，农村棉纺织业也很兴旺，应该是建弹棉机厂的好地方。

李毓蒙十分同情重庆分厂员工们的处境，很是赞成林宗城所提出的再次建厂的意见，当即决定在衡阳筹建弹棉机厂，资金由重庆棉机厂拨付，具体筹建工作仍由林宗城负责。

再次负起了建厂使命的林宗城，待在家中却不恋旧巢，立即动身奔赴位于长江中游、横跨湘江的衡阳城。经过仔细的踏访，他在湘江东岸的汽车渡口码头附近、原安飞电影院及其周边地区，购得约2000平方米的地皮，又按防空、防震要求，自行设计，建造简易厂房，于当年9月全部建成。而弹棉机生产和建造厂房同步进行，建成一间，就开始投入生产。

正如林宗城所预料的那样，衡阳厂的弹棉机产品在此地备受欢迎，远近客户纷至沓来，销售形势十分喜人。如此这般，重庆分厂的人员便不断迁来衡阳，投入生产，原上海毓蒙联华公司协理高兆涛也来厂主持生产活动。

1942年6月初，林宗城来电函请李毓蒙至湘主持厂务，以解决遗留和新产生的问题，有如下几个方面：（一）经过一段时间的产销活动，认定湖南弹棉机发展前途看好，可以扩大或增设弹棉机生产厂；（二）在武汉、重庆两地办厂期间，积欠工人红利，亟待结清；（三）重庆来湘人员中，有个别人撇开衡阳厂，自筹资金在衡阳附近的祁阳县自行开办弹棉机厂，并冒用“毓蒙联华公司”的牌子及商标，已与衡阳的管理人员产生纠纷。

6月底，沐浴着初夏和煦的阳光，心情大好的李毓蒙带领着吴君澈、李安友等一行14人，兴高采烈地抵达了湘南地区的中心城市——衡阳。

关于在湖南如何发展弹棉机事业，李毓蒙早已胸有成竹，认为不宜在一处盲目扩大生产规模，而应化大为小，分散建厂为上策。因为在这个战乱年代，敌军的空袭经常发生，若设在一处，命中一个炸弹将会全部毁灭；分散建厂，符合“东边不亮西边亮”的战略思想。另外，多处设厂的好处，还可节省运输费用和时间，各个厂可以就近取材和销售。

经与林宗城及工人代表们商议之后，李毓蒙决定调集家乡瑞安失业在家的弹棉机从业人员来湘，增设五个分厂，各分厂统称为“毓蒙联华公司湘属分厂”，简称“湘厂”，公司在衡阳设“湘厂管理处”。原衡阳厂改称湘一厂，厂长林宗城，副厂长杨锡霖，定员八九十人。其他各分厂分别为：湘潭分厂为湘二厂，厂长陈维新，职工30人；邵阳分厂为湘三厂，厂长王锡官，职工30人；常德分厂为湘四厂，厂长张月福，职工30人；黔阳安江厂为湘五厂，厂长黄省初，职工30人；零陵冷水滩厂为湘六厂，厂长高培荣，职工18人。

各分厂的筹建资金、业务、人事，都由衡阳的“湘厂管理处”统一安排，在职职工享有如下待遇：(一）所有职工共同参与生产管理，都享有股权；(二）各分厂经济独立核算；(三）分配方法：按纯利润50%上交公司管理处，作为积累资金，另外50%作为职工红利；四、职工股权分配：按职工年资多少核定。

在武汉、重庆两地办厂期间，所欠职工红利的解决方案：(一）在两地办厂期间的总盈利中提取20%，再按职工的年资，结算其应得的红利；(二）各职工应得的红利，由公司以股票方式偿付并结清，职工不参与湖南各分厂而自愿离去者，不补发红利。

鉴于祁阳弹棉机厂冒用“毓蒙联华公司”的招牌和商标的行为，已与衡阳厂之间引起了纠纷，为此，李毓蒙决定亲自去一趟祁阳厂。不过，如果没有发生这种纠纷，李毓蒙也会去看望他们，因为那里的员工都是瑞安老乡，又都是相处多年的学徒或徒孙。

大概是有些亏心和内疚吧，祁阳弹棉机厂的负责人在见到远道而来的李毓蒙这位“祖师爷”时，觉得很不好意思，脸上的表情也有些不自然。于是，用空前的热烈场面去迎接毓蒙的到来，那鞭炮随着他从湘桂铁路黎家坪火车站出站，一直不停地燃放着到了厂里……这个“怪招”确实出乎他的意料！

其实，李毓蒙并不在意他们如何欢迎自己，在来祁阳厂以前，他再三思考，也曾与林宗城进行过商讨，如果该厂负责人能够自知做法不妥而自行提出纠正，那当然最好，如果不提，也就算了。因连年战争，日本侵略者步步进逼，时局仍不见好转，处在这样一个朝不保夕的年头，谁能保证一个厂可办多久呢？还能有几个弹棉机从业人员有资金或胆量来仿效仿制呢？祁阳厂的做法注定成不了大气候。另外，念在他们过去也曾为联华公司尽过责、出过力，已经扣除他们在汉阳分厂和重庆分厂工作期间应得的红利，那么，牌子和商标就让他们利用利用算了，总得给他们一个出路啊！

因为李毓蒙已有这样的想法与打算，所以他的这趟短暂的祁阳之行，就和风细雨地草草结束了。在考察祁阳厂的时候，并没有对该厂负责人作任何批评，而在临走之际，只是再三嘱咐他们一定要搞好产品质量，不能坏了公司的声誉，更不能去坑害用户。他从来就是这样一个心慈手软的人，对待自己的徒子徒孙更是一副“菩萨”心肠！

李毓蒙走到哪里，哪里就有“新花样”，在衡阳的这一年时间里，也是如此。

湘厂员工吴君澈等在湘江东岸设立了一个碾米厂，取名为“力生碾米厂”，李毓蒙则自告奋勇，为该厂设计了一个碾米的副产品——以砻糠作燃料的设施，用蒸汽机带动碾米机、砻谷机等，这样既方便操作又节约了用煤量。他还研制成功铁木结构的简易锯板机和人力推动、撑架式的5匹马力的动力机，成为成套的小型锯木设备，为弹棉机生产所用，为弹棉机厂节省了资金。同时，他还就地取材，试制金刚砂盘原料。

为了关心职工生活，李毓蒙做了两件好事：第一件是他初到衡阳，在察看职工的生活环境时，看见厨房内两只水缸里的饮用水十分浑浊，经询问才知道这水直接取之于湘江，而湘江流经市区被污染，带有各种杂质，直接饮用有损健康。于是，他马上请来了木工，亲自临场指导，在厨房的外墙建造了一座过滤水塔，并自己动手在塔内铺上鹅卵石、沙子、木炭、棕片等过滤材料，在塔底装了管子和开关。水塔建成后，职工们看到流进水缸里的水清澈见底，个个都很高兴，赞扬“老师公”真会动脑筋。第二件是为了职工医疗方便，李毓蒙指示湘厂管理处投资1万元，与旅衡乐清同乡、退役军医潘大夫（原系军医院院长）合作，在衡阳市区创办了一家医院，取名衡阳医院，李毓蒙被推为董事长。该院有十来位医务护理人员和30张病床，这小小医院既作为湘厂职工的保健医院，同时也向当地群众开放。

李毓蒙如此关心职工，实在难能可贵，大家都为之感动，工作十分努力，可惜又好景不长。

1944年6月，长沙前线战事紧张，国民党军队节节败退，因战火迫近，衡阳分厂负责人黄省初、吴君澈、李金锡等，迅速把该厂的设备、原材料和职工，迁往广西宜山县。后来，又因敌军进犯湘桂铁路沿线地区，宜山危急，衡阳分厂迁到宜山的一切物资和职工再转迁贵州。沿途损失很大，运至中途金城江车站时，因战局进一步紧迫，全部物资被迫放弃，人员退往重庆。

除常德分厂外，在湖南的其他各分厂湘潭、邵阳、黔阳、零陵、祁阳等，都因来不及迁移，而在当地沦陷时，损失殆尽，物资设备全部遭毁。职工有小半数逃往重庆，大部分逃难回到了浙江，也有部分逃往湖南西部津市和常德两地。从此，在武汉发展起来的弹棉机和机械事业，在重庆和湖南几乎全毁于侵略者的炮火之中。

在抗日战争胜利前夕，李毓蒙在全国各地所办的众多机械工厂，仅留下了重庆、温州、常德和津市等四个，但在整个抗日战争期间，他的爱国主义精神和积极支援抗日的实际行动，实为人们所钦佩。

出身于穷苦农民家庭的李毓蒙，从小就与下层劳动人民打成一片。长大成人后，在多年的创业奔波生涯里，特别是在抗战时期，他在离乱中曾经接触过一些进步人士，很赞赏他们对祖国的一片赤诚之心。在风雨兼程、辗转浙渝湘之际，由于时常接近进步人士，他进而结识了一些共产党的地下工作者，眼界渐渐打开，他所办的工厂常常成为革命者的掩护之地。

湖南省益阳市有一位离休老干部仇甬夫，系浙江宁波人，1940年参加革命，同年加入中国共产党，战争年代长期在丽水、衡阳、津市、沙市等地从事党的地下工作，解放后曾担任过益阳市委副书记、市长等职务。他曾于1986年8月专程来瑞安参加“李毓蒙先生诞辰九十五周年纪念会”，讲述了自己作为弹棉机工人利用弹棉机生产从事革命活动的往事。据他回忆，1942年，正是抗日战争最艰难时期，他原在的浙江省铁工厂遭日机多次轰炸，被迫停产疏散。地下党支部高培勋、吴新元、贾劲生、蔡镇铭（均为瑞安东山人）和他受总支指示转移到了湖南衡阳，与原支部书记李群（也是瑞安东山人）会合。因李群等都是毓蒙的学徒，有了这层关系，大家顺利地进了衡阳弹棉机厂做工。

李毓蒙到衡阳毓蒙联华弹棉机厂不久，就同厂长林宗城商量，要自行研制铁木结构的锯板机，并指名调倪晓臣和仇甬夫（两人都是钳工）到试制场工作。倪晓臣本是毓蒙的学徒，称他为老师。仇甬夫见毓蒙先生平易近人，没有一点总经理的派头和架子，整天和工友们一

▲ 1941年春，在湖南衡阳筹建弹棉机厂，图为汉阳双街棉机厂旧址

起干活，还经常带着自己到各加工厂把车刨配件取回来，慈祥的面庞和蔼可亲，就自然而然地跟着亲昵地改叫“老师”了。毓蒙听了笑眯眯地答应，认了这位年轻人做徒弟。几个月后，在李毓蒙的辛勤指导与共同参与下，锯板机试制成功了。

1943年秋天，李毓蒙从湘潭回来，亲自找仇甬夫谈话，说湘潭大华机器厂试制的金属结构的锯板机已经成功，即将投产经销，那边急需技术人员，准备介绍他去大华机器厂工作。大华机器厂的经理黄华波也是毓蒙的徒弟，仇甬夫于是恋恋不舍地辞别衡阳，奔赴新的岗位。临行时，毓蒙先生赠给他一张四寸半身相片，上面注明摄于50诞辰，可惜那张珍贵的照片，在“文化大革命”中被毁掉了。

这年11月，仇甬夫与李毓蒙的学徒李群等7名共产党员受党组织的指派，转到湘西北津市工作。这是一个交通便利、棉产丰富的要

▲ 新华工厂（旧址）

▲ 新华工厂生产的弹棉机

▲ 星球弹棉机

▲ 1951年，南下津市领导干部与新华工厂部分职工合影

镇，地下党支部在这里筹建了新华弹棉机厂。新华厂仿制李毓蒙发明的“麒狮球”商标的弹棉机，换上“星球”商标，在原商标图案的地球上，标着五角红星，表达了对共产主义理想的向往。在津市办厂六年，仇甬夫他们一直生产和经销弹棉机业务，不仅使生活有了保障，而且以此为掩护，积极开展党的地下活动，在湘鄂边区播下了革命种子，壮大革命力量，为湖南人民的解放事业做出了贡献，新华弹棉机厂也被称为“革命红灯”。新中国成立后，新华弹棉机厂全部无偿地交给了党和政府。这个弹棉机厂后来改为新华机械厂，50年代和60年代，分出了一个油泵厂和一个机床厂。70年代，以新华工厂为基础，又办起了2000多工人的湖南拖拉机制造厂，为湘西北机械工业的发展

作出积极的贡献。当地群众经常提起新华弹棉机厂，想起弹棉机的创始人李毓蒙，无不称颂他的历史功绩，真是众口皆碑。

“回想起李毓蒙先生的尊容，我记忆犹新。他的创业精神，更使我永远难忘。他的‘实业救国’的理想，只有在中国共产党领导下的新中国，才能实现。”仇甬夫这样深情地回忆道。

第十二章 倾心办学

“毓蒙先生，宗城兄，今天约您俩出来不是逛风景，我要告诉两位一个天大的秘密，现在眼前这片滩涂居然成了私人产业，已经不归我们东山人所有了！取得产权的城里两户财主还特地找到了我，让我出面摆平东山地方上的事，并信誓旦旦地说要给我高额报酬。这世道到底怎么啦？请你们评评理，要为东山乡亲主持公道啊！”

“养和兄，你身为乡长，应该为百姓着想啊！这可是涉及我们东山地方全体乡民利益的大事。这么一大片滩涂、涂园，不知不觉地产权被易主，大家都不知道，其中一定有名堂，必然有鬼！我们三个人更要拧成一股绳，合力为东山人争一口气！我想，只要毓蒙先生肯出头露面，大家都会买他的面子，没有什么事情是解决不了的。”

夕阳西下，满江通红。远处的渔村犹如散落在飞云江边的几枚卵石，偌大的一片滩涂被染上了金红色，水边的芦苇在风中不停地摇曳。只见这三个人在飞云江边的泥路上晃悠悠走来走去，一会儿眺望着波涛不兴的大海，一会儿又对着近旁的滩涂指指点点。

战事骤起，遍地烽烟。自上海“八·一三事变”爆发后，“毓蒙联华公司”总部被日军炸毁，李毓蒙悽惶地从上海滩回到了家乡瑞安，在东山老宅蜗居，不久，担任汉阳分厂经理的林宗城也回来了，向总经理李毓蒙汇报武汉方面的厂务以及经营情况，师徒相会，分外亲切。今天天气晴好，应东山乡乡长何养和之约，久未谋面的三位老朋友一起外出到附近走走，并要谈些重要的事情。

何家在瑞安东山算是书香门第，上代有过功名的，在东山上埠村，他们住的是一座清代建筑的大宅，坐南朝北，前有天井后有道坦，东西两边都有花园，可种花草、果树和蔬菜。在东山地界，何养和是一位大家所敬重的富有正义感的乡绅，在当地威望颇高，家里富有钱财，做公益事业也是热情高，干劲足，给家乡群众留下很好的印象，因此在1935年被推举为东山乡乡长。在担任乡长期间，他积极为家乡兴修水利，开挖新河解决灌溉，建造陡门排涝蓄淡，利乡利民，功劳卓著，乡亲们敲锣打鼓赠送“利及民生”的横匾，并悬挂于何宅正堂。

冬日的阳光懒洋洋地筛下来，天气虽然晴朗，但寒风阵阵，吹在脸上还是冷飕飕的。三个人沿着飞云江岸堤慢吞吞走了不短的一段路，在长满了芦苇的滩涂边上停下了脚步。何养和走到李毓蒙面前，表情严肃多了：“事情的原委是这样的……”

随着何养和一一道来，李毓蒙和林宗城终于明白了事情的来龙去脉。

原来，东山乡面临飞云江，海涂大，耕地少，人口多，有许多人以出海捕捞为业。经飞云江长年累月的冲积，在江岸边形成了十分广阔的滩涂，处于东山乡区域内的滩涂东起车头村与下村交界的羊儿塘，西迄三圣门，其面积达700多亩。这是大自然的恩赐，理所当然应归属东山乡人民，多少年来，东山人也一直这样认为的。从乡民到地方政府对它的归属问题也从未作过任何规定，一直由乡民们自由放牧、渔作。不知什么时候，这么多滩涂，却被瑞安城里的项慎初和蔡执夫两家地主，向国民党财政部申报占为己有。

1937年冬天，项、蔡两家计划把这些滩涂租给农民开荒，但由于滩涂面积相当广阔，一时无从下手。于是，他们想方设法，企图利用东山地方上有势力的人帮忙。他们看中了东山乡乡长何养和，便派人与何养和商谈，要求他出面帮助他们开路，发动和组织农民进行开垦，然后收租取利，并许以若干亩涂园作为佣金与报酬。何养和听了之后，暗自思忖：这些海涂坐落于东山乡门前，怎么会成为项、蔡两家所有了呢？真是出奇。再说，东山农民早有传言，等待淤泥积足，大家联合起来围垦，现在我如果替项、蔡两家出面，要东山人为他们谋私利进行开垦，这与东山农民的意愿明显是相违背的，恐怕没那么便当。

就这样，因畏于东山乡广大农民群众潜在的反抗力量，身为乡长的何养和不敢贸然应允，便以“再作考虑”暂作答复。

今天，便因何养和觉得此事关乎地方公益事业，关系十分重大，才把这一情况如实向老朋友李毓蒙和林宗城诉说了一番，征求他俩的意见，以探可否。

听何养和说完，李毓蒙沉吟不语。过了片刻，林宗城先开了口：“这滩涂对东山人来说，是鸡窝前的米，怎么会让别人家的鸡来啄呢？我估计东山的农民决不会答应。你可以问问有代表性的农民，听听他们的意见怎么样？”

半晌，李毓蒙也接着说：“东山门前的滩涂归东山人所有，合情合理，你若帮项、蔡两家出面办理围垦海涂，这是有违东山乡农民利益的事，我认为你决不能为之，我也反对。”

朋友之间有话直说，用不着藏着掖着，当下，听了林宗城和李毓蒙的意见，何养和就下决心要拒绝项、蔡两家托办之事，便提出说：“关于项、蔡两家所托，如果我回绝不干，他们还会物色别人去干，最后，这么大的滩涂还是成不了东山人的财产。我现在有个想法，是否可以用地方办学为理由与项、蔡两家进行交涉，要他们把这些滩涂让给我们的东山小学所有。等交涉成功，再向农民们讲明，请他们合作开垦，将来开垦成功以后地租归学校作为办学经费开支。学校是地方公益事业，想必农民是会支持的。你俩认为这样可否？”

李毓蒙和林宗城对何养和所提出的“滩涂归属学校，利在地方”建议，都表示赞同，并共同商讨了今后的行动计划。

次日一大早，按照商量好了的计划，李毓蒙、林宗城、何养和三人结伴进城，一起去游说蔡执夫和项慎初。对于这三位东山“头面人物”的亲自上门来访，蔡、项两家都感到有些惊诧，郑重地接待了他们一行。

李毓蒙等三人毫不客气，开门见山，对蔡、项两家准备开发东山滩涂一事晓以利害：首先，认定他们在未告知东山乡任何人的情况下就把滩涂申报占为己有的做法是不对的，滩涂是天然形成，任何人都不能据为私有财产；其次，他们如果前去围垦，阻力一定很大，不仅东山的农民反对，所有的东山人都会反对，如果他们雇用外乡人去围垦、聘请外乡人去管理，还很可能会与东山人闹出不可收拾的纠纷；再则，由他们两家去开发涂摊投资实在太大了，除了围垦工程耗资大、耗时长外，还要改造盐碱地，这不是一两年内所能完成的事。围成后在好几年内也只能种种番薯，把这样的涂园租给农民去耕种，地租高了没人租，地租低了，恐怕10年、20年也难以收回所投的成本。总而言之，干这件事既没“理”，也没“利”。

最后，由李毓蒙作为代表，三人郑重地共同提出要求，希望他们两家把这些滩涂让给东山小学，作为地方的教育基金，也算是为东山的少年儿童做了一件好事。

项、蔡两家都知道李毓蒙、林宗城、何养和乃是东山地界最有名望的人士，这次三人是为着东山乡民的利益出面交涉，不得不加以重视。他们也感到，要开垦这些滩涂，的确是一件既棘手又难以获利的事。于是，蔡执夫先表态同意出让，因他家只占少数股份，仅几十亩而已。而项慎初则提出可以把这些滩涂赠送给学校，但要东山乡归还其申报费用800银圆。

李毓蒙等三人当即表示同意，并决定由东山学校董事会支付这项费用。然而，后来还是由李毓蒙个人拿出了800银圆，项慎初才肯把国民党财政部给他的海涂登记执照交给学校董事会收存，除了东山海涂700多亩的执照外，还有海门县三门湾一带海涂的执照，其数也有数百亩。至此，海涂的归属问题终于得到了圆满的解决。

当时，国家动乱，民生潦倒，加上天灾人祸，官僚压榨，东山乡人民的生活真是困苦难言。农民缺地种，贫穷小孩难上学，是两个比较突出的问题。东山海涂又经过几年的泥沙淤积，至1942年，李毓蒙派林宗城回到东山与毓蒙小学董事会一起，协助农民组织围垦工作。他们成立了一个指导委员会，具体研究和指导海涂的围垦，如开垦海涂的地段范围，确定围堤的高、宽及其堤脚的宽度等标准，出水涵洞的设置地点等。首批先围垦170多亩，指导委员会成员由7位热心农田事业的当地老农民担任，其中有林初希、张上淦等；指导委员会下设11个开垦小组，每小组有10个开垦户；校董会具体领导筑堤围垦工作，并资助涵洞建设经费。经过三四年的努力，这些滩涂先后分三批围成，共计700亩左右。首批是1943年围成的，约有200亩。经过三年开荒免租期，到1946年经过农民代表（即各开垦小组的组长）讨论决定交租方案，并由各小组执行。他们将已垦熟的涂园分为甲、乙、丙三个等级，甲级涂园亩产薯丝600斤，交租40斤；乙级涂园亩产薯丝500斤，交租35斤；丙级涂园亩产薯丝400斤，交租30斤。所交之租，全归东山小学作为办学资金，既有利于地方办学，又暂时缓和了耕地少、人口多的矛盾。

正是争滩涂利乡民这件事，给李毓蒙以深刻的启发，使他萌生了在家乡东山办学的念头，也为他倾尽个人力量创办两所学校埋下了伏笔。

话说1937年10月李毓蒙回到家乡，在调查弹棉机从业人员的生活状况及存在问题的同时，也了解到家乡的就学儿童竟如此之少。东山乡当时有6000多人口，却只办了一所小学，全乡在小学读书的仅130个孩子，上中学的竟然没有一人，这都因农民家庭经济困难所致。家乡教育文化事业的落后状况，使他心里无法安宁，深深感到儿童的失学将关系到振兴家乡和发展工业后继无人的重要问题。而多年发展机械事业的阅历，让他深感中国机械行业十分落后，与国外无法比拟，当时国内工厂所有的机械和动力设备全靠进口，造成这一后果，当然应该归罪于几千年来的封建统治与愚民政策。为了我国民族工业的发展，自20世纪初开始，就有多少人为之呼吁，为之奋斗，李毓蒙也经常以“为我国工业发展做出贡献”而鞭策自己。在弹棉机发明成功后，他孜孜不倦地搞发明创造、仿制革新，而要做好这些工作，必须具有一定的科学文化知识。

少年失怙和失学是他心中永远的痛。一个出身贫寒仅读过两年私塾的小裁缝，偏偏有一颗为中国人造福的心，受工业救国思想影响而立志要改变农村土纺土织的落后面貌，决心发明纺织机械，以求发展农村生产力。首先碰到的问题是自己文化低，但他刻苦钻研，反复试验，经过多年刻苦努力制成了弹棉机雏形，后来又在县城通久棉花店一台损坏了的日本进口铁制弹花机的启发下，他的弹棉机发明很快成功了。日本铁制弹棉机结构是单桶的，而他发明的新机则是三桶的，比日本机器更为合理、完善。当时他把弹棉机零部件定名如下：踏脚弯（曲轴）、运力盘（飞轮）、叉儿（棘爪）、盘心（轴座）、百步盘（棘轮）、三角板（120度摇杆）、炳叶川（凸轮）、铜铃儿（铜齿轮）、称碗（轴瓦）、任杆（连杆）、上下桶（扇形开棉辊筒）等，这些名称都是按照形象而自定的。至今他仍然承认，由于自己没学过数、理、化等方面的基本知识，连圆周率为何意都不知道，致使一台弹棉机研制了八年才取得成功，在其他仿制或创新工作中，也因为没有基础理论知识而事倍功半，进展十分缓慢。

一些有能力的学徒，对此也有同样的体会。李毓蒙的表弟林普银，在当学徒时就以学得快、做得好而闻名，由于精明能干，在温州毓蒙铁工厂创办之际便进入该厂工作，后来，虽然李毓蒙经常不在温州，他却能独当一面，成为毓蒙铁厂的经理。但因从小上学读书不多，受教育的时间很短，林普银后来在处理一些机械技术问题时，虽有自己的构思却无法表达出来，更不会绘图；雇人画吧，又因别人不能完全理解他的构思而画得不准确，往往在解决不了技术问题时，只好把李毓蒙请回来。还有一件事使林普银久久不能忘怀：一次，他去上海向德国洋行购买车床，洋行的营业员告诉他所指的那台是“C6–18”车床，而林普银对“1”“8”这两个数字的含义不太懂，便进一步询问，营业员就顺手递给他一份没有译文的德文说明书，可他又看不懂，结果车床也就没有买成。这件事曾让他苦恼了好一阵子。

因此，李毓蒙常用亲身体会向徒子徒孙讲述因缺乏科学文化而走过的弯路，希望自己这一代所遭受的苦难不要在下一辈身上重演，倡导重视家乡的教育事业，大家要多多出力，尽快解决东山乡的孩子们上学难问题。

正值林宗城也在东山老家，经过深思熟虑，李毓蒙便与他一起，召集了何养和、蔡朝升、朱宝珊等几位热心人士在弹棉机发行所办公室开会，研讨如何在东山乡兴办文化教育事业。一番热烈的讨论之后，就在会上成立了“兴办小学董事会”，公推李毓蒙为董事长，林宗城为副董事长，何养和为校长并负责筹办小学的具体事宜。因为财力有限，决定暂时不建小学校舍而借用上埠的天后宫，该宫过去曾办过小学，后迁移至中村合并办学，故还空着。李毓蒙果断决定在兴建东山新工业基地的款项中，提取1000多元作为小学的办学经费。

1938年春，正是日本帝国主义发动全面侵华战争的第二年，日军在中国的领土上肆无忌惮，猖獗一时，时局极不稳定，但李毓蒙等人为使家乡适龄儿童不失就学的时机，积极筹划，一所“私立毓蒙完全小学”在东山上埠村的天后宫正式成立了。原来偏僻简陋的宫舍，经过修复打理，焕然一新，小校园的四周还栽上了冬青树，倒也显得整洁优美。

▲ 天后宫“私立毓蒙完全小学”旧址

这所在战火中诞生的小学，第一学期就招收了120多名学生，共设5个班级，并聘请了7位优秀教师，由何养和任校长，经费由毓蒙华联公司汉阳分厂支付。令人欣喜的是，由于李毓蒙等人的不懈努力，学校经费比较充足，所有入学儿童一律免收学杂费，使全乡儿童无钱也有书读，不再使东山人民世世代代为文盲。

原先一片破败的天后宫里传出了稚气十足的琅琅读书声，在校儿童的学习生活开展得非常活跃，因为穷孩子们深知这一学习机会来之不易，所以个个刻苦好学。老师们积极教学，孩子们积极上进，学校的教学质量很高，每学期区里举办智力竞赛或体育比赛，该校的成绩都名列前茅。学校还附设“民众代笔问字处”，义务为大众代笔书写信函、文字等。这种办学方式，真是别具一格，前所未有，故此毓蒙小学的办学风格和学生的学业进步，深得学生家长和社会的好评，直至解放后，转为东山乡中心小学。

倦鸟归山林，游子回故乡。当李毓蒙在创业路上兜兜转转，跋山涉水而山重水复之后，他将目光锁定了东山这块土地，要向乡村教育进发。自从“私立毓蒙完全小学”于1938年建成后，他深感小学的知识还是远远不够的，于是，又打算等待自己的事业办得好一些、经济实力雄厚一些时，再来创办一所工业学校。

时间跨入了1941年，抵抗日本帝国主义侵略的前线，战事频频失利，战线扩展至内地，沦陷区越来越多，未沦陷的各地城市也常遭敌机袭击。李毓蒙和弹棉机厂从业人员所开创的事业一直在摧残之中苦苦挣扎着，面对战乱，他和他的徒弟们确实难以施展自己的创业才能。也就在这样的局势下，社会上的失业失学青年比比皆是，本来这是他们学习手艺或学习文化的大好时光，可个个都无所事事，既荒费了青春年华，将来也无可适从。面对这一现实，李毓蒙心里十分苦恼，常以厦门华侨领袖陈嘉庚先生热心办教育的精神自勉，感到再也不能等下去了，当时社会上兴起了一种思潮，认为与其教子弟读书做官，不如让他学工，走工业救国的道路，这更坚定了他创办工校的决心和信心。

于是，李毓蒙把自己的设想告诉了担任毓蒙小学校长的何养和，得到了他的赞同和鼓励。何养和作为开明乡绅，热心公益事业，对学校的管理有一套经验，对办学也有较高的职业兴趣。当李毓蒙把创办工校一事与他讨论时，何养和心中十分高兴，当即表示愿意竭力相助，并对办学的具体问题作出了初步的设想：（一）工业学校的目标是培养机械工业的技术工人；（二）第一学期先招两个班，每班50个学生，以后每学期招一个班，一年两个学期；（三）在上埠陡门头原工业基地上，靠东边划出占整个地基约三分之二的面积，作为工业学校的校址，在建成可容约300名学生的简易校舍时，先行开学，以后逐步发展。然而，按照以上要求，整个建造校舍、置办学校教学设备用具以及开办经费，据初步预算，至少要在5万元，这可不是一笔小数目呀！

同年8月，李毓蒙邀请林宗城、何养和、张楚玉、林普银等人开会，具体研究办学事宜。他耐心说服了少数与会人员的畏难情绪，阐明了培养工业技术人才的重大意义。接着，聘请到会人员为董事，成立董事会，推选李毓蒙为董事长，林宗城为副董事长，张楚玉为董事兼校长，何养和为董事兼教务主任，林普银掌理财务工作。不久，校长张楚玉因事去了重庆，由何养和继任。会后还延聘林恩植为教师兼总务主任，聘黄杞苏、林汝贤（均系机械工程师）、薛仲哲、林汝楷、潘大年、董仲旋等为教师。

但是，要筹划这么大的一笔办学资金，对处在1941年的李毓蒙来说，的确困难重重。第一，他自己经营的“毓蒙联华公司”和上海金刚砂砻谷机厂，在上海沦陷时毁于敌人炮火之中，已无余资积存。第二，在附近的温州毓蒙铁工厂，大部分生产设备已被运往丽水云和县与浙江省铁工厂合并，流动资金所剩无几。第三，位于瑞安东山的弹棉机总厂，仅仅是一家以手工操作为主、没有实力的工厂。第四，在温州还有一家与毓蒙联华公司重庆分厂合股的永兴贸易行，此时的生意并不兴隆。第五，重庆分厂远在四川，因内地原材料奇缺，该厂生产已受到影响，财务也相当困难。

李毓蒙一生所做的大事，大多是披荆斩棘开出新路来的。也正因为他所选择的是新路，所以总是崎岖，总有阻碍。可也唯其如此，才使得毓蒙对它充满向往，充满热情，充满动力，他的性格如此。在创办工校的关键时刻，面对如此困难的经济处境，走惯了艰苦创业道路的李毓蒙并不在意，还是坚定地向前走，他与何养和以“有志者事竟成”的豪言壮语互相勉励，到处游说着。

夫人汤氏见他一天到晚东奔西跑的，便对他说："工厂炸的炸、搬的搬，搬了也不能好好开工，连能不能保住也不知道。人都不知道还能活几天，你还东颠西颠地办什么学校，还是养养你的元气吧！"

李毓蒙对夫人的话并不介意，还笑着对她说："你一个妇道人家，就是不懂道理，现在办工厂会被日本鬼子炸掉；我办学校把知识藏在年轻人的头脑里，若日本鬼子来扔炸弹，年轻人跑得快，毁不掉。等到赶走了日本鬼子，我们再来办厂，有了这些有知识的年轻人，工厂又会很快发展起来的。你等着看吧，我们东山很快就会发达起来的！"说完，又笑哈哈地走了。

就这样在李毓蒙的说服下，终于得到了毓蒙联华公司重庆分厂的林宗城、温州毓蒙铁工厂的林普银、温州新蒙铁工厂的李琳桂、温州永兴贸易行的薛秉钧等人的支持，同意筹集部分资金投入办学。

这一年正是李毓蒙50寿辰，林宗城、林普银、李琳桂等30多名学徒，准备在家乡东山发起庆祝毓蒙50寿辰活动，并向弹棉机厂、铁工厂的同人和各地生徒发出了通告。后来，李毓蒙知道了这个消息，就把林宗城等人找来，婉言进行劝阻："现在国难当头，你们铺张浪费、大摆排场为我祝寿，这真不合适，也没有什么意义。我建议你们把为我祝寿的费用拿来支持创办工业学校，这才是功在大家，利在社会的正事。我自己也会永远记住你们的这份感情。"李毓蒙的肺腑之言，打动了筹备祝寿的生徒们，终于作罢。

▲ 李毓蒙50岁像

李毓蒙洗印了数百张五秩肖

像，在每张照片的背面都题上了一首打油诗："毓蒙颠颠五十春，学校经费时常空，请君稍助一点力，培植人才各为功。"并把这些相片交给了筹备祝寿的人员，嘱托他们转赠所有的朋友和生徒。

因为李毓蒙有很高的威望，这打油诗也就有很好的号召力，各地的朋友和生徒们在收到照片后，纷纷解囊相助，把寿礼折成现款汇到学校，解了办学的燃眉之急。据曾在丽水大港头浙江省铁工厂工作的彭兆聪回忆："我们在兵工厂的部分学徒，为了隆重纪念毓蒙老师的50大寿，买了一条锦缎被面，换来未用过的新钞票，订成一个寿字送到东山，献给了学校。"这种祝寿方式，真是闻所未闻；李毓蒙为办学筹资也别出心裁，使人感慨。这筹款的趣事，也成了毓蒙工校史上的一段佳话。

然而，另一种筹资方式却被李毓蒙拒绝了。在李毓蒙与林宗城、何养和讨论如何筹集办学资金时，何养和提出了一个设想：把滩涂交给农民耕种，以收取代耕押金和预收地租，来弥补经费不足。此议当即遭到李毓蒙和林宗城的一致反对，认为不能再增加农民一丝一毫的负担，因为农民们已经够苦了。

待资金筹到，已是1941年的冬天。在李毓蒙的大力提议下，马上动工，在东山陡门头工业基地东边破土兴建工业学校的校舍，分别建造了可以容纳300名学生集会的礼堂一座；礼堂两侧，筑办公室、贮藏室各一间；两层教学楼一座，共有四个教室；大平房教室一座，共有两个教室。这时经费已经花光了，但是还缺少饭厅和宿舍，他就把自己昔年所盖的"李毓蒙制造絮棉机器厂"的七间老厂房拆掉，把材料运到学校来造饭厅和宿舍。就这样，总算把校舍初步建成了。至于学生实习所需的设备，则利用厂里的旧动力机、机床、铸工炉具等机械设备。

经李毓蒙的多方努力，经省教育厅批准立案，一所新型的工业学

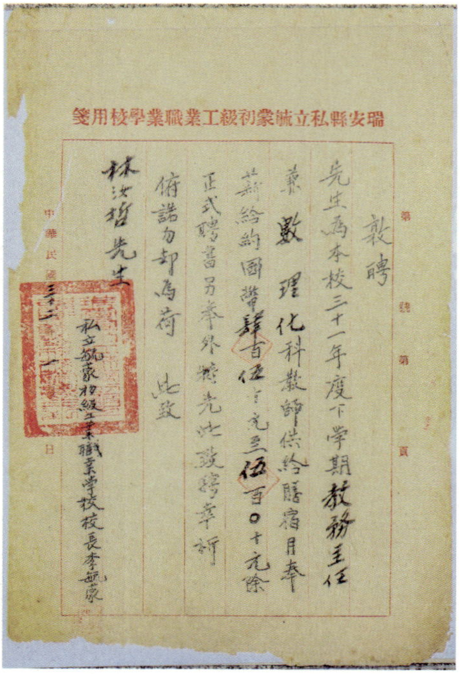

瑞安縣私立毓蒙初級工業職業學校用箋

敦聘

先生為本校三十一年度下学期教務主任

兼數理化科教師供給膳宿月奉

薪給約國幣肆百伍十元三伍百〇十元除

正式聘書另奉外特先此致聘并祈

俯諾勿卻為荷 此致

林汝楷先生

私立毓蒙初級工業職業学校校長李毓蒙

中華民國三十一年 月 日

▲ 毓蒙工校敦聘书

校终于在1942年2月建成并正式开学。学校定名为“私立毓蒙工业职业中学”，学制为五年，初级三年，高级二年，相当于解放后的中专。学校课程除了普通中学的文体、数理化等学科外，还根据机械制造的需要，增设了机械学、机械制图、工业材料等专业学科，并培训开设内燃机，学习车、钳、铸造等操作课程。指导学生进工场实习，除聘请各专业课教师外，还延聘有实际经验的师傅负责实践示范，力求学以致用，要求学生毕业后既有理论知识，又有初步生产实践知识。

这所学校是温州地区创办最早的新型工业学校。工校学生来源，多数来自农村初中学生、高小毕业生，也有本厂的学徒和失学青年。第一学期招收初级生100余名，办初一两个班；以后每学期开学招收新生50名，到后来在校学生达300余名。由于该校教学内容适应社会实际的需要，自开学后受到普遍欢迎，每学期均续招新生，学校逐步得到发展。

开初，李毓蒙邀请瑞安城里的张楚玉当校长，不久他去了重庆，校长便由何养和继任，李毓蒙为名誉校长。他对学生的教育，首先是

▲ 毓蒙工校旧址

讲清来校读书的目的，不是为了做官，而是学好本领，发展中国机械工业生产。

▲ 江上养正小学旧址

因为日军入侵，工校也过着流亡逃难生活，曾暂时迁到马屿江上地方，借那里的养正小学校舍上课。后来又迁到飞云江南岸，在远东蛋粉厂上课。李毓蒙等校董、校长何养和为保学生的安全，为能坚持上课，不辞辛劳，四处奔忙。后来时局稍稳，又迁回在东山陡门头原校继续上课。毓蒙工校是私立的学校，资金不足，难以维持。何养和校长为维持学校办学，多方求助，甚至卖掉自己家的田产。后来，校舍有限，学生增多，学生住宿困难，何校长就安排许多学生住到自己家的上间楼上，虽然没有床，但那种情况下能打地铺也是很不错的了。抗战期间，瑞安四次沦陷，学校虽几经搬迁，但师生仍坚持上课。学校经费困难，教师待遇菲薄，有时甚至发不出工资，但无一人离校。

时局紧张，变幻莫测。这所学校是在国难当头，李毓蒙的经济来源十分困难的情况下办起来的。学校办成了，但学生人数一年比一年增多，要把学校支撑下去，对李毓蒙来说的确极不容易。当时进这所学校的学生，家庭经济条件都比较差，即使缴得起学费，其金额也很少，有的则免费入学。因此，学生所支付的那点学费，远远不足以支付学校费用。绝大部分经费，都得由李毓蒙等校董来筹集。

李毓蒙在学校办成后的当年6月份，去湖南省衡阳弹棉机厂主持工作一年多时间，至1943年下半年回乡，便接任了“私立毓蒙工业职业学校”的校长之职，此时学校面临的还是经济问题。

“私立毓蒙工业职业中学”办至1945年，因为湘属各弹棉机厂在1944年6月以后全部损失殆尽，经济来源断绝，在别无其他经济来源之路时，李毓蒙咬咬牙，毅然决定卖掉在小南门温州毓蒙铁工厂所拥有的股份。

但当“买卖”正在进行时，突然，汤夫人抱着3岁的次子李安国出现了。她拼命冲了过来，把小儿子往李毓蒙腿上狠狠一放，便大声地喊叫道：“儿子由你养着，我呢，去做工赚口饭吃。你卖吧，把什么都卖光算了！”那个要买毓蒙铁工厂的人，见此情景，吓得站起来拔腿就走。

最后，温州铁厂的股份当然没有卖成，李毓蒙真的怕汤夫人与他拼老命，以后再也没有要卖股份的举动。同时，亲朋好友也都反对，认为他此举实在太离谱了，因为当时李毓蒙在该厂的股份仅剩十四分之四了。就算卖了，学校又能维持多久呢?!

李毓蒙确实已到了山穷水尽的地步，他怀着沉重的心情，只身来到温州西郊，找到了热衷公益事业的老朋友余毅夫，向他求救。早在1936年，经营木材运销业务的余毅夫创办了广茂锯木厂（新中国成立后改为温州木材厂），因厂内所用的带锯机、发动机等都是温州毓蒙铁工厂承制的，因此结识了铁厂老板李毓蒙，并成为投缘默契的知己。

抗战胜利不久，在生意场上游刃有余的余毅夫刚刚从上海回到故乡温州，李毓蒙就找上家门来了："毅夫，我在瑞安东山所办的'私立毓蒙工业职业中学'，因我设在各地的弹棉机分厂均遭到敌人破坏，办学经费的来源统统断绝，我连家里的粮食都拿出来了，实在办不下去

▲ 原毓工第六届部分同学在西湖合影

▲ 毓工第六届六位参军同学合影

▲ 1944年5月22日，瑞安毓蒙工校江虹级全体同学合影（前排左七为李毓蒙）

了。”李毓蒙知道他在抗战期间曾创办过广化、广济两所小学，于是又对他说：“如果就此停办，200余学生将中途辍学，实在对不起他们，还是请你继续办下去吧?”

余毅夫感到有些为难，虽说日本人被赶走了，但目前温州市面萧条，百废待兴，毕竟接手一所学校不是小事，便迟疑不决地回答道：“你办的学校设在瑞安东山，叫我有什么办法?”李毓蒙一急，当下果断地说：“那就把它搬到温州来!”

余毅夫对李毓蒙的办学热情及所处的困境深表同情，知悉毓蒙出身贫寒，为了研制弹棉机不惜卖田毁屋，历时八载始获成功，取得专利后虽遍设工厂，却将专利费及红利收入创办“私立毓蒙小学”“私立毓蒙工业职业中学”各一所。这种热心培育人才、造福社会的精神，使他深受感动，遂答应将该校从瑞安东山迁至温州西门太平寺继续开办。太平寺原为温州四大名刹之一，殿宇巍峨宽敞，每逢农历正月初八，香客盈门，途为之塞。但在抗日战争期间，该寺为国民党第三十三师师部所驻扎，战乱中频遭破坏，寺僧甚感不安；同时，寺内方丈室修建尚未竣工，寺僧提出以修葺完毕作为交换条件。对于这些，余毅夫一一应诺办妥。

1945年冬，“私立毓蒙工业职业学校”迁至太平寺。当时改装了寺内大殿、两廊以及边屋，作为教室和学生宿舍，并设有学生实习工场，所用木材由余毅夫捐助。余毅夫还偕同该校代校长何养和，动员温州各界知名人士为校董，组成新校董会。每位校董出资5000元，作为办学的常年经费。受聘为校董的有专员张宝琛以及工商界人士杨雨农、吴百亨、张一鸣、王纯候、翁来科、叶仲文、戴寿田、戴绶先、戴克生、林懋勤、宋津梁、王小桐、李鸿文、杨叔陶、邵守义、陈卓生、张延令、叶乃庚、陈燊、柯逢春、项荫轩、林普银、王鸿舟、何养和、李毓蒙和余毅夫等20余人。1946年春正式开学，学生200余

▲ 温属六县联立工业职业学校春季三年级毕业同学合影

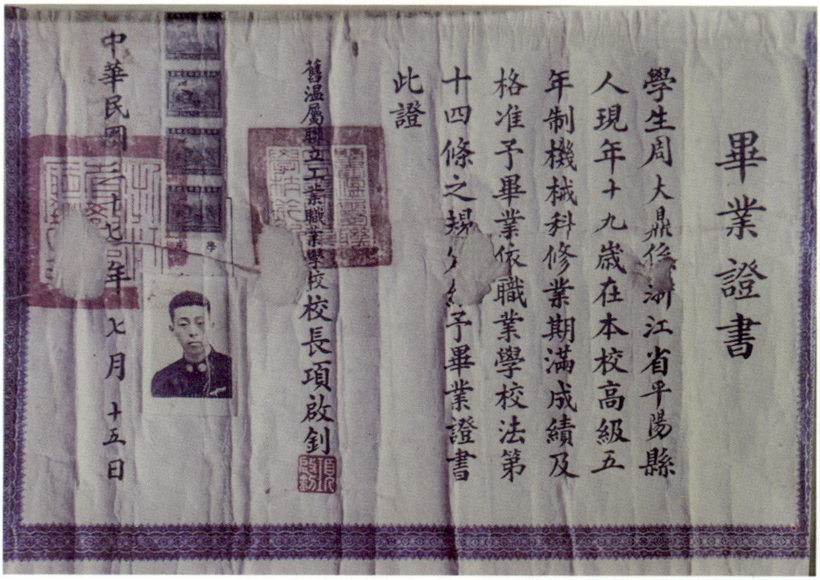

畢業證書

學生周大鼎係浙江省平陽縣人現年十九歲在本校高級五年制機械科修業期滿成績及格准予畢業依職業學校法第十四條之規定給予畢業證書

此證

舊溫屬聯立工業職業學校 校長項啟鈞

中華民國三十七年七月十五日

▲ 旧温属联立工业职业学校毕业证书

▲ 杭州化工学校旧址

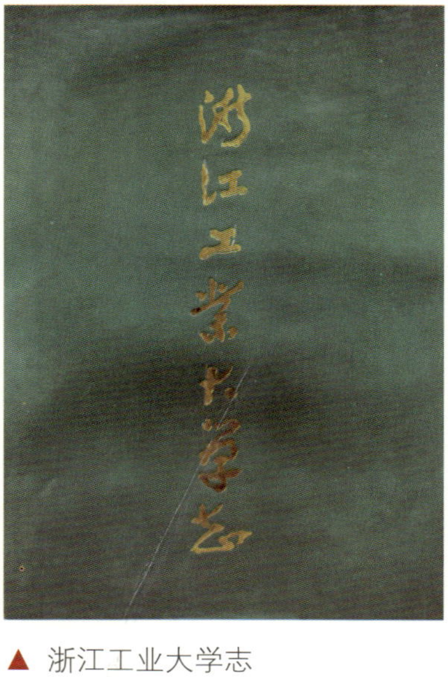

▲ 浙江工业大学志

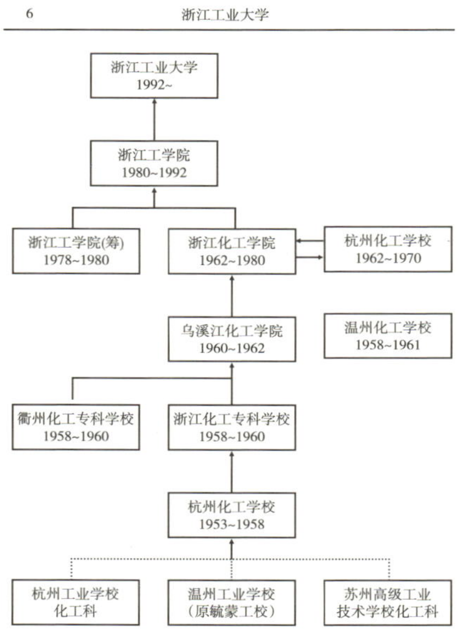

浙江工业大学历史沿革

人，共四个班级。同年冬，余毅夫因赴台湾经营鼎泰轮船木材公司台湾分公司，遂又离开了温州。

翌年，恰逢李毓蒙赴台湾游览。他告诉余毅夫说，学校已不再是私人出钱办了，今后常年经费全由政府负担，学校已改名为“旧温属联立工业职业学校”。李毓蒙平生清贫，从不敛财却热心办学，他离台时，竟然连旅费都不够，后来还是余毅夫送他飞机票一张、新台币百元，才能返回上海。

正由于余毅夫的出手相救，才使毓蒙工校得以绝处逢生。在学校迁至温州西郊太平寺不久，校名便改称“旧温属六县联立工业学校”，校长由何养和担任，李毓蒙仍为名誉校长。1947年，学校又改称“浙江省立温州高级工业学校”（简称温州高工，或温州工校），校长由国民党专员余森文兼任。1948年，聘项启中为校长。温州解放后，该校由人民政府接办，市军管会派胡显钦担任校长。1954年8月，温州工校迁杭，合并于杭州化学工业学校，即今之规模宏大的浙江工业大学之前身。

李毓蒙还是温州工业职业教育的先驱，毓蒙工校从1942年开办到解放时止，培养了数以千计的机械工业技术人才，真是桃李满天下，他们分布在全国各地，都成了工业战线上的技术人才，为祖国的社会主义建设做出了重要的贡献。作为热心教育的楷模，李毓蒙的远见卓识与艰苦办学、造福社会的精神，永远值得纪念。

温州小南门荷花大厦，一幢稍有些年头的高层公寓，我们乘坐电梯登上11楼，穿过一条长长的走廊，开门的是一位鹤发童颜、精神矍铄的老者，他热情地把我们迎进了不大却整洁的客厅。为了深入挖掘李毓蒙与“温州高级工业职业学校”的有关史料，2020年7月14日上午，我们特地赴温州拜访97岁高龄的胡显钦先生。胡老耳聪目明，非常健谈，从国家大事谈到离休后的晚年生活，在言表中流露出满满的幸福感，他说："只有关心国家大事才不会与社会脱节，离休至今保持着每天看新闻的习惯，有时写写书法，平时热心社会公益活动，还有喜欢与京剧爱好者在公园活动室唱京剧，还能使用现代化设备查找资料。"

通过访谈，我们还了解到耄耋之年的胡老使用起微信、QQ、电子邮箱这些现代通信手段依然得心应手，用电脑查资料也是样样精通。他出生于1924年11月16日，曾在瑞安中学读初中，1945年至1949年就读于天津北洋大学工学院土木系。因参加学生运动，毕业前期遭国民政府天津警备司令部以匪谍嫌疑通缉，潜返温州后，由于国统区通信闭塞，通缉令未传至温州，被聘到温高工做兼职老师。1948年底帮助温州地下党进行社会粮食情况调研，依靠前期调查获得的资料，共筹到20多斤。温州解放后成立市民食委员会，担任总干事，后担任中

▲ 两位作者拜访胡显钦（中）

共浙南支前会军粮组长并为市民提供粮食，支援军粮。1949年至1952年担任温州高工校长，任职期间温高开始崭新的转机，从机械、土木专科，增设化工科。为温高工的财力、生源、师资力量，硬件设施排在温州前茅创建坚实的基础，为建设生产战线输送一大批中等专业人才。1959年5月正式加入中国共产党，后历任温州市建委副主任、副市长和市人大常委会副主任及党组成员。在交流过程中，这位老前辈深情地回忆了自己担任“温州高级工业职业学校”校长的往事，畅谈那段年轻的激情岁月。

胡显钦先生回忆，“温州高级工业职业学校”的前身系私立毓蒙工业职业中学，1942年由瑞安机械工业前辈、著名企业家李毓蒙先生创办，初设瑞安东山。毓蒙先生创业艰辛，为培养家乡中级建设技术人才作出了重大贡献。抗日战争期间，学校处境困难，1945年在余毅夫先生大力支持下搬迁到温州西郊太平寺，学校在机械科基础上增设土木科，学生有200余人，毓蒙先生仍然以铁工厂财力、物力支持办学。1946年到1947年间，由专属温属六县联合办学为主，改名为旧温属联立工业职业学校，专员余森文（解放后任省建设厅副厅长）兼任校长。1948年7月改为省立，校址在翠微山下担水山宫，项启钊先生为校长。

胡显钦因在北洋大学参加学生运动，到1948年底受天津警备司令部通缉而被迫离校潜返温州，在中共地下党同志的领导下，担负温州粮秣工作，巧遇北洋校友陈超元同学介绍，加上项校长又系他中学老师，就受聘温工兼职教师，1949年春第一学期担任数学、应用力学、材料学暨水力学课程。1949年5月7日温州市解放，胡显钦在浙南前线支前会任军粮组长，8月26日接温州军事管制委员会令，浙江省人民政府电委他为“浙江省立温州高级工业职业学校”校长，黄震欧为教导主任，并成立临时校务委员会，由校长、教导、总务、工场、体

▲ 毓蒙工校解放后改名为温州工业学校，校址迁往九山河畔的籀园内

育等主任教师及学生代表组成，负责处理开课前各项工作以及准备改革意见，同时接管了九山湖畔的私立浙南中学校舍为温州高工校舍。

温州解放后，为适应新形势的发展，人民群众欢欣鼓舞，百业待兴，社会更需要大批科技人才，温州高工适逢其时，尤其是省人民政府为统一培养工业技术人才，确定由工业厅和教育厅双重领导，并以杭宁温三个高攻（工）为基础设立浙江工业干部学校，一边筹备，一边在原有基础扩充。在行政方面，经费由工业厅拨补，机械、化工、土木三科的实验设备仿照大专规格加以配置。机械工厂车刨床、机电齐全，土木、化工科能达到分组实习和实验。尤其学校聘请师资大部分来自因解放战争而暂时返温且愿为家乡教育作贡献的科技专家和大专教师。学生助学金待遇，省厅一再调整按甲等60%计算，再按若干级分配，使绝大部分学生都享受助学金。由于以上优势，学校每个新学期一开始，温州地区报考的新生大部分将温州高工作为第一志愿，因而录取分数线均居全市前茅。

正由于温州高工师资雄厚，设备精良，录取新生素质较高，基础较好，学校领导班子配备强而且精诚团结，并以提高教育质量为中心，一心一意将温州高工办好，以适应新形势发展需要，1949年到1952年近三年培养的学生毕业后全部分配到建设单位，发挥了“学以致用”的效果，并经一段时间工作和生产实践锻炼，有的再进大学深造，大部分毕业生均成为国家建设的骨干、中高级专业技术优秀人才。

第十三章 燃灯者

秋阳杲杲，修葺一新的孙诒让故居好像一个儒雅从容的长者，静静地审视着世间的风云变幻。徜徉在天朗气清的潘岱砚下村，映入眼帘的是翘檐灰瓦、精雕古窗，遒劲的“太史第”三字雕于门框之上。我们从大门前的轿厅进入这座百年老宅，一条丁字形的主道延伸到中轴线上，有一种豁然开朗的感觉。进入门台，第二进的九间主屋、三间东厢房、三间西厢房及隔火墙都已修缮如旧，看上去沧桑而错落有致，仿佛在诉说着尘封的幽幽历史。

其实，这座“大屋”与我也有着特殊的剪不断的缘分，半个世纪以来，我曾目睹了她的变迁过程。解放初土地改革时期，作为革命胜利的果实，这座规模颇大的孙宅分给砚下村9户贫下中农居住，我的外公外婆就住在西厢边轩间。我的外公孙成进是温州冶金厂工人，学历不高，但酷爱读书，经常手不释卷，尤其喜欢阅读《三国演义》《水浒传》等古代白话小说和文史通俗故事，并且口才不错，颇会讲故事。小时候，我的寒暑假基本上都是在外公外婆家度过，这座破旧而

▲ 潘岱砚下村孙诒让故居“太史第”

有点阴森的“地主屋”，留下了我们这些“童子佬”许多美好的旧梦和足迹，而外公那些古老的故事传说也种下了我最初的文学萌芽。

乡村的夏夜，晚风习习，因为大屋有一个大道坦，各家各户都搬出了竹床板，在星光和夜气之中享受乘凉的时光。我喜欢挨着外公，听这位健谈的退休老人讲故事，情节曲折有趣，十分生动，他还喜欢给我们讲述往事和自己的人生经历，在外公讲述的众多故事里，经常会提到一个人的名字：李毓蒙。至今，我还记得外公说过自己是个乡下穷孩子，少年就当了木工学徒，后来追随李毓蒙几十年，是温州小南门毓蒙铁工厂最早的工人之一，解放前一直在这里上班，直到解放后铁厂公私合营，并在杨府山的温州冶金厂退了休。

这次为了写作李毓蒙的人物传记，我特地联系了也是从温州冶金厂退休、远在荷兰养老的二舅舅孙经钰，和仍住在砚下老家的小舅舅孙经达，从他们记忆的口袋里，淘宝似地了解到外公的一些经历与旧事。我外公孙成进生于1912年，1988年去世，享年76岁，那年我刚好大学毕业。根据舅舅们的叙述，外公10多岁就开始在农村学木匠活，学会了圆木、方木，但不会做大木（起屋），经人介绍，不到20岁就进入温州小南门米筛巷半间殿的毓蒙铁工厂做工，他去的时候，厂里还只有六七个工人。老板李毓蒙亲力亲为，手把手教他模型如何设计，如何画出图纸等，由于后生勤奋好学，没几年时间就从“徒弟”变成了“老司头”。在李毓蒙的精心指导下，他专做模型，日思夜想，开动脑筋，设计、改进、制作了弹棉机的外木箱。解放后他还作为技术工人参加了打稻机设计小组，试制成功的样机曾在温州地区农业展览会上展销。

在我外公的口中，多次听他说过毓蒙是他的“贵人”。人生如同波浪，在旅途中总会身不由己地被抛于幽暗的深谷，无助、恐惧、绝望会袭上心头，此时此刻，人们便渴望有一盏明灯指引自己走出黑暗。

李毓蒙便是这样的“燃灯者”，他用智慧之光照亮了前方道路，成为我外公人生道路上最好的导师。如果没有李毓蒙的提携与培养，就不会有我外公后来的“出息”，能从乡下的小木匠到温州城里当了一辈子旱涝保收的工人。虽然他们两个人已过世多年，都成了远行人，但今天由我来撰写这本李毓蒙传记，也算是一种延续下来的缘分吧。

“燃灯者”一词取自禅宗经典书籍《五灯会元》中的“是知灯者，破愚暗以明新道”之句，意思是说，像灯一样能指明别人方向和照亮黑暗道路的人。我们之所以称李毓蒙为“燃灯者”，是因为他用燃灯之火，温暖着家乡的父老乡亲，带出了众多的徒子徒孙。他从手工纺织业着手研究，进而对机械内燃机、化学工业等方面进行探索，并组织学徒们一起艰苦创业于国家贫困和患难之中，先后在浙江、上海、湖北、四川、湖南等地办了10多家铁工厂，10多家锯木厂，20多家碾米厂和50多家弹棉机厂。事业有了很大发展，他本人则不留一分家产、半点积蓄，一生都处在贫困潦倒的窘境之中，但他不以贫苦为忧，常以打油诗自嘲：“我毓蒙天天睡地板，招牌半国晓！”

雁过留声，人过留名。李毓蒙之所以名气大影响大，与一般老板不同，一个重要的原因在于办学，培养出了大批学生，不仅传承其衣钵，还弘扬了他的创业精神。他就像一块煤，生命即燃烧，如果没有蕴含炽热的能量，在物资极度匮乏的社会条件下，在生命随时受到威胁的战争环境下，很难想象还有心有力独办两所学校。如果没有乐观、进取和不屈的精神，学校一天也维持不下去，他也就不会有无穷的热情和创造力，他峣峣的理想之树就会被一阵风折断。

1943年，年轻的孟达遵父嘱“走工业救国道路”，从平阳的浙南中学转学到瑞安东山“毓蒙工业职业学校”读书。这里依山傍水，景色宜人，学校坐落在飞云江通往海口的边上，是一幢单独的楼房，旁边还有一个工厂，工人们整日在制作着名誉校长李毓蒙发明的弹花机。

在课余时间，孟达喜欢转悠到工厂里去参观，看一看李校长发明的弹花机。当时工业很落后，他曾经在乡下看过弹棉花，工人师傅还是手拿木锤，背上背着一张大弯弓，使劲地用木锤敲打着弯弓上的牛筋绳，在“当当当”的“乐曲”声中，一床棉被不知要付出工人们多少的血汗。可是李毓蒙发明的弹花机，人一踩踏板，机轮飞转，洁白的棉花就簌簌地出来了，比起人工弹花真的快得多。李毓蒙在当地很有名气，不但在瑞安有他创办的学校和工厂，而且在温州城里还有他创办的铁工厂，甚至在外省别的地方也有很多以他的名义创办的工厂和企业。在刚入学的孟达的想象里，他该是一个很有学问的大人物吧！

当孟达把自己的这个想法对刚刚认识的工人们一说，师傅们就扑哧一声笑了，摇着头说：“你想不到吧，你们的校长还是当裁缝出身的呢！”工人们的话使孟达大吃一惊，他也摇晃着脑袋说：“这不可能，这不可能吧！”

一位工人师傅信心十足地对他说：“事实总归是事实吧！毓蒙先生自信心很强，他想干的事，千方百计去完成；你要改变他的主意，三头老牛也拉不回来。就说发明弹棉机吧，便是在极端困难的条件下，花了八年的工夫，几经挫折才完成的。”他接着说；“李毓蒙先生就是我们工人中的一员，这说明了我们工人兄弟是有智慧，有力量的！”

青年孟达是抱着“工业救国”的决心来学工的，心里很想看一看名闻遐迩的发明家李毓蒙到底长的是什么模样？虽说他是工校的名誉校长，可是很少来学校，听工友们说，他平时都在温州的铁工厂里，与工人们一起生活、工作，始终没有离开工人行列。

终于等到了一个星期一“朝会”，工校教导处请名誉校长李毓蒙来给同学们“训话”，这下孟达心里可乐开了花啦！当同学们在礼堂里集合时，他特地跑到前排去，要仔细瞅瞅这个大人物，应该是西装笔挺的吧？可是，登台讲话的却是一个穿着破旧长衫的老头儿，中等身材，脸色红中带紫，头发秃顶，笑容可掬，鞋子也很破，没有半点儿“官”气。他开口第一句就是：“我是做裁缝出身的！”

李毓蒙先生面庞慈祥，说话时习惯地捻着四寸来长的山羊胡须，给人一种亲近的感觉。他对同学们说话也很随便，用自己的经历勉励大家好好学习，将来好好为国家出力，不要受外国人的欺压。最后，他还意味深长地说：“我们出钱办这所学校，不是希望你们将来出去当大官，欺压老百姓。我要你们成为国家有用之才，振兴我们中华民族，把日本人赶出中国去，建立我们富强的国家！”

这时，台下有同学拉拉孟达的衣袖说：“李校长身上的衣服穿得很破，家里的房子也很小、很旧，听说他把自己五十寿辰收到的钱都用在开办我们学校了。我们要对得起他，好好按他指引的方向去做！”

这次讲话不久，私立毓蒙工业职业学校迁到了温州，改名为“旧温属六县联立工业学校”，李毓蒙依旧是名誉校长。又过了一年，这所学校改名为“浙江省立温州高级工业学校”，分设高级机械科、高级建筑科两个学系，由当时的浙江省第八行政区专员兼保安令司余森文兼任校长。学校扩大了，又是国民党的政客来办校，李毓蒙从此不到学校来了。但孟达的心中还经常惦念着他，有时还到温州毓蒙铁工厂去找他，看一看这位心中十分敬佩的发明家。可能李毓蒙还不知道，这时孟达已经是光荣的中国共产党员，而且还被中共永嘉县委书记曾绍文任命为这所学校的第一任党支部书记，正在从事地下工作呢！

可能李毓蒙对孟达在温州学生“反饥饿，反内战”中的积极表现与行动有所耳闻吧，当再次在毓蒙铁工厂里见到这位来访的后生时，李毓蒙不禁把他上下打量了一番，惊喜而亲切地注视着他的眼睛说：“你做得对，干什么事不能靠别人恩赐，要自己努力办，要自己去争取！”

孟达回答道：“我们学生是要求学习的，可是国民党却不让我们安心求学；工人是要做工吃饭的，可是国民党打起内战，工厂到处关门，工人失业，你说怎样能活下去啊！”最后，他斩钉截铁地说：“我不同意内战，我们要的是一个自由、民主、富强的新中国！”

李毓蒙听了他的话，点着头说：“你做得对。但是，国民党什么事都干得出来，你要小心行事才对！”看起来，这个企业家还很有爱国心，对共产党的事业是深表同情的。

1947年冬天，孟达奉命到革命根据地去。县委书记曾绍文一见他的面，劈头一句就是：“李毓蒙先生帮了你的大忙啦！不然，你要出乱子啦！”

经曾书记这一提醒，有一个深深埋在孟达心中的疑团顿时解开了。原来，在这年的10月，正是刘邓大军东渡黄河，挺进大别山的时候，地下党县委派人通知孟达，要扩大宣传这个大好形势。于是，他所在的地下支部在温州市内散发传单，并编印《新民主》油印特刊在市内散发。温州高工校长、浙江省第八行政区专员兼保安司令余森文注意到此事后，随即派国民党中校汪彪到学校任教官，实质上是“坐探”监视地下党的活动。地下党支部经过研究，决定把汪彪赶出学校，方法是揭露他的私人生活，说明这人不配当工校的教官。为此，由孟达出面发动进步同学，广泛收集汪彪的材料，一夜之间，他们在大型墙报《新闻报》上登出了汪彪的丑行，激起了同学们的愤怒，纷纷要求“驱逐汪彪出校”！这事一直闹到专员公署，余森文出面说情，同学们还是不让。就在这时，同学中出了叛徒，告发这事是以孟达为首组织的。为此，敌人打算杀一儆百，首先拿孟达来开刀，要派兵来逮捕他。但正当地下党通知孟达“赶快转移”时，突然又来了一个通知：“原地不动，平安无事！”这确实是一个疑团。

这时，曾绍文书记激动地对孟达说：“地下党通过李毓蒙先生去做工作，他拍着胸脯对余森文说：‘这个学生是个好学生，我敢担保，别的都是谣言！’余森文看在李毓蒙先生的面子上，这事才压下去了！”

▲ 李毓蒙所办的工厂、学校常常成为革命者的秘密联络点

从这件事看起来，李毓蒙先生还为中共地下党及温州的解放事业立了一功哩！他不但是孟达的启蒙老师，还是同情、支持党的事业的爱国者。到了1949年4月，当百万雄师横渡大江，直下京沪杭时，孟达参加了野战部队，转战南北。朝鲜战争爆发后，又赴朝参战，在朝鲜待了六个多年头。他在戎马生活中度过了大半生，之后又长期在祖国的东北地区工作，担任了地方领导职务。

化作春泥更护花，是“燃灯者”的追求。有了奉献的力量，逐梦路上的灯盏就能散发永恒的光亮，毓蒙工厂和学校培养出的机械制造人才数以千计，在温州的机械界说起李毓蒙，不少人会肃然起敬，称之为“老师公”。解放初期，瑞安为温州冶金机械厂、杭州制氧机厂等一批国有企业输送了大批机械技师，他们以精湛的技艺和务实的作风成为这些企业的优秀骨干，他们以毓蒙的弟子、以来自瑞安而享受荣耀。这些同学自从离开母校，都几十年时间过去了，还是满满的怀念。

陈润斌是1945年秋天从瑞安中学高中一年级转考入毓蒙工校（温工）的。他在瑞中读初中时曾享受公费待遇，升入高中后，因抗战胜利后国家经济处于崩溃状态，教育经费越来越少，致使学校决定取消所有公费生的公费待遇，改为享受免费待遇。由于他家很穷，享受公费待遇每月可以免费领取学米45斤，公费名额取消后立即处于失学险境。是李毓蒙先生创办的毓蒙工校帮助了他，录取他为公费生能够继续读书。陈润斌在工校学习期间，既学了语文、英语等基础课程，又学了机械制图、材料力学、内燃机原理、高等数学等有关学科，为后来进一步深造奠定了坚实的基础。1948年毕业以后，他曾在杭州制氧机厂的前身浙江省铁工厂、杭州通用机器厂工作过；1955年至1956年，他在大连工业俄语专科学校学习俄语，后赴苏联学习深造。回国以后，他在国家14项重点工程之一的兰州石油化工机器厂工作，1975年转入浙江炼油厂（镇海石化），后来担任镇海石油化工总厂总工程师，成为技术方面的权威。

1945年8月，锣鼓喧天，鞭炮齐鸣，抗战胜利了，大多青年都想重新报考正规的中学深造，为自己的前途寻找出路。丁积飞受到李毓蒙先生发明弹棉机的影响与启发，毅然报考了毓蒙工校。入学后，他们吃的是青菜淡饭，住的是破庙陋室，数间简易教室，一片草场就算是学校了。为了学校的经费，李毓蒙不辞千辛万苦，四处奔走，并自己无私解囊甚至举债来保证学校的开支。当时师资奇缺，只要有老师来上课，同学们就高兴得不得了，每人在晚上还手提菜油灯，自己找地方去自学，如饥似渴地学习有用的知识。1950年初，丁积飞受聘到祖国的东北参加工作，由于在毓蒙工校学到了一些机械学方面的知识，在解放后社会主义建设中就显得十分宝贵，都派上了用场，他的工作业绩获得了当时辽西省的表彰和鼓励。后来，他调任化工部湘东化工机械厂，被化工部和湖南省政府任命为技术厂长兼总工程师，先后组织研制了化工机械新产品及重大引进装置设备数十种，荣获化工部科技进步奖二等奖，在化工机械制造领域作出了不少创造性的贡献。

李毓蒙热衷于科研与教育事业，终日沉浸在他的创造发明和培养人才之中，不屈于权势，不投机取巧，就是靠自己的艰苦工作和刻苦钻研，创造出了人间奇迹。40年代初，浙江省主席黄绍竑视察温州时拟召见李毓蒙，以作鼓励和恩赐之意，但李毓蒙在接到通知后，却避而不见，这引起了当局权贵们的不满，并警告他“要珍惜抬举，否则要负后果责任的”。李毓蒙淡然地回应道：“科研和政治是两码事，我去拜访他是慕势，他来看我是敬贤，慕势不如敬贤好！”从这句话可以看出他高尚的人品。

作为著名抗日爱国将领，黄绍竑与李毓蒙这位名闻全国的发明家、实业家可谓惺惺相惜。他主浙八年，英勇善战，谋略过人，从政则注重文化科学及地方建设，目光远大。在抗日战火中，仍十分重视教育事业的发展，提出了“战时教育第二，平时教育第一”的教育方针，并创办了浙江英士大学。对科学方面设立奖学金，他自己也亲自搞科学发明以带动全省。1945年，黄绍竑写了一本自传叫《五十回忆》，在书中专门谈到李毓蒙：“李毓蒙是毓蒙铁工厂的老板，毓蒙铁工厂，就以他的名字来纪念他的事业。他是一个富于铁工经验而又肯研究的人。他由机工出身，而到达现在的地位，这成就绝不是偶然的。他这铁工厂规模虽不算很大，但是历史很长久，各地分厂很多。所出的毓蒙弹花

▲ 抗战时期的黄绍竑

机，发明很早，已成为民间普遍使用的机器。他现已老了，但是他的精神并不老！他在瑞安的家乡，办了一所毓蒙职业学校。有机器的工场，引擎不断地转着，学生就是工人，先生就是工头。他想把这所学校当作他永久的替身。唯有未曾受过完全教育的人，更加知道教育的可贵，而热心提倡教育。好多人知道毓蒙工厂，而不知道厂主李毓蒙是一个勤恳而诚实的晚年人！”

一般来说，有钱总与有势连在一起，资本家总是与官家相通，可李毓蒙从不去巴结官员，对达官显贵不趋炎附势。对于穷苦的贫民和需要帮扶的人，他却常常倾囊相助，伸出温暖的援手救人于困顿之中。

1938年，纷飞的战火向江南一带蔓延，风声鹤唳，人心惶惶，温州各织布厂生意萧条，布机搬迁，工人遣散，家住温州西郊双屿的纺织工人林宗祥也随之失业。为了谋生，他不得不卖掉家中唯一值钱的东西——仔猪，得了十几元钱作为路费，孤身一人跑到云和县谋生。他得知办在那里的省立织布厂尚缺工人，就前去要求做工，却被拒绝，虽苦苦哀求还是徒劳。身处异乡，举目无亲，这般颠沛流离真是苦不堪言。后来，他又辗转来到丽水，其时省手工业指导所正需求熟练的纺织工人，因技能对口，不由喜出望外，当他前去联系时，却因无介绍人推荐又无店铺担保而拒不录用。在心灰意冷、异常痛苦之际，林宗祥听说李毓蒙在这里办铁工厂，久闻他是一个古道热肠、助人为乐的好人，就抱着试试看的心情去找李先生求援，他到铁工厂去了五六次，因为李毓蒙工作很忙而一次都没有碰到。

出乎意料的是，当李毓蒙听闻林宗祥多次找自己而未遇，便在一天早晨亲自找上门来，虽与林宗祥素不相识，两人却一见如故。当李毓蒙听完这个温州老乡的诉说后，随即带他去了省手工业指导所，不仅做他的介绍人极力推荐，而且还替他找了一个丽水最大的棉花店“李德记”作铺保。第二天，林宗祥就被该所录用，当了纺织工人训练班的技术指导员。之后，李毓蒙还经常来看这位小老乡，热情地帮助他解决生活中所遇到的种种困难，使一个失业工人终于绝处逢生，枯木逢春。

林宗祥所在的省手工业指导所设置有七七脚踏圆筒式纺织机，因整机构造不够完善，生产出来的棉纱松散易断，只可作纬不能作经。抗战时期老百姓连棉纱都买不到，这就让问题变得十分紧迫，指导所曾多次研究对纺织机进行改进，但均未成功。林宗祥便向李毓蒙虚心讨教，专门与他谈了这个问题。于是，李毓蒙就把这项与人民生活息息相关的工作放在心上，不顾自己业务纷繁，在百忙中挤出时间，思考如何改善纺织机的功能。那年春节，林宗祥到李毓蒙家里拜年，那天正是下雪之后寒气逼人的天气，当他踏进李先生寓所，就看见李毓蒙一个人待着，正在把融化了的雪水与泥巴捏一个机件模型，这种不怕艰苦的忘我劳动以及在技术上精益求精的精神确实令人五体投地。不知花了多少个不眠之夜和心血，李毓蒙终于成功地试制出七七纺纱机的附加件，使该机纺出的棉纱韧度加强，能使经纬两用皆宜。这项研制成果，对于提高手纺棉质量及便利民生起了重要的作用。

1941年的一天，林宗祥与李毓蒙正在丽水南岸水阁乡附近散步，心情轻松而舒畅，突然迎面有一个妇人扶棺痛哭，其状异常惨切。李毓蒙当下停住了脚步，神情肃然地对林宗祥说，这妇人死了亲人太惨苦了。说罢，他走近了那位悲伤的妇人，以好言安慰，并把自己衣兜里仅有的三四十元钱全部施舍给她。林宗祥与李毓蒙相处多年，了解李先生自己及家庭成员平时的生活是非常俭朴的，而对有难之人总是那样慷慨大方，这种舍己为人的品行，在旧社会实不多见。因此，在林宗祥的心目中，李毓蒙不仅是他一个人的恩人，而且是造福社会的大贤。

作为与吴百亨并驾齐驱的温州近代著名实业家，李毓蒙具有强烈的家国情怀，除了振兴民族工业，还潜心创造发明，热心教育事业。他出身贫苦，少年时代饱受生活的磨难，淋过雨的人，也要给他人递把伞，这便是他兴办教育的宗旨。李毓蒙办厂一生，仍旧清贫，平素布衣蔬食，人有困难则出手相帮，而生平自奉之俭，则非常人所能想象。当时在毓蒙工校的同学中就流传着关于“短袜”的故事。据传，李先生连袜底穿破了也舍不得丢掉，就拉掉了一截，当作短袜来穿。有一次，好几个上头的官员来工校视察，同学们真的见到李校长穿的袜子长又不长、短又不短，不伦不类，令人捧腹，而大名鼎鼎的李老板竟然穿着这样的破袜子，又令大家心酸不已。

1944年至1946年，平阳青年余良才在毓蒙工校（温工）高级机械科读书，在这两年半的时间里，与李毓蒙先生关系十分密切，亲如父子。

除了全力培养和造就机械工业人才，李毓蒙还曾在农副渔业方面作过周密规划，试办实验农场，企盼振兴凋敝的农村经济，使农民走上富裕之路。在余良才的家乡平阳县万全滨海乡荷花村，地势低洼，十旱十涝，大家叫该村为“河泽荡”。李毓蒙深深同情那里的农民兄弟，经过深思熟虑，毅然购买了约100亩“单插田”。1944年冬的一天，他把改造低产田、开展立体农业的构想告诉了余良才：把最低的田挖成荡，填高一部分田的地势，荡里种莲藕等作物，水里养鱼，水间养禽，荡岸边种果树，这样就可大大增加经济收入。

日军侵占温州掳掠一通撤退后，东瓯大地民不聊生，毓蒙工校陷入困境。李毓蒙为了维持工校和工厂的正常运转，1944年春只身来到余良才家，说自己向酱园老板黄丕吉借钱，亲自写了借据，还将荷花村的田契作抵押。余良才问为什么？他说理数如此，做人不能无信。其实，黄丕吉老板很尊重他，许诺了借钱，还宰了一只大公鸡来款待他。此行的结果是钱，总算借到了；学校，也能如期开学了。可是，李毓蒙另一个理想中的事业却消逝了。当时，他恐怕也没有意识到，将永远无法赎回这个田契。

李毓蒙孜孜追求于事业，唯一的目的在于奉献，一直保持劳动者本色，过着十分简朴的生活。他几次来到余良才家，看到他家屋后有一片空闲地，就默默记在心里。1946年春天的一个下午，他冒雨来了，一身布衣全是泥水，顾不得休息，就拉着余良才到了后园，说要帮他种蓖麻籽。抗日战争前后工业用油、航空用油奇缺，李毓蒙感到蓖麻油在工业上用场很广，而种植蓖麻又不需施肥、除草以及修枝管理，并且容易生长繁殖，两三年就可收籽榨油，经济效益很高，应该切实推广种植。除了以自己的实践知识提出建议，并逢人开说外，李毓蒙还将蓖麻籽带在身边，走到哪里，撒到哪里。人家的手杖柄都是龙头虎首，李毓蒙的手杖却是一把小锄头，他马上挥手挖起地来，深情地对余良才说："阿才，地空着可惜，蓖麻籽是工业原料，收入也高。"1948年解放前夕，李毓蒙住在上海的工厂里，余良才也在上海的大学读书，一次去拜望李先生，天晚了，要留余良才吃饭过宿，可他搜遍了斗室也不见一粒米，只得无可奈何地自我解嘲说："阿才，面粉有，那我们就吃'麦鸡'吧！"李毓蒙日夜思念的是事业，却很少去考虑个人生活，其淡泊人生的处世态度可见一斑。

李毓蒙所处的时代，正是人民处于水深火热、革命风起云涌的时代，但战争的阴云、生死的考验，都不曾难倒和吓退他。为了避免国民党反动政府抓壮丁压榨穷苦工农群众，特别在解放战争时期，李毓蒙为家乡瑞安的老百姓办了一件大好事，千方百计设法把贫苦农民和负担过重的主要劳力介绍到各地毓蒙铁工厂学艺做工。据统计先后约有300多人，其中有的参加了革命，有的学手艺成为技术能手，有的成为企业领导人，为祖国的建设和解放事业作出贡献。

功成不必在我，是"燃灯者"的境界。燃灯者，能于黑暗中播撒一片光辉，增添一抹亮色；有着坚如磐石的信念，有着冲破一切困难的勇气。李毓蒙是浙南机械工业的鼻祖，更是中国专利权人的先驱和中国职业教育的拓荒者，作为光辉榜样，生徒们遇到了他，就像遇到一束光在前方，乘着风的翅膀去飞翔，而李毓蒙的为人处世之道，仿佛一盏明灯照耀着他们的人生道路。

1909年出生在上望薛里后村的李树贤，8岁时便失去了父亲，家境贫寒，靠亲戚接济度日。他从小聪明好学，14岁师从李毓蒙学艺，17岁出师成为毓蒙弹棉机厂第一批技术骨干。抗日战争时期，李树贤所在的“毓蒙联华公司”汉阳分厂被迫沿长江西迁，途经长沙、武汉，最后到达重庆。一路上，他吃苦耐劳，关心和照顾工友。在武汉至重庆途中，长江水流湍急，岸上的纤夫拉纤很是艰难危险。突然，两个纤夫脚底打滑被系在身上的绳索拖倒，瞬间滑落至崖边。生死攸关之际，李树贤奋不顾身，第一个冲向悬崖边，拼尽全力抱压住纤夫，大喊：“救人！救人！”在众人的极力援助下，大家合力把滑落在悬崖边的两个纤夫拉了上来，这种义举令纤夫感激涕零。1949年4月28日，一直从事地下党工作的李树贤，正式成为中国共产党的一员。瑞城和平解放的3天前，李树贤等人便到湖岭山底寻找浙南游击队，并随游击队胜利入城。全国解放后，他放弃了私营厂里的高薪工作，投身到新中国刚创办的武汉中南动力厂。后来辗转到浙江工作，浙江通用机器厂、杭州制氧机厂、浙江大学机械厂都留下了李树贤辛勤工作的足迹，1960年被评为“全国社会主义建设先进工作者”，这是极为难得的荣誉。长期以来，他总是认真执着地工作在一线，用自己真挚善良的品性影响和鼓舞着人，以精益求精的技能教育和激励着同行。1993年，李树贤辞世，享年85岁。在他弥留之际，还喃喃地用含糊不清的声音对儿孙们提到李老师，对李毓蒙的恩情念念不忘。因为他的心中始终有一个偶像与标杆：老师李毓蒙！

第十四章

走归走归

生活在严冬里的人们盼望着春天早日来临。蜡梅跟随着风雪而去，春风便闻讯而来，在梅枝上点染出春的喧闹。自然界季节的更替是如此，社会格局的变化也有些类似。1945年9月，日本鬼子宣布无条件投降，中国人民取得抗日战争胜利的喜讯“忽如一夜春风来，千树万树梨花开”。从此，在中国领土上肆虐暴行了十四年的侵略者被逐出国门。

这口气憋了十四年。也就是十四年的苦难、悲愤、忍耐、抗争，全都在为今天积攒着能量。在这十四个年头里，中国牺牲了难以计数的抗日将士和无辜民众，毁坏了不计其数的道路桥梁和良田山川，民族工业被摧毁在萌芽与发展之中。日军的残暴行径给中华儿女带来的灾难，真是罄竹难书。对此，中国人民刻骨铭心，永生难忘。

日本投降的消息传来，人们欣喜若狂，李毓蒙也不例外，当天，他剃去那已留了多年的胡须，满脸的温和和喜悦，并换上了崭新的衣服。他奔走相告，碰到相识的朋友都高兴地拱拱手，像是祝贺胜利，又像是分享胜利的快乐。

晚上，几个温州当地的挚友聚在一起，特地到酒家里点了丰盛的瓯菜，兴高采烈地喝酒庆贺，为这个天大的喜讯开怀畅饮，相谈甚欢。大家酒兴正浓，话长语多，这下子，李毓蒙的“顺口溜”又脱口而出：“日本鬼子真恶逆，侵占国土毁我业，抗战多年终胜利，毓蒙定要再创业！”

巨大的喜悦让他兴奋不已，情不自禁地流出了激动的泪水。抗战终于胜利了，打败日寇，还我河山，大家都打心底里高兴呢。此时的李毓蒙，对前景充满了憧憬与希望。

在狂欢胜利之后，李毓蒙立即行动，首先是设法取回毓蒙铁工厂在抗战初期迁往丽水的诸多设备。1938年秋天，根据浙江省政府指令，温州设立了“搬迁委员会”，限令将重点工厂的主要设备内迁。至年底，城区棉织业所有铁轮机、锯板业半数以上的锯机、动力机，百好厂的引擎、冰床、蒸汽锅炉，普华电厂的120千瓦柴油机等，陆续被拆运至丽水。这实际上是官僚资本对民营工业的乘机并吞，“搬迁”的结果，没有起到保护民族工业的作用，却是对民营工业的一种摧残，当时各界戏称“搬迁委员会”为“搬抢委员会”，并非事出无因。这次“内迁”的结果，是一大批工厂由于迁后无法继续生产，即从此闭歇。而毓蒙铁工厂把主要设备和材料迁移至丽水后，也被强行“官督商营”。当时该厂原有工人100多人，在温州算是规模较大的铁工厂，能制造200匹马力的轮船发动机。上头说是到丽水与浙江省铁工厂合作，但到了那里，却扣下机器，不要工人，以致工厂垮了，只得收集剩下零星的小机器，小规模地做些零活，因货物卖不出，后又截减，仅余25人。温州最有名、历史最久的一个铁工厂，就这样被搞垮了。

李毓蒙与表弟林普银等人满怀希望地赶到了丽水大港头，却一下子僵住身体都傻了眼，只见那原来的兵工厂，如今已是破烂的空舍。无奈之下，几个人只得又去了省城杭州，到了浙江省铁工厂，终于找到了几位曾在丽水兵工厂工作的负责人员，但他们对那些设备后来是如何处置的，也无从知晓。李毓蒙等人还去过浙江省国民党政府的有关机关部门进行了交涉，希望能帮助找回一些设备，但没有一个部门能够对此负起责任。就这样，毓蒙铁工厂的设备消失得无影无踪，无处寻觅。

在找不到铁厂设备的情况下，李毓蒙又去省市各部门请求在经济上给予补偿或接济。可当时的国民党政府，只管接收，不管赔偿，“只进不出”，结果可想而知，令人大失所望！

长达十余年的噩梦结束了，人民苦于战祸久矣，都盼望着从此天下太平，可以在安定的环境下疗伤休养、安居乐业，对政府寄予了热切的希望。可是国民党没能把握住这一时机，没有将心思用在如何顺应民意、如何安慰饱受苦难的百姓身上，而胜利带来了一切——把战士带回田间，把流离失所的人带回故乡，把官运带给汉奸，把失业带到工厂，把财宝带给权势……就是没有把和平、民主带来。就在日本投降后，国民党已蓄意发动内战，蒋介石在峨眉山下令尽快派遣接收部队和接收人员，抢先接管日占区的一切物资，坐收胜利果实，那些接收大员更是浑水摸鱼，大肆搜刮以中饱私囊，使得1945年整个夏秋季节，空气中弥漫的不是果实的香甜，而是糜烂的腐臭。而有些国民党败类，便乘机大发“国难财”，根本无视为抗战付出了一切的广大民众，所以，李毓蒙等人一切合理的请求都被拒之门外。最后，他们垂头丧气，两手空空地回到了家。

对于在重庆、衡阳等地丢失的设备和资产，李毓蒙也曾派人前往调查和处理，结果，同样一无所获。这样，经过十四年战乱，温州毓蒙铁工厂和毓蒙联华公司下属各分厂的资产，损失殆尽，状况惨淡。李毓蒙再一次面临一无所有、白手起家的考验。

于是，李毓蒙毅然将温州毓蒙铁厂交给林普银经营管理，自己决定另谋出路。全面抗战骤起，铁厂内迁之后，林普银仅靠一台从丽水搬回来的机床，凭借他的勤劳能干，经过几年的苦心经营，使温州铁厂的技术水平大大提高，业务量大增，在浙南一带的诸多铁工厂中间仍属佼佼者。

一触即发的内战的矛戟刺破了理想的彩球。形格势禁，人生无常，李毓蒙在托付好温州毓蒙铁工厂的一切事务后，自己便去了上海。这时，他在上海已一无所有，原来的公司被日军炸毁，1937年10月他离开上海时的住所，原来打算在重要事项处理完结后即可回沪，所以当时留下自己的一个幼女和阿姨在此住着，然而，后来因温州至上海的轮船停航，交通被阻隔，李毓蒙及夫人也就无法再回去了，一晃就是八个年头。因为阿姨带着毓蒙的女儿无法在沪久待，小女儿只好送到她的外婆家寄养了。此处住房则因租期早过，已为别人所住。“山重水复疑无路，柳暗花明又一村”，虽然李毓蒙在沪已无立身之地，但他也是“老上海”了，对这地方已是经营多年、熟门熟路，在此也有不少老朋友，所以有的是歇脚之处。

他来到上海，首要的任务是了解周边地区的业务情况，便去了原来“毓蒙联华公司”在沪所设的多处销售网点，因受战乱影响，这些网点已没有了以往的活跃势头。不过，由于多年无人经营，这里的弹棉机和砻谷机损坏后，因无零件修复，报废的已不少，没报废的，也因故障频发，正在勉强使用着呢。看来，在这些地方会有一定的弹棉机和砻谷机销售业务，还肯定会有更多的维修业务，据此，李毓蒙认为从速恢复这里的业务很有必要。

为了发展业务，李毓蒙在上海老北门晏海路物色了一个场所，那是一座简陋的老房子，前面是三开间平房，第二进是木结构的二层楼房。前面的平房适宜作为工场，李毓蒙很想把它租下来，但二房东表示不租，只肯典出，典金需七八条黄金。因为囊中空空，李毓蒙只得先付了定钱。这样，他孤身一人在上海待了一段时间，又回到了温州去筹集典金。

由于战乱，家乡温州也曾几度沦陷，诸多弹棉机从业人员在经济上都十分拮据。虽然抗战胜利了，但内战将起，人们对时局的稳定缺乏信心，大多数人都无意外出经营。因此，李毓蒙虽然进行了广泛的宣传发动，许多生徒和朋友还是不为所动，只有高映波愿意与李毓蒙一起合典上海晏海路的房子，并去该处开展经营活动。

除了典房子的经费外，还要组织一部分货源，于是，李毓蒙联络了几个人，委托生产一批弹棉机和砻谷机，准备运去上海。为此，毓蒙又到处借贷，最后，他出了一个“奇招”，把自己定亲时送给汤夫人的金银首饰都“骗”了过去。

开始时，夫人汤氏死活不肯拿出珍藏多年的定亲首饰，她悲愤地对丈夫说：“我们家如今已是上无片瓦，下无寸土，就留下这点首饰，应该作为生活上的应急之用，你怎么一点也不为自家的后路着想？这是定亲时你给我的，我的东西，你别想拿去！”

大丈夫能屈能伸，为了拿到这些值钱的东西，李毓蒙只得笑嘻嘻地、觍着老脸哄着汤夫人：“这怎么说是我要拿回来呢？不过是借我周转一下，等赚了钱，会加倍还给你的。要不，也可以算你入股，以后按股份分红。这次，我们几个人合股，其他人都已经把钱凑足了，就是我还不够数。我已到处借过钱，但如今有现钱的人不多，实在无处可借了。你看你看，这不才请你帮帮忙的？”

毕竟有着多年的夫妻恩爱与情愫，李毓蒙就这样放下身段施软招，与贤惠的汤夫人磨着嘴皮子，最后总算被他说动了。过了没几天，这些宝贝终于被他拿到手了！

筹够了钱款，李毓蒙便与高映波一起动身，赴上海典下了原先付过定金的房子，并按弹棉机生产和维修的要求进行了装修和布置。为了再次创业，再次开展弹棉机及砻谷机业务，他俩又在上海淮海路、黄陂路口的一家中药店，将其二楼租下，挂起了“毓蒙厂总管理处”的牌子。

为了自己能有个栖身之地，李毓蒙还在那个新工场的第二进，典下一间十来平方米的楼梯间。该房间要在楼梯转盘处进门，进门后，还要往下走几级，房内只有一个窗户，站在窗下，伸出手去可以触摸到另处一幢房子的高墙。这一窗户，仅起了出气孔的作用，采光条件极差，在大晴天，室内也得点灯才能看清东西。

万事俱备，只欠东风。上海方面一切都已准备就绪，只等瑞安及温州的机器运到，便可开业了。

▲ 李毓蒙与汤夫人及儿女合影照（前排为李毓蒙与汤夫人，二排左起李琳娣、李爱英、李安国，1961 年春节期间摄于温州中山公园）

天有不测风云。由于上海与温州之间的轮船尚未开通，他们所购的机器产品，只得托付出海的渔船专运。谁知船至上海黄浦江口，却发生了翻船事故，机器沉的沉、漂的漂，全部损失殆尽。老天爷啊，他的命运，竟如此不济！

雪上加霜的灾难，把李毓蒙压得喘不过气来。他带着万分沉重的心情，情绪低落地再次回到了家乡。

一到家，李毓蒙就哭丧着脸，把翻船的事故告诉了汤夫人。还没等夫人发作，他已跪倒在夫人面前，号啕大哭了起来！也许，他已经预感到这辈子再也没有希望振兴自己所热衷的事业，再也没有能力补偿夫人为自己献出的一切了。

看着年过半百的丈夫那愈发憔悴的面容、日益衰老的身体，听着那种悲恸欲绝的哭泣，汤夫人也泪流满面，使劲地拉他起来，带着哭腔不断地劝说，并以“留得青山在，不怕没柴烧”的道理去安慰他。至于首饰一事，以后就再也没有提起了。

李毓蒙的天性就是穷且益坚，不坠青云之志。他心心念念的还是再次创业，并不甘心就此终结自己的事业，因此这次回家，还想着再组织一批机器运到上海，但由于经济问题未能如愿。

然而，他又是个闲不住的主儿，过了一段时间，真的不想在家闲等，便又返回了上海，并招收了三个工人，在所典的工场里开展弹棉机和砻谷机的维修业务。不久，高映波也自筹资金，组织人员，进行小规模的弹棉机生产和维修，并以“毓蒙棉机厂”为名，在老北门晏海路开展业务。此后，林献春等几个人也陆续来到上海，就在离已开办的“毓蒙棉机厂”不远处的老北门，又创办了三家棉机厂，也称“毓蒙棉机厂”。至于在黄陂路口的“毓蒙厂总管理处”，已形同虚设，不久便被撤销了，因当时经济不景气，业务清淡，无所谓管理不管理。

国家和人民刚从外族蹂躏的铁蹄下挣扎出来，又跌入了内战的深渊里。毓蒙在沪几年，除承接弹棉机的维修业务外，还对砻谷机的金刚砂进行研制，按自制金刚砂改进了砂盘的浇铸技术，还念念不忘试制多锭纺纱机。

由于没有固定的收入，家属无法与他在上海一起生活。他独自一人在沪，因无人照料，生活上十分清苦。亲友们见了都感到于心不忍，常买些衣服、鞋子送给他。可他根本没有意识到自己的"苦"，看到马路边比自己更苦的人多的是，就把衣服都给了那些衣不遮体的人，最后落得自个四季更换的衣服都不齐全了。有一年，当他穿着棉衣，热得没有夹衣替换时，就请一位学徒的妻子帮助自己将棉袍内的棉花取出，改成夹袍来穿。但他整天乐哈哈的，亲戚送给他的新衣服，还是送掉，学徒买给他的新鞋子，在半路上又给了别人。就这样，李毓蒙一直身穿破衣烂衫，脚蹬补丁破鞋，然而，在上海滩与那些西装革履、长袍马褂的"阔老"交往时，他却不觉得自己有多寒酸，心里十分坦然。

岁月也折磨着他。他不是一个普通的人，而是一个内心世界丰富、依然热恋故土和乡亲的老人，剪不断理还乱的还是乡愁。路漫漫，何日归家乡？

新的时代开始了，历史正有声有色地进展着。1949年5月7日，温州和平解放，壮丽的歌声像一阵阵春雷，驱散了冬寒，迎来了春暖，使瓯江畔这座古城的一切，呈现出勃勃的生机。过去，这里还是一片沉闷、窒息与惶惑；现在，却像满天的乌云顿然裂开，一道金色的阳光投向大地，一切都变得那么开朗，那么明丽！

时代的脉搏在激越地跳动，生活的脚步在急速地前行。全国解放以后，国家逐步向合作化迈进，先在农村进行土地改革，引导农民从生产互助组走向合作社，而在工业方面，也从私营联营到公私合营。1952年初，温州的毓蒙铁厂与新蒙、兄弟、新中、其康、良毓、顺照

▲ 李毓蒙送学徒的照片与亲笔赠言

等6家大小厂组成了温州市第二联营铁工厂（简称“二联”），有近100个工人，设在小南门原毓蒙铁厂内。1953年春节后，温州市委任命叶克洛同志为“二联”公方代表兼党支部书记。

进厂后，有一件事使叶克洛感到十分钦佩：无论是与年长的还是年轻的职工提到李毓蒙时，他们都尊称毓蒙为“老师”“老师公”，且个个都说老师如何如何的好、老师公真好！简直是全厂上下，异口同声。其时，李毓蒙本人并不在温州，自抗日战争胜利后他一直奔波于上海，可在他的背后能有那么多人尊敬他、赞扬他，足见其为人非同一般。

这样经过一段时间后，叶克洛书记在“二联”了解到很多技工都是李毓蒙的徒子徒孙，每当大家谈及毓蒙，总是显露出一种崇敬的心态，并且为李毓蒙在沪的境况担忧。一次，叶克洛在听了这些话后，便情不自禁地说道：“毓蒙在上海那么艰难，就叫他回来吧！”有了叶书记这句话，几个学徒就先后去信劝说李毓蒙回温。

故乡虽然远隔千里，仿佛从未远离，走归，仿佛从未离开，只需一声召唤，归来仍是少年！1954年，李毓蒙致函叶克洛书记，要求回温工作，得到同意后，便于下半年回到了温州。后经私方人员选举，一致推举李毓蒙担任“二联”董事长之职。

那天，一位清瘦、朴素、高雅的长者步履轻松地来到叶克洛书记的办公室，并笑着对他说：“叶同志，我来啦！”

叶克洛虽未见过李毓蒙本人，但观其风度，便猜出这人就是毓蒙老师。便迎上去说：“老师公好，欢迎你回来，让我们一起来办好联合起来的铁工厂。”

两人一见如故。叶克洛书记向初来乍到的李毓蒙详细地介绍了厂里的近况，政府对私营工商业的有关方针政策，铁工厂的发展方向等等。由于李毓蒙的谦逊和慈祥，和他交谈没有一丝拘泥，也因他有爱国利民的思想基础，对国家政策理解比较透彻，他认真听着，并不断点头表示赞同。

李毓蒙一再肯定公私合营好，联合起来力量大，加上有政府的支持和关怀，合营厂一定能办好；公私合营是利国利民的大好事，前途无量。最后，李毓蒙满怀深情地表示：重饮故乡水，坚持走公私合营路，他留下来再也不走了。

此次十分投缘的谈话与交心，叶克洛进一步理解了为什么全厂老少职工都说李毓蒙好：他真诚，他平易近人！从此，他俩也成了知心人。

自从李毓蒙返回温州后，在厂里从未提及自己的生活待遇问题，但叶克洛书记见他的穿着如此简朴，常常是一身洁净的旧衣服，便多次问他生活上是否有困难，他都说“很好很好”。为此叶书记也向他的学生们问及，他们都说：“老师的生活问题我们会关心的，请你不必牵挂，至于着装，我们的老师一直如此不讲究。”有其师必有其徒，可见，他们师徒都是很俭朴的人，都不愿意增加国家的负担。

李毓蒙对“二联”的发展前途很关心。有一次，叶克洛书记告诉他：“职工们对搞好联合起来的工厂情绪很高，如林毓根搞电焊技术革新，胡春赖对牛头刨进行技术革新，谢炳柱要改进车床，蔡寿忠和林宝成设计试制打稻机和番薯刨丝机，同时仿造捷克的12匹柴油机等。”李毓蒙听后很高兴，笑着说这些都很好，很好。叶书记又说：“业务不足，设备陈旧，这是先进的社会主义制度和落后的生产力的矛盾。”

他沉思片刻，神色有点严肃：“现在，工厂不能再如以往一样局限于锯板机、碾米机、造纸机械等业务方面，一定要发展新产品、新技术。”

李毓蒙也关心学徒们的进步，他对叶书记说：“我的学徒们也都是贫苦出身，他们过去都很肯干，也很能干，都是苦干出来的。现在若有不足之处，你要给他们指出来。你是代表政府、代表国家利益，我们大家都要为公而多做事，多出力。”

叶克洛点了点头，欣慰地告诉他：“放心，您的学徒都是好样的！他们比我年岁大，办厂经验多，如林普银做车间管理与工艺管理，李琳桂搞行政管理，都很认真负责；李琳桂对开炉也很积极，每次开炉都参加，干得满身大汗。”他听了十分高兴。

后来，国家对私营工商业进行了社会主义改造，并逐步形成高潮，1956年1月，温州市实现了机械行业的全行业公私合营，由第一联营、第三联营和第二联营共同建立了“公私合营温州铁工厂”，李毓蒙就任副董事长职务。

发展机械工业，使劳苦大众过上安定的生活，这是李毓蒙梦寐以求的理想，也一直为之奋斗。解放前，他把所有弹棉机生产厂家联合起来，求得共同发展；在发展弹棉机事业的同时，尽力提高弹棉机生产工人的福利，如按工资比例分发红利给工人，开办医院给工人以医

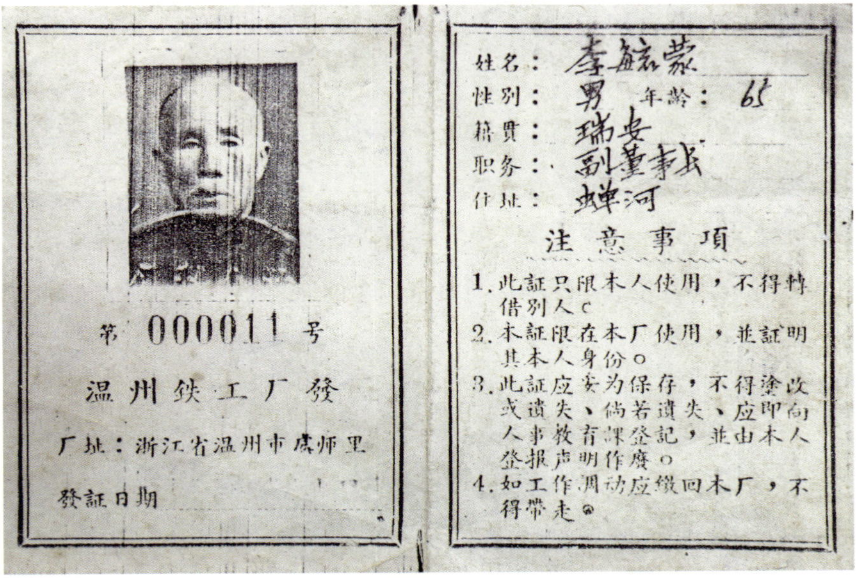
第 000011 号

温州铁工厂發

厂址：浙江省温州市咸师里

發証日期

姓名：李毓蒙

性别：男　年龄：65

籍貫：瑞安

职务：副董事長

住址：蝉河

注意事項

1. 此証只限木人使用，不得轉借别人c
2. 本証限在本厂使用，並証明其本人身份○
3. 此証应妥为保存，不得塗改或遺失、倘若遺失、应即向人事教育課登記，並由本人登报声明作廢○
4. 如工作调动应缴回本厂，不得帶走◎

▲ 1956年李毓蒙任温州铁工厂副董事长

疗保障等；他还抽取部分盈利和专卖报酬作为社会福利事业的费用，如创办学校、围垦滩涂等。至于他个人，则倾尽所有，清苦半生，确实用心良苦，但是，依靠个人的力量能解决多少问题呢？中国如此之大，穷苦百姓如此之多，个人是无可奈何的。看来，只有中国共产党领导全国人民推翻了“三座大山”，只有靠社会主义制度，全国人民才能翻身得解放，当家做主人，才能过上幸福的生活！

回到温州后，李毓蒙看到解放后所有分散的个体工场和作坊都联合起来了，生产稳定，工人生活有了保障。特别是公私合营以后，生产蒸蒸日上，并不断组织力量进行技术改造和技术革新。这一切，都是他内心所希望的。因此，他从心底里佩服中国共产党的政策，拥护共产党的领导，常以“顺口溜”来歌颂共产党，并多次在工厂的黑板报上登出。他还积极参与工厂所组织的技术改造和革新工作，投身于工人行列之中。

公私合营时的李毓蒙，已是60多岁的老人了。委任他为副董事长，那是一个清闲之职，在具体工作方面并无什么要求。但是，他还是坚持天天上班，一直活动在各个车间，关心工人们的劳动强度，嘱咐年轻工人要注意生产安全，并亲自动手做些工具，以减轻劳动强度和提高工作效率。

在翻砂车间，由女工来做铸件清砂，当时没有钢丝刷，而是使用竹刷子，十分费劲、费时又费刷子。于是，李毓蒙便在厂内各处找来废旧铁丝，扎成了刷子，交给女工们使用，这样，既减轻了劳力又提高了工效，女工们高兴得直喊“老师公真好”！

见到打铁工人在蒸腾热气的火炉旁边，一手抡着铁锤，一手夹着铁件，一天到晚，汗流浃背，那种强体力劳动的辛苦，又触动李毓蒙要研制一种省力的打铁工具。他经过几个月的思考与探索，自行设计了一种新型打铁工具的图纸。但由于公私合营厂要按照上级的计划开展生产活动，不是想干什么就可以干的，最后，也就没有进行研制，不了了之。

李毓蒙听说有一位其他机械厂的工人因砂轮碎裂而丧命，便着手研制不易碎裂的砂轮。为此，他又亲自去寻找砂轮原料，去别处借用窑炉烧结材料。由于烧成材料要有一定的时段，等炉温冷却也要较长时间，因此，他往往要等到深夜，在拿到烧成的材料后才肯回家。这样，才能及时地知道此次的试验是否成功。因为缺乏仪器来检验材料的硬度和切削能力，他便利用瓷碗片，按其划道的深浅来判别，所以有一段时间，他的几个口袋里装的都是砂轮材料和破碗片。

1958年，“公私合营温州铁工厂”改名为“地方国营温州动力机厂”，并着手研制“110”15匹柴油机，国家冶金局派人来温主持研制工作，厂内的张协良等技工参加，研制工作在杨府山新建的厂房内进行。在试制过程中，李毓蒙经常步行到杨府山，为研制工作出谋划策。开头，试制工作还是比较顺利的，但在制成后进行试车时，功率总达不到15匹的设计要求，最高也只达到13匹。试制小组经过一个来月的试车，还是找不出问题的症结，这一下，大家都十分焦急。

这一天，年近古稀的李毓蒙又来到了试制现场，察看试制小组的进展情况。看着大家焦急的心情，他抓了抓自己头顶稀疏的白发，与国家冶金局的几位同志交谈一番后，胸有成竹地说："这样看来，燃油系统有问题，柴油质量应检查一下。"

根据李毓蒙老人的指点，张协良等试制小组成员马上以不同牌号的柴油进行了试车。结果，他们把另一种柴油加入后，功率马上提高了，柴油机的性能超过了设计要求。这下子，大家立刻高兴万分，直夸"老师公真灵，一点就着穴！"可见，李毓蒙在柴油机方面的实际经

▲ 曾被李毓蒙采集过的铁矿旧址

验也是相当丰富的。

这一年头正是“大办钢铁”的年代，国家对钢铁的需求量大幅度增加，李毓蒙对此表示理解，便亲自动身去大罗山探寻铁矿。这次是他二进大罗山。第一次是在1944年，他为试制硫酸，曾特地去这座大山里寻找黄铁矿。大罗山是温瑞间最高的山脉，年近70岁的李毓蒙以不服老的精神，为了探寻铁矿石而亲自进山，如果能找到铁矿，或炼铁，或制硫酸，这件事的作用与意义都将十分重大。从此，李毓蒙十分热衷于这件事，直至1961年去世，他的衣袋里还装着黄铁矿石呢。

1961年，那是一个灾难性的年份！“大跃进”，中苏交恶，自然灾害，接踵而至，新中国面临十分严重的经济困难。粮、油、蔬菜、副食品等都极度缺乏，这严重危害了瑞安人民群众的健康和生命，有人出现了浮肿病，患肝炎和妇女病的人数也与日俱增。经济的极度贫困，令李毓蒙满腔抱负得不到施展，他郁郁不得志；身边有的乡邻因饥饿、生病而生不如死，或过早离世，令李毓蒙内心无比痛苦，他心急如焚。这个从来不发火、不骂人的人，如今变得心情激动，容易发火，觉得谁不好就骂谁，比如他敲门时，你开门的动作稍微慢了那么一点，也准得挨他一顿臭骂，身边的人都惊讶于老好人李毓蒙怎么像变了一个人？

但是，不管生活过得如何不如意，日子还是一如既往地往前走。再过两天，就是端午节了。面临即将到来的灾年的端午节，人们毫无喜悦感。农历五月初三凌晨，正所谓“端午雨，泪涟涟”，老天爷也哭泣了！一堆堆深灰色的迷云，低低地压着大地，雨“哗哗哗”地下着，像一支支利箭从天空中窜下来，落到了泥土上，溅出无数个烂泥坑。温州小南门蝉河72号平房，静默地立于一片噼里啪啦的雨声中。李毓蒙一家六口，以每月2元的价钱，租住在这一个仅20平方米的小房间里。清晨时分，那小房间的厨房里，忽地传出一妇人呼天抢地的

▲ 温州鹿城区小南门蝉河李毓蒙故居

大哭声……前一天还在外面走的李毓蒙，就这样毫无预兆地倒地不起了！没有了李毓蒙的那些日子，天漏了，东山村民、李毓蒙的亲友及徒子徒孙们都觉得天塌了……出殡那天，天在下雨，人在流泪。房子上的雨水，汇成了雨帘，顺流而下。地上的小草、小花，都在雨中低下了头。整个地方国营温州动力机厂的工人们，得到消息的东山村民、李毓蒙的徒子徒孙，全都赶了过来。长长的送葬队伍，哀嚎一片。人们缓慢而行，鞋子陷在泥泞中，梅雨打在脸颊上，分不清哪是雨水哪是泪水……

李毓蒙享年71岁，墓葬位于瑞安市安阳街道瑞祥新区原上山根村西狮头嘴山坡，即现在的瑞安市人民医院瑞祥院区的后山。墓东偏北，砖室，圈椅形，占地约92平方米。参天之树，必有其根；怀山之水，必有其源。李毓蒙这位心怀大爱的人，走出东山，走出温州，走遍全国，闯荡、辛劳了一辈子，现在终于走归，叶落归根，入土为安，与青山为伴，与大地相依，他终于可以永久地歇息了！作为一名品格高尚、给浙南人民创造巨大物质和精神财富的杰出人物，他也将永久地活在人们的心中！

▲ 瑞安市文物保护点——李毓蒙墓

第十五章 生前身后留美名

转眼间，夏天拖着绚丽的裙摆匆匆离去，秋天带着缤纷的色彩款款走来。夏有三伏秋有“虎”，2023年9月14日上午9时许，湛蓝的天空飘着朵朵白云，黎明时分的秋意已荡然无存，耀眼的大太阳毫不留情地释放出灼热，炙烤着大地。

在这样的大热天里，瑞安市莘塍文化研究会副会长杨协敏，偕同李顺海，来到了位于瑞安市老市府大院的《瑞安慈善》编辑部。我已泡好绿茶在办公室等着他们。一场三个人的约谈，便由此开始。事后，我们还电话、微信联系并登门拜访李毓蒙的女儿李琳娣、儿子李安西、外孙王鸿棣等人。随着采访的不断深入，李毓蒙鲜为人知的家庭故事，渐渐丰富了起来。

要讲李毓蒙的家庭状况，还是得先溯源中国古代的婚姻制度。父系氏族社会以来，形成了以男性为中心的宗法制社会。在李毓蒙所处

▲ 采访杨协敏（左一）、李顺海（中）

的年代，男尊女卑的观念在整个社会意识形态里根深蒂固，一夫一妻多妾制是很常见的婚姻家庭形式。到了民国时期，随着西学东渐、民智渐开，开明的知识分子、女性团体开始呼吁实行一夫一妻制，立法实践也有了重大进步。但立法的超前性和实施的滞后性并存，历史、社会心理等诸多复杂因素，致一夫一妻多妾的现象仍普遍存在，殷实平民等群体的纳妾之风依然盛行。

身处时代洪流中的李毓蒙，同样不可能独善其身，他的一生，先后有过四位女人。其元配是东山中埠吴庆涛的女儿，卒于1920年，终年22岁；继配是平阳城里郑树梅的女儿，卒于1925年，终年24岁；三配是苏州汤坤根的女儿，即汤夫人，卒于1994年，享寿95岁；侧室是温州朱岩寿的女儿朱秀琴，卒于2006年，享寿96岁。

虽然李毓蒙的大部分时间都贡献给了发明创造，但他对子女的影响也同样深刻而远大。他的儿子，都像他们的父亲，没当官，也没有高学历，却个个都是能工巧匠，都有独当一面的工作能力，他们将父亲作为人生的榜样，亲身践行着“毓蒙精神”。

李毓蒙的长子李安邦，原先在父亲学徒办的厂里工作，厂址在上海。聪明好学的李安邦在厂里参与了砻谷机的制造，很快掌握了金刚砂盘的配方以及制作方法。

1950年，好技术在身的李安邦应父亲另一个学徒的聘请，来到武汉工作。武汉这个厂在生产弹棉机的同时，也生产砻谷机。当然，那砻谷机是关起门来做的，在李安邦来之前，厂里只有两个人知道砻谷机是怎么做的，李安邦的到来，充实了技术力量，他是该厂第三个，也是最后一个知道砻谷机制造方法的人。

掌握砻谷机制造方法的人越少，砻谷机就越畅销。因此，湖北农机厂也想做砻谷机。尽管当年已有人提供了制作配方，但他们还是屡试屡败。这可能跟相关材料投放的比例、顺序等具体操作细节有关吧。无奈之下，他们只好到武汉请求李安邦援助。李安邦秉承了父亲乐善好施的美好品性，有求必应地向他们奉献了制作机密。有了李安邦的无私帮助，湖北农机厂很快成功制造出了砻谷机。

后来，吉林省长春第一汽车厂到武汉招聘技工，李安邦和毓蒙厂的两个员工同时被聘请。那两个员工一直在这厂里干到退休。李安邦在这里工作一段时间后，适逢湖北省丹江口水利发电站基建之需，在全国招聘技工，李安邦又一次被聘请。当时，该基建工程属国家156个重点项目之一，苏联专家都来帮助建站。李安邦是这里的骨干技工，技术过硬，工作出色，被评到了八级工，达到了技工的最高级别。为褒奖李安邦的突出贡献，厂方在给予八级工待遇的基础上，再给他加了一级工资。后来电站建成，李安邦在这里干到退休，定居丹江口市，现年已93岁高龄。

李毓蒙的儿子李安国，凭着自身的精明强干，从原来的西安建筑公司转到了东北建筑工程兵部队。该部队位于远离城市的山区，属国家保密单位。李安国吃苦耐劳，认真勤奋，是三线某军工厂的基建负责人。后来，李安国又调到了南京炮兵干部休养所，依旧负责基建工作。干休所的楼房，从原来孤零零的两三幢，到建成蔚为壮观的几十幢，见证了李安国高品质的工作成效。李安国在干休所退休，是团级干部，2018年离世，享年75岁。

李毓蒙的儿子李安西，从小心灵手巧，读小学时曾参加航模制作比赛，获温州市一等奖，被推选参加全省比赛，但因父亲“资本家”的身份问题，政审不过关，参赛资格被取消。长大后，他在温州新华造船厂工作。在轮船上写字，是他的专项。他无须用尺子等任何工具，徒手在大小、新旧不一的各种轮船上，写得一手漂亮又大气的字。他的这项工作无人能替代，以至退休后厂里依旧请他给轮船写字。业余时间，他还喜欢画画，做各种小工艺品，一如他的父亲，动手能力特别强。李安西现年78岁，居住在温州小南门。

李毓蒙的长女李爱英，在家里昵称阿引，寓意“引出个男孩子”。她继承父业，一生勤恳，先后在上海老北门、温州弹棉机厂做工。2021年，她以101岁的高寿，在温州离世。李毓蒙的次女李阿娥，16岁时因肺病在上海去世。三女李大美，2022年在温州去世，享年90岁。

李毓蒙的四女李琳娣，中共党员，巾帼不让须眉。1936年农历五月出生于上海，童年在江苏常熟外婆家度过，至1950年回到温州读中学。1956年毕业于温州第一中学，同年报考中国人民解放军军事电信工程学院。毕业后，分配至中国人民解放军通信兵部驻北京774厂军代表室，后调至驻上海无线电三厂军代表室。1966年转业回温州工作，先后就职于温州市中心化验室、温州晶体管厂、温州电子技术研究所，一直从事技术工作，获评工程师职称。她1990年退休，现年88岁，居住在温州市鹿城区。为纪念父亲，她和父亲的学徒黄省初合作撰稿，并特约瑞安市委宣传部夏海豹担任主编，对初稿进行增删整理，最后编撰成《浙南机械工业先驱·李毓蒙传》一书，这本书为我们今天再书李毓蒙提供了翔实的历史资料。李毓蒙的五女李小美，现年87岁，也居住在温州市区。

从“勇于实践”到“心怀大爱”，从“艰苦奋斗”到“求真务实”，这些品质，都留存在李毓蒙子女们的血脉之中，成为这个大家庭永不消散的灵魂。这种优良品质，一直深深地震撼、感动着我。非常荣幸的是，我还亲见了李毓蒙的外孙王鸿棣及其小儿子、四女李琳娣及其先生、女儿、女婿，三子李安西及其夫人。

那是2023年10月3日，天气晴好，碧空如洗，在李顺海、李剑波的带领下，我们特地赴温州拜访以上名人之后。

我们第一站先去温州惠民路锦园社区上陡门，李毓蒙的外孙王鸿棣和他的小儿子住在这里。王鸿棣事先已把有关李毓蒙的文字资料及照片都搜集在一只袋子里，他爽快地对我们说："全部资料已都装在这只袋子里了，你们今天先拎走，不用了再拿回来就是。我呢，跟随你们一起去看看琳娣和安西他们。"他小儿子听说86岁高龄的老爸要外出，显得有些不安。李剑波就温和地说："放心，我下午会把表叔送回来的，到时我先电话联系您。"

随后，我们来到温州车站大道银苑大厦的楼下。从温州大学退休的李琳娣的女儿尤佳，已在单元楼门口等候。她戴着眼镜，身材娇小，皮肤白净，热情地把我们带上了楼。随之，我见到了电话、微信联系过多次的李琳娣。她头发花白，笑容温暖，神情气质颇似中国现代作家杨绛。尽管这是初次谋面，我们却一见如故，相谈甚欢。她的先生和女婿，同样儒雅、好客，给我们递水、拍照。在那洁净、素雅、舒适的家里，精神矍铄、思路清晰的李琳娣，深情地聊起了自己敬爱的爸爸——

都说女儿是爸爸的小棉袄，但这件"小棉袄"从小就离开了爸爸。日军入侵，家境变迁，使李琳娣在幼年时就与家人远隔两地，与父亲相处的机会就更少了。1946年，李琳娣12岁了，才认识自己的父母，那是父母从上海来江苏常熟外婆家看这个女儿。李琳娣回忆道："初见父亲，好气派哦，头戴拿破仑帽，身着呢大衣，脚蹬黑皮鞋……"自此至1949年，李琳娣又见过父亲两次，每次相处也仅几天时间。李琳娣说："我15岁那年，回温州经过上海再见父亲，惊奇地发现他跟以前已是判若两人。这时候的父亲，头发稀稀拉拉，胡子拉碴，着一条灰黑色长衫，油光可鉴，袖口处露出丝丝缕缕的破碎内衣，脚上是一双有破洞的布鞋……"

相聚虽短，印象却极深。李琳娣一往情深，娓娓道来："父亲身高大概一米七二或一米七三光景，瘦瘦的，宽额头，小眼睛，白皮肤，高鼻子，宽肩膀，长相清秀。他神态平和，总是笑嘻嘻的……他穿衣服其实不讲究的，济公一样，衣兜里总有烟灰啊，纸片啊，皱巴巴的汗巾啊……他喜欢喝酒，又容易醉，人家请他喝酒，他喝醉了，一连串的打油诗就很大声地顺口而出……”在女儿的眼里，这是一个多么真实、率性的父亲啊！

父亲给孩提时代的李琳娣留下的第一个印象，是特别可亲。父亲说话总是兴高采烈、风趣动人，特别富有感情，使李琳娣很快与父亲熟悉并不愿再离开他，在父亲的身上，李琳娣感到了骨肉之情。小小年纪的李琳娣还发现，父亲的生活是艰辛的，经济十分困难，李琳娣两次离开父亲回外婆家时，父亲竟无分文生活费给李琳娣带去，相反的，还是外婆见他衣服十分破旧而给他做了两套粗布衬衣。李琳娣还发现，父亲特别忙碌，一天中的大部分时间奔波在外。当时李琳娣还不懂他在忙些什么，外婆说他是在“穷忙”。长大后，李琳娣才理解那个时期父亲正热衷于发明创造、热衷于办厂办学。在李琳娣第二次见到父亲时，他就是在研制多条纺纱机。李琳娣明白，父亲的人生目标并不只为自己的衣、食、住、行，要不然尽可重操旧业——办一个弹棉机工场，即使是在浙北、苏南一带修修弹棉机的话，也绝不至于穷困潦倒到那种地步。

1954年至1956年间，李琳娣在温州高中念书，父亲从上海回来在二联铁工厂（温州冶金厂的前身）任董事长。这期间李琳娣对父亲才有了进一步了解的机会，对父亲的作为也有所理解。他常在晚上或节假日来看李琳娣，给她讲他的童年，讲他当裁缝学徒的经历，讲他的人生，讲他当天所做的事。

父亲在讲他的童年时，从不向李琳娣渲染那早年丧父、孤儿寡母的悲惨情景，而是叙说他童年的趣事，当然那只是穷人孩子所能做的事。他自己做玩具，有一次为了做一个别的孩子还没有的玩具，他竟在老师讲课时偷偷地做起来了。说起此事，他还很后悔不该不认真读

▲ 采访李琳娣及其家人

▲ 采访李琳娣（右一）

书。由他所述的点滴事例中，李琳娣知道父亲在童年时已萌发了创造精神，那时候的父亲既聪明，又有点调皮……

在父亲的人生道路中，最能教育人的是对达官不趋炎附势，对贫民能倾囊相助的人生态度。一般来说，有钱总与有势连在一起，资本家总是与官家相通，可李琳娣的父亲从不去巴结。一次省长驾临瑞安，县长邀请他去参加宴会，当来邀的人踏进前门，父亲便从后门溜走了。不是父亲应付不了那样的场面，要知道父亲还是个酒量不小、谈笑风生的人呢！

对穷苦人解囊相助，那是大部分人都会做的事，而做到像父亲那样的程度，至今少见。李琳娣苦笑着摇了摇头，说："记得是抗日战争时期吧，一家人住在温州小南门。一天，父亲的学徒来家里找父亲。当时父亲外出了，母亲（汤夫人）在厨房，李安邦在隔壁小房间。那学徒见父亲不在家，待了一会儿也就走了。等母亲回到房间，发现刚刚放在枕头底下的钱竟被那学徒顺手牵羊了。于是母亲很生气地把这事告诉了父亲。父亲听罢不但不生气，还为那徒弟开脱，说他一定是遇到困难了，他本来是不会这样的……其实，父亲自愿给人资助的就更多了！一次父亲去某地收回一笔欠账，结果途遇一个死了当家人而无法安葬及生活下去的人家，他就把钱全部给了他们，自己只好沿途讨些茹丝饭充饥……"

父亲为办学，几乎搭上了全部财产。有钱时如此慷慨，无钱时也一样，父亲脚上的皮鞋破得不像样子，学徒给他买了双新的，可他没拿到家就送给了别人。类似这样的事例，实在举不胜举。只要他有的，就有求必给，但对自家人的生活却控制得很严，即使在上海办"毓蒙联华公司"的年代，自己的家却安在上海四马路（解放前的路名）的一个亭子间里。

董事长之职，原是为照顾他，让他过些安闲的日子。可他哪里闲得住，常在车间，为工人减轻劳动强度和安全生产动脑筋。他为减轻打铁工人的劳动强度，就想到用机动控制铁锤，他要李琳娣根据他的设想画一张草图，由于当时的李琳娣对机械没有一点实际的知识，无法理解他的设计意图，没能使他满意，回想起来李琳娣至今深感遗憾。

有一段时间，他的口袋里装了不少煤渣似的硬质材料，那是在别处一个小工场的高温炉中炼出来的。他拿出来告诉李琳娣哪一种硬度好，哪一种黏结性能优越。李琳娣当时还是一窍不通，她只知父亲做这些试验的原因，是别人办的厂里的一个工人在砂轮碎裂的事故中丧命，他要做一种不易破碎飞溅的砂轮。

1961年的春节，李琳娣从军校回温度假，这是与父亲最后相处的一个机会，也是父亲人生的最后阶段。那期间，有人认为父亲已神经失常，其实不然。当时，他在回顾自己所走过的路，在总结自己的一生。他见到李琳娣时，就要李琳娣一直跟着他，要李琳娣记下他的“打油诗”（可惜这些在“文化大革命”时期已经毁了）。父亲告诉李琳娣对人不能一律看待，他检查了自己的一些过错。有一次，他沉重地对李琳娣说：“以前不懂得，现在才知道，生男孩或女孩，其实是都一样的。”……李琳娣慨叹道：“如果父亲有两次生命的话，相信会有更大的功绩。父亲的一生，是值得我们子孙后代永远学习与崇拜的一生。我为有这样的父亲而骄傲！”

在那个丹桂飘香的下午，我们挥手告别沉浸在如烟往事中的李琳娣，来到了温州小南门坦前得月花园，李毓蒙的三子李安西就住在这里。走进李安西洁净的家，首先映入我们眼帘的是门左侧墙上的一幅水粉画——那洁白的或含苞或绽放的花，让刚进门的我们仿佛闻到了缕缕淡淡的花香；那栖息于花枝上的黄褐色的小鸟，羽毛中有微微的垂直条纹，骨碌碌的小眼睛好像在疑惑：“你们是谁呀？”好一幅鸟语花香图啊！一看落款，居然是“李安西”三个字！看到我们惊呆了下

▲ 采访李安西（左四）、王鸿棣（左二）及家人

▲ 李安西的画和手工作品船模

巴的模样，一旁的李安西友好又谦和地说：“你们好！你们好！我喜欢画画，也喜欢写字……”

站在李安西身后的夫人，忙指着电视机下的一个较大型的轮船模型，高兴地说：“这也是他做的，储藏室里还有很多小玩意，都是他做的，他动手能力可强啦……”顺着安西夫人所指，我们看到了一艘木质的雪白的轮船模型，尖尖的船头如锋利的刀刃，给人劈风斩浪、破浪前行的感觉；那插在船头的五星红旗，迎风招展，似乎猎猎作响；

船舱较大，有好几个小房间，似在等候客人入住；船舱前方是控制室，有各种仪表，还有方向盘……

我们这边还没欣赏够，安西夫人已哐当一声拉开储藏室的木门，哇，那一格格的木架子上，摆满了或木制或竹雕的各种小玩意，其中也包括一艘小型船模，真是琳琅满目啊！安西夫人取下几个给我们近观：哈哈，这是鹅头木“汤挈”，还漆着金漆呢，那鹅头乌溜溜的眼睛会说话；哇，那是高背木椅，靠着坐坐，一定特舒服；哟，瞧瞧，瞧瞧，这只公鸡雕刻得好漂亮呀！鸡冠红红的，如同顶着一只小红帽；金喙尖尖的，下巴处的肉肉耷拉着，像挂着一对耳环；小眼睛黑宝石似的，炯炯有神；一身红黑相间的丰羽，长尾利落，如出鞘的剑。这只惟妙惟肖的木雕公鸡，让我想起了清朝诗人魏源的《晓窗》：“少闻鸡声眠，老闻鸡声起，千古万代人，消磨数声里。”

“请坐，请坐！”李安西客气地示意我们坐下来慢慢聊。他顺手拿起放在茶几上的一篇打印稿，双手递给我，很自豪地说：“这是我外孙写我爸爸的一篇文章。我外孙在温一中读书，作文写得很好的，参加作文比赛也常常得奖，这篇还被编到书里正式出版了。”我双手接过文稿，大致浏览了这篇《“温州瓦特”的实业兴邦路——外曾祖父与民族工业的不解之缘》，文章有八九千字，署名“温州中学2021级王泓哲”。谈话中，我们得知这篇文章被编入了浙江大学出版社出版的《时代与见证——温州中学新学人的历史书写》一书，并在2023年5月举行的第六届“燕园杯”中学生历史写作活动中获得一等奖。

夕阳西下，我们挥手告别李安西及其夫人，走出得月花园，抬头仰望小区门台，只见天空射下一道耀眼的光芒，暖洋洋的。此刻，我的心也是暖洋洋的。李毓蒙虽已长辞人世，可他的音容笑貌，依然长留后人的心间；他的遗闻逸事、奇才奇志，一直鼓舞人心。作为温州地区机械工业的先驱、中国“双麒麟”牌弹棉机的发明者、温属六县联立工业学校的创办人，李毓蒙致力于我国机械工业的发展、机械产品的开发和机械技术人才的培养，呕心沥血，鞠躬尽瘁。他的一生，如同温暖的太阳，照亮了后来者前行的路。

天渐渐暗下来了，我们的车平稳地行驶在温瑞大道上。李剑波在专心地开车。李顺海谈兴正浓。他告诉我，自己11岁那年，跟随李毓蒙去位于温州小南门蝉河家里玩。那天，他们起了个大早，从东山车头村出发，步行去九里汇，然后再坐船去温州。当他们走到上望薛里村时，碰到了一位老太婆。这位老太婆可能跟李毓蒙熟，站在路边就向他哭诉自己所遭遇的家庭经济困难。李毓蒙一听，当即就掏出自己身上所带的钱给了她。随后他们继续步行，到了九里汇，然后坐进船舱。不一会儿，一个人出来收"船钿"了。当他把手伸向李毓蒙时，李毓蒙摸遍了所有口袋也掏不出一分钱来，这才恍然大悟刚才在路上把钱已全部给了"老太婆"。李毓蒙尴尬地笑着说："今天没带钱……"那人斩钉截铁地说："不行，出门在外，怎么可以不带盘缠……"一个要钱，一个没钱，定夺不下，那人就把船老大给请出来了。船老大一进船舱，看到这位坐船不付钱的竟然是李毓蒙先生，就赶紧满脸堆笑地摆着大手对李毓蒙说："李先生不用付船钱，不用付！"李毓蒙不好意思地说："我还带了这个媠（瑞安方言，小孩子，指李顺海）一起坐船的……"船老大赶忙接话："没关系没关系，媠也不用付钱……"他们就这样蹭了一回船钱，来到了温州小南门蝉河家里，李毓蒙因此遭遇了侧室朱秀琴的一顿"奚落"："媠都知道带出来，盘缠却不知道带……"最后，李毓蒙还觍着脸向侧室要了一点盘缠，才带着李顺海一起坐船回东山……

李顺海深沉地说，他没有忘记长辈对他的好，他继承了李毓蒙的遗志。1982年，他创建了瑞安市毓蒙弹棉机械厂。1986年，他给木架三桶脚踏弹棉机做了较大改进，并于1991年注册了"毓蒙"牌商标。

这些年来，李顺海和他的两个儿子，一直在尽力维持这项非遗技艺，他们作为李毓蒙的第三、四代传承人，以上门修理、改造的形式，继续弹棉机制造业务，同时承担着各地博物馆中弹棉机展品的维修工作。2017年1月23日，瑞安市文化广电新闻出版局发布“瑞文【2017】3号”文件，将李毓蒙制造絮棉机器厂旧址列为瑞安市文物保护点。2020年12月，李顺海获评“双麒麟牌弹棉机制作技艺瑞安市级代表性传承人”称号。

李顺海还说，李毓蒙作古后，他的徒孙，瑞安知名收藏家叶茂钱，帮忙将李毓蒙的墓申报列入文物保护点。2019年1月4日，瑞安市文化广电新闻出版局发布“瑞文【2019】1号”文件，把李毓蒙墓列为瑞安市“新增文物保护点”之一，而李顺海则是该“文物安全直接责任人”。

2023年11月16日下午，笔者和吴小淮摄影师、施正勋老师一起

▲ 作者和吴小淮（左一，本书图片摄影师）、施正勋（右二）采访叶茂钱（右一）

前往"叶茂钱收藏馆"拜访叶茂钱老师。在那里，我们寻得两件宝物：一份签署于民国三十二年（1943）的《瑞安县私立毓蒙初级工业职业学校敦聘书》，一份当年的"洋状元"、李毓蒙的"贵人"项骧的手迹。叶茂钱老师不无感慨地说："我师公早期办厂时还没有三线电，全靠手摇飞轮代替三线马达进行车床工作，车床工作多久，飞轮就要手摇多久。而师公却办了那么多的厂，实在不容易，精神可贵啊！"

其实，不止叶茂钱一个人，李毓蒙的所有徒子、徒孙，所有毓蒙学校的学生以及与其生前有过交往的人，每当聚首，谈及毓蒙的为人，总是赞叹不已。有关政府部门，也认为李毓蒙其人其事，对后人很有教育意义，值得大力弘扬。

1983年，瑞安县政协主办的《瑞安文史资料》创刊号上，刊登了俞大文的《瑞安机械行业开路人——李毓蒙》一文。翌年5月中旬，李毓蒙的学徒林延澄、黄省初、柳学俊读到此文，倍加关注。他们聚首研读、讨论：先师一生千辛万苦，青年时期发明弹棉机，在发展机械制造工业方面成绩斐然。他无论办厂，还是办学，只讲奉献，不图利益，临终时家徒四壁。这种精神，难能可贵，值得发扬光大。他们一致认为这篇文章写得不错，只是个别讹误处有待更正。

5月25日，黄省初赴温州寻找李毓蒙的女儿李琳娣，但李琳娣十几岁就远离温州外出求学，对父亲发明、办厂、办学的详情了解得不是很清楚，于是她向黄省初推荐了时任市工商联合会主任的方恭敏。当黄省初找到方恭敏时，方老请了工商联合会管工业的干部蔡仲瑜一起接受采访。事后，蔡仲瑜还带领黄省初去会见温州市政协秘书长吴杰。吴杰对毓蒙先生的史料搜集工作非常热心。他热情鼓励黄省初尽力完善相关史料，如遇困难，自己一定尽力帮忙，政协也可以为其外出采访开具介绍信。吴杰还向黄省初约稿，那就是后来发表于《历代人物与温州》一书的"温州机械工业创始人李毓蒙"的稿子。随后，黄省初还走访了李毓蒙在温的部分家属。返瑞后，黄省初兴高采烈地向柳学俊、林延澄叙述自己此趟去温州的经过、收获及感受，柳、林两人听后感到十分兴奋，要黄执笔写补充资料。

一石激起千层浪，林、黄、柳3人为寻访先师的史迹，传到了吴步定、陈素荣的耳朵里，也引起了他们很大的兴趣。吴步定原是地下党东山乡支部书记，陈素荣原是毓蒙武汉分厂的学徒。他们先后来到黄省初家里询问情况，并表示愿为此事出力襄助。从此，这个自发的3人“小组”扩大为5人“小组”。5个人常聚集在一起，研究、搜集关于先师的史料。

到11月中旬，黄省初写了一篇《浙南机械工业创始人李毓蒙》，经五人“小组”讨论通过后，提议召开一次以李毓蒙的生徒为主体，邀请东山乡工业界代表、乡工业办公室干部和李毓蒙亲属共同参加的座谈会，听取意见。还请师兄弟陈汝淦、倪晓臣、吴步鉴、陈鸿年、项维国、何希娒、陈锡安、张月荣等八人加入这个小组。报告送达东山乡人民政府后，很快得到同意批复。

1985年12月8日，纷纷扬扬的雪花披着闪闪发光的外衣，跳着轻盈的舞步，飘落在东山乡中心小学的屋顶上，飘落在校园内外的大地上，纪念弹棉机发明者李毓蒙座谈会在这瑞雪兆丰年的时刻召开了。上午，与会人员乘车前往瑞祥新区原上山根村西狮头嘴山坡扫毓蒙墓。下午，在东山乡中心小学召开纪念座谈会。出席会议的有东山乡人民政府代表、东山乡工办全体干部、中共地下党东山支部部分成员、乡小学教师代表、李毓蒙生徒及其亲属53人。与会人员高度评价李毓蒙发明弹棉机，开拓新产品，为发展瑞安、温州以至全国的机械制造工业所做的杰出贡献。为进一步表彰李毓蒙的历史功绩，激励后人，会议还推选代表向上级政府提出关于举办李毓蒙纪念大会的申请。会上选举了吴步定、黄省初、林延澄、柳学俊、陈素荣、胡岩水、陈汝淦、何希姆、倪晓臣、王步康、徐朝和、潘如福、项维国、陈鸿年、吴益岳、陈阿良、杨焕国、李安友、陈锡安、张月荣、吴步鉴、吴顺钏、吴银炯、叶士林、吴金益、吴步龙等26人为发起人，组成办事机构；推举黄省初、吴步定、陈素荣、柳学俊、胡岩水5人为常务会正、副主任；另推黄省初、倪晓臣、李安友、陈素荣、林延澄5人为史料征集小组成员；黄省初为史料编辑负责人。

随后，各发起人在各自的工作地积极开展李毓蒙纪念大会的前期筹备工作。如项维国在瑞安，柳学俊在杭州制氧机厂，陈素荣在杭州、上海、苏州，杨焕国在武汉拖拉机厂、特种汽车制造厂，林延澄在温州、平阳，黄省初在永嘉、平阳、乐清、丽水、松阳和遂昌等地，他们各自利用地利人和的条件，宣传座谈会内容，联络各地师兄弟感情，搜集李毓蒙史料，倾听各地同行对举行李毓蒙纪念活动的意见。

从1985年11月开始，毓蒙生徒还自发联合，多次以口头汇报、书面请求的方式，向瑞安县委、县政府提出召开李毓蒙纪念会的倡议。县委、县政府对此十分重视，先后在县长办公会议、县委常委会议上进行研究，并委派县科委副主任张中秋接见生徒代表，转达县委、县政府的指示，同意在1986年7月份以后举行李毓蒙发明弹棉机70周年暨李毓蒙诞辰95周年纪念会。1986年4月，李毓蒙史料编辑组成立了，该组陆续向全国各地的毓蒙生徒发出了200多封信函，广泛搜集李毓蒙事迹。7月9日，科委受县委、县政府的委托，根据县长办公会议精神和筹备工作的需要，由县科协和县机械工程学会出面，正式组织筹备组，此前自发组成的人员加入县科委组织领导的新筹备机构。

筹备期间，陆续收到回忆录50多篇，收集和拍摄各种照片20多张，编写了6000多字的李毓蒙事迹简介，整理了李毓蒙生平大事记，最后编辑成3万多字的《李毓蒙生平事略》一书。

1986年8月22日，蔚蓝的天空飘浮着洁白的云朵，阳光透过云

▲ 1986年8月22日召开的李毓蒙先生历史功绩研讨会会场

▲ 1986年8月22日参加李毓蒙先生历史功绩研讨会的全体人员集体照

▲ 1986年10月28日召开李毓蒙先生纪念会

▲ 1986年10月30日参加李毓蒙先生纪念会的部分外地代表

层，洒落在瑞安县机关招待所的屋顶、院子，温暖而有活力。在这里，温州市机械工程学会、瑞安县科协联合召开“李毓蒙先生历史功绩研讨会”。出席会议的有温州市科协、机械工业总公司、冶金厂，瑞安县人大、政协、计经委、科委、宣传部、文物馆、机械工业公司、印机厂、机械工程学会、平阳县机电化工学会、苍南县机电学会等37个单位的代表，以及李毓蒙的亲属、生徒56人。会议听取了李镐同志代表瑞安县机械工程学会所作的李毓蒙事迹简介。温州市科协副主席许康生，瑞安县委常委、县计经委主任陈诒昆，瑞安县科委主任吴志云，苍南机电学会理事长缪昌宗等在会上讲了话。温州市机械工业总公司副经理、温州市机械工程学会副理事长王硕彦作了会议小结。与会者认真讨论、踊跃发言，高度评价了李毓蒙的杰出贡献及历史功绩，补充了许多相关史料，并对纪念李毓蒙活动提出了合理化建议。

带着落叶的微响，携着丹桂的馥郁，10月悄然而至。路边的野花随风摇摆，默默祝福秋的收获。真是良辰阳光灿烂，吉时热闹非凡，1986年10月28日，在瑞安县城关镇，县科协联合县机械工程学会，隆重召开了“李毓蒙先生纪念会”。

瑞安县委书记张桂生等四套班子领导，湖南省益阳市政协副主席仇甬夫，原湖南省二轻厅供销公司经理袁都银，湖南省津市自动化研究所所长吴新元，原毓蒙工校教师、高级工程师应复生，李毓蒙的长子李安邦等200多位代表参加了会议。代表们心潮起伏，感慨万千，深切缅怀李毓蒙的丰功伟绩。依仗李毓蒙之功，瑞安的机械工业得到了较早、较快的发展，各乡镇的机械工业企业星罗棋布，为瑞安其他工业的发展奠定了良好基础。面临新形势，代表们表示决不能故步自封，要继承、发扬毓蒙艰苦创业精神，加强横向协作，创造拳头产品，打入国内、国际市场，并迫切希望毓蒙先生所培养的专家、工程师、技师和干部，多提宝贵意见，介绍先进经验，为瑞安的工业振兴

▲ 李毓蒙纪念亭

▲ “毓蒙亭记”碑

做出新贡献。下午，代表们怀着崇敬的心情，来到李毓蒙出生地东山乡，参观原“李毓蒙制造絮棉机器厂”“毓蒙联华总厂”“毓蒙工业职业中学”旧址。翌日，外地代表根据议程安排，到各公司、单位进行横向联系，就瑞安经济发展现状提出许多合理化建议。

1991年10月19日，又一个金秋十月，适逢喜庆枫叶红遍，千山层林尽染之时，“李毓蒙先生诞辰一百周年纪念会”暨“毓蒙纪念亭”落成典礼，在李毓蒙先生故乡——瑞安市东山镇隆重举行。

纪念会由瑞安市政协牵头、联合东山镇人民政府主持召开。

旅居台湾的原毓蒙工业职业学校的学生项维城等14位校友，为缅怀先师，集资在母校旧址（东山镇上埠）建亭立碑，并在纪念大会前举行落成剪彩、揭幕仪礼。从拱瑞山路的口子，沿着上埠公园的二十四孝文化长廊进去，就能望见绿树掩映间一座红柱灰瓦的亭子，那便是“毓蒙亭”，亭内有联：“造棉机获专利业播江淮宏一代，办工校育后人德施乡里仰千秋。”那碑就叫“‘毓蒙亭记’碑”。

来自杭州、温州和温属各市县的原毓蒙工校部分学生、本市政协部分委员及各界人士、李毓蒙的亲属李安国等180余人参加了纪念大会，温州市政协常委余毅夫、旅居台湾的学生代表项维城应邀出席。会后，毓蒙工校校友在母校旧址举行了座谈会，推选赵同耕等9位校友为代表，筹组“毓蒙工业职业学校校友联谊会”。

一个人走了，但留下了一片宽阔的天地，留下了卓著的名声。李毓蒙先生是当之无愧的飞云江的优秀儿女，人们将永远缅怀他那光辉的历史业绩。而缅怀一位优秀者的最好的方式，就是为他建造一座纪念馆。李毓蒙的家乡瑞安，就为他设立了纪念馆。为了解建馆情况，夏海豹和我曾一起去拜访过两个人——王步康和李新祥。

2022年5月26日午后，金色的阳光下，花香盈盈，鸟语啾啾，流连戏蝶时时舞。我们乘坐的出租车停在了东山中村的一栋三层民房前，这就是王步康的家。王步康是一位政工师，出生于1943年，曾任东山工办主任、工业支部书记、东山工经办副主任等职。我们从车窗里看到，李顺海和李剑波早已等在这里。身材魁梧、慈眉善目的王步康正跨出大门迎接我们。我们在他家底楼客厅团团围坐，聆听他讲述李毓蒙纪念馆的建馆往事。

王步康深情回忆道：“当年由李毓蒙的学徒黄省初牵头收集史料，他发动温州五县毓蒙学生提供先生在外学徒的信息，然后专门指派现在的瑞安市博物馆馆长陈钦益和我，去外地采访李毓蒙先生的生徒及家人，搜集李毓蒙先生创业办厂的史料。我们第一站到杭州，访问了制氧厂李伟良。第二站到上海，访问了棉织厂黄荣弟，铁工厂黄聪弟等。第三站到南京，访问了毓蒙先生夫人汤氏，夫人时年94岁，身体健康，也见到了毓蒙先生的二儿子李安国。当我们说明来意时，他们全家老小十分欢迎，把李毓蒙先生遗留的有关史料，以及保存着的先

▲ 黄省初先生（左二）牵头邀请相关领导筹备李毓蒙纪念馆

生的长衫、口杯等物件都交托给我们；我们也将李先生一百周年纪念活动信息预告他们，欢迎他们到时来参加……我们第四站到武汉，访问了重型汽车制造厂全光炳，将汉口有关李先生创业办厂史料寄回瑞安市李毓蒙纪念馆筹备小组。第五站到湖南省益阳市，访问了当地副市长仇勇夫，湖南省市县有关毓蒙联华分厂的史料，全部由他搜集齐备寄回瑞安市李毓蒙纪念馆筹备小组……"

就这样，王步康和陈钦益根据黄省初提供的联系方式，长途跋涉。他们每到一处，有碰到李毓蒙学徒本人的，就当即收集资料随身带回；未遇其本人的，就交托他们的家人代为收集，然后寄回瑞安市李毓蒙纪念馆筹备组。根据各方搜集到的史料，"李毓蒙先生纪念馆筹备领导小组"编印了《李毓蒙先生平事略》《纪念李毓蒙先生》1000多份，《浙南机械工业先驱·李毓蒙传》1000多份，《崛起的东山》企业通册500多份，并邀请市文化局李淳设计红梅报春图纪念牌600多

▲ 采访李新祥（中）

份，以供参加人员留念。

时间总是过得太快，讲述者和我们聆听者都沉浸在李毓蒙先生的往事烟云中，不知不觉已到了下午3点多。我们5个人起身，由李剑波开车，一起去浙江香海食品股份有限公司继续采访李新祥。

李新祥是瑞安东山人，曾任瑞安市东山街道工业办公室主任、东山资产经营有限公司总经理、李毓蒙纪念馆筹备领导小组办公室主任等职。李新祥后下海经商，现为浙江香海食品股份有限公司副总经理，瑞安市东山海洋食品行业党总支书记，瑞安市第十三、十六、十七届人大代表，2015年获评“瑞安市劳动模范”称号。

李新祥在他阔朗整洁的办公室里热情地接待了我们。他先给我们讲了一个故事，说这故事是他当年从毓蒙先生的学徒黄省初那里听过

▲ 采访李新祥在香海公司合影

来的。故事说的是，李毓蒙在世时，有一阵子先生的侧室朱秀琴发现，家中米缸里的米，总比往常少得快，于是她有心暗中观察。俗话说，不怕生心只怕有心，有一天，她终于看到一个衣衫褴褛者四处张望、蹑手蹑脚地进了她家的厨房，慌里慌张地掀开她家的米缸盖，用发抖的手舀了一小罐的米，正欲倒进衣兜里，躲在暗处的朱秀琴忽地冲出来，大喝一声："怪不得……"偷米人的手猛地一抖，米罐掉落于地，米也散落一地。朱秀琴更加来气了，一把揪住偷米人的胸口。正在此刻，李毓蒙一脚跨进门来。偷米人抬眼见到先生，很是无地自容，便用力挣脱，想溜之大吉。朱秀琴则紧紧揪住不放。李毓蒙见状，赶忙大步上前，一边劝朱秀琴："他家应该是实在没饭吃了……"一边掰开她的手，随之，偷米人衣襟上的一颗纽扣，从朱秀琴手中掉落，那扣眼，也因撕扯而开裂成一个小破洞。于是，李毓蒙捡起地上的米罐和纽扣，从米缸里舀了满满一罐米，连同那颗纽扣，都放进偷米人的衣兜里。随后，李毓蒙还从自己衣兜里摸出几块钱，塞到偷米人手里，搭着他的肩，送他出来，诚恳地对他说："你的扣眼被撕破了，实在对不起，这钱，是赔你的，你只管拿着。以后家里没饭吃了，就对我说，只要我家里有，就会分你一些的……"

讲完故事，李新祥还回顾了李毓蒙纪念馆建馆始末的情况，他动情地说："那真是一段艰辛的历程。1995年，我刚满31岁，任东山工业经济办公室主任，因工作关系，有缘结识了黄省初老先生。我被深深地震撼了，这种震撼，更多的则是钦佩和感动。一个年满80岁的老人，20年来在为同一件事奔波着，这件事就是筹建李毓蒙先生纪念馆。"

1919年黄省初出生在瑞安东山的一个渔民家庭。1935年进毓蒙联华公司汉阳分厂当学徒。1938年汉阳分厂迁移重庆时，担任该厂财务管理。1942年被分配湖南黔阳分厂任厂长。1943年任衡阳分厂厂长。1946年任毓蒙小学常务董事。1949年任毓蒙小学（后称东山乡中心小学）校长。1980年退休。

▲ 李毓蒙学徒黄省初

早在1979年，黄省初60岁，就开始为筹建李毓蒙纪念馆而奔波。为搜集李毓蒙的相关资料，光全国的信件收发，黄省初就经手了几百封，每一封来往的信件，都要一一核对，且全都是一笔一画手写完成。1986年，黄省初又用自己的退休金，组织了"李毓蒙先生历史功绩研讨会""李毓蒙先生诞辰100周年纪念会"活动。黄省初的这种不求任何利益、回报，做对他人、对社会有意义的

▲ 1999年4月黄省初组织李毓蒙亲属与台湾、温州学生参观毓蒙纪念亭

事的执着精神，深深感动了李新祥。李新祥及时向相关部门提出申请，很快得到政府的批准和回复。1995年5月，“李毓蒙纪念馆筹备领导小组”成立，任命原瑞安市城关镇副镇长钟永光为筹备领导小组组长，李新祥为办公室主任，并在原毓蒙联华总厂旧址（拱瑞山路上埠段南首）动工兴建纪念馆。

但建馆并非一件容易的事，如部门之间有待沟通、协调，老职工之间的矛盾有待解决，加之筹备费用大、资料搜集烦琐等等。李新祥知难而上，在李毓蒙纪念馆筹备领导小组下设了三个小组：第一小组为基建组，由潘瑞福负责纪念馆的建设；第二小组为资料搜集组，由李新祥负责向全国瑞籍企业家、瑞籍文化名人等发出邀请，恳请惠赐墨宝、诗词、贺联等作品；第三小组为宣传组，由王步康负责资料搜集、遗物征集，编纂《浙南机械工业先驱·李毓蒙传》《纪念李毓蒙》两本书。

李毓蒙纪念馆在兴建过程中，得到了安阳镇政府、东山街道办事处、瑞安经济开发区等有关部门的大力支持，得到了全国各地李毓蒙生徒和各界人士的广泛支援，得到了东山部分企业、经济开发区部分企业以及个人资助资金80余万元人民币，征集到了来自全国各地文化名人字画200余幅……现居台湾的李兴转等一批毓蒙徒生，专门为纪念馆图书室筹集机械等方面书籍上千册，表达了台湾同胞一片爱国爱乡的热情；全国人大常委会副委员长、我国著名社会学家费孝通，欣然为纪念馆题写了馆名；瑞安经济开发区，赠送了一座价值6万元的李毓蒙先生铜像……

2000年7月8日上午9点，李毓蒙纪念馆正式开馆。到场的人员，有来自全国各地的李毓蒙生徒、后代及亲戚；有政府领导、当地企业人员及市民，共计500余人，他们现场见证了这一伟大的历史时刻。现如今，李毓蒙纪念馆已被列为瑞安市爱国主义教育基地，成为瑞安市精神文明建设的重要阵地，是瑞安工业对外开放的重要窗口。

我们对李新祥的采访，一直进行到天色向晚，收获颇丰。

历史在进步，时代在发展，先驱者留下的，是那份永远熠熠生辉的精神财富。2023年8月中旬，飞云江边郁郁葱葱的植被在灿烂的阳光下显得愈发苍翠欲滴，我又一次来到李毓蒙纪念馆，探寻先生走过的不凡人生历程。

李毓蒙纪念馆位于瑞安市东山街道拱瑞山路563号至571号，由著名社会学家费孝通先生题写馆名，展厅位于二楼。走上二楼，往左拐，便可见由两扇对开木门构成的棕色大门，大门框上方是一黑底绿字的横匾，上书“李毓蒙纪念馆”六个大字，题款为“门生陈照”（李毓蒙的学生陈照，现居美国）。站在这大门口，就能看见李毓蒙的半身铜雕像。铜像的底座是一个与大门同色的木制案台，上书两行白色小字“李毓蒙”“1891—1961”，落款为更小的白色字“浙江省瑞安经济开发区赠”。木案台左右两侧地面上分别摆放着四盆高低不同的万年青

▲ 李毓蒙纪念馆落成庆典

▲ 李毓蒙纪念馆落成纪念品

▲ 瑞安经济开发区赠送的李毓蒙半身铜雕像

绿植。铜像背后的白色背景上，是一只用黑笔勾勒的跳跃着的麒麟。铜像左右两侧是一副几乎落地的黑底绿字木刻对联：“致志创麒麟名扬华夏垂简册；倾心育桃李誉满浙南泽枌榆”，题款为“俞天舒撰，庚辰夏月 林剑丹书”。我伫立在先生铜像前久久凝望：慈祥的面容带着朴实、憨厚、温和的目光迎接八方来客……

整个纪念馆布展面积有300多平方米，分李毓蒙先生生平事迹展、当地工业传承展、全国各地著名书法家和诗人为缅怀李毓蒙先生而作的诗词书画作品展、李毓蒙图书馆四个展区。其中李毓先生生平事迹展部分，又分为“前言”“生活坎坷 倾心发明”“艰苦创业 振兴民族”“精忠报国 热心公益”“致力办学 造福社会”五个部分。墙壁上，展示着先生生前所作的诙谐幽默的打油诗：“日本鬼子真恶逆，侵占国土毁我业，抗战多年终胜利，毓蒙定要再创业。”“毓蒙颠颠五十春，学校经费时常空，请君稍助一点力，培植人才各为功”……玻璃柜内，陈列着先生生前穿过的长衫、用过的生活用品以及书信、校友通信录、同学录、毕业证书等珍贵历史资料。展馆中间，放置着一台铁木结构的“麒狮球”弹棉机和一架开齿机，以及瑞安本土知名画家李浙安画的李毓蒙巨幅画像……

弹棉机和开花机静静安放，仿佛在诉说着它们和老主人的那些过去了的故事；一件件尘封的物件，勾勒出一幅幅鲜活的形象；一幅幅老旧的照片，串起了一个时代的传奇……想起南宋豪放派词人辛弃疾，想起他的《破阵子·为陈同甫赋壮语以寄之》，词的末尾忽地来了个急转弯，由壮入悲：“了却君王天下事，赢得生前身后名。可怜白发生！”先驱李毓蒙，同样的豪放，还乐天，他从不在乎自己“生前身后名”，后人却实在“可怜”他远行太匆匆！走进李毓蒙纪念馆，接近一颗杰出的心灵，一个真实的人，我为自己的内心找到了答案：先驱远行六十三年，浙南重器以命铸！

▲ 李毓蒙纪念馆展区

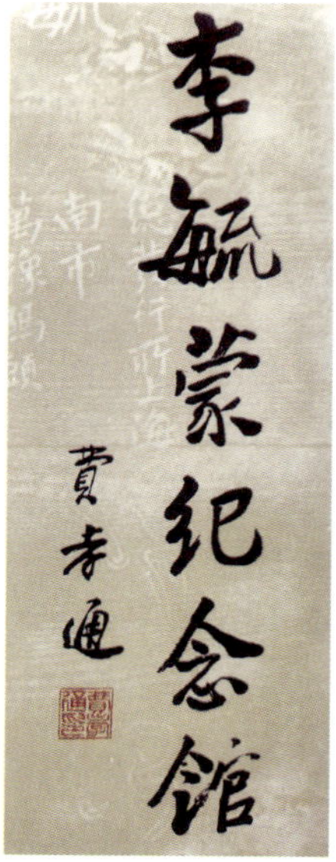

▲ 费孝通
（第七、八届全国人民代表大会常务委员会副委员长）

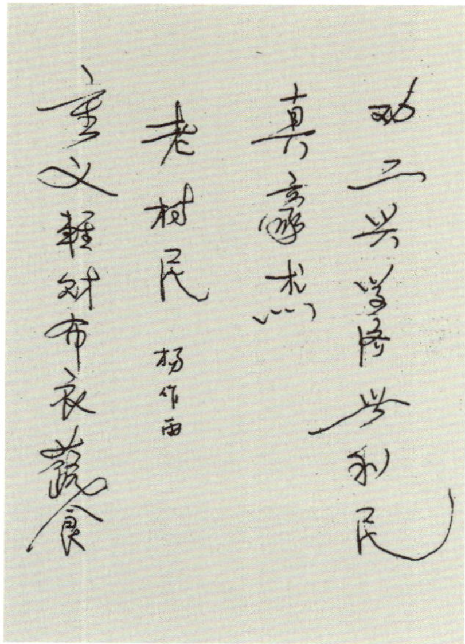

▲ 杨作雨
（中国作家协会会员）

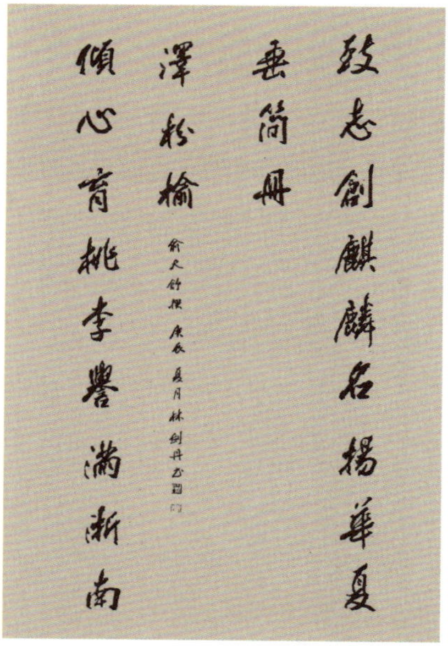

▲ 林剑丹
（温州市书法家协会主席）

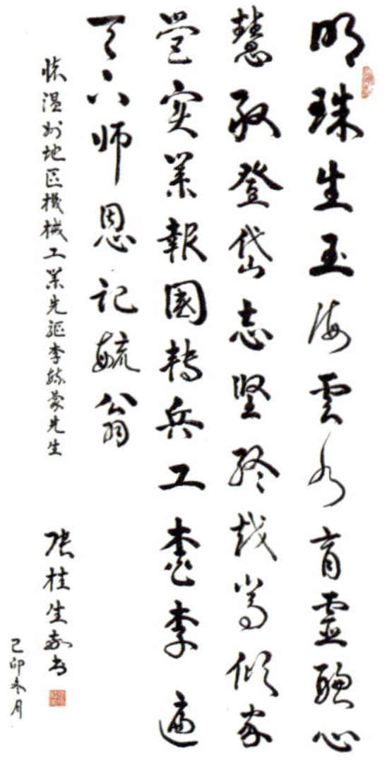

▲ 张桂生
（温州市诗词学会会长）

纪念馆楼梯口往右拐，是同样的由两扇对开木门构成的棕色大门，大门框上方是一黑底绿字的横匾，上书“李毓蒙图书馆”六个大字，落款为“费孝通”。大门的正前方是一扇跟门同宽的大窗户。门和窗之间是一张长方形的大书桌及一圈的坐凳。左右两侧便是嵌入式的落地书柜，书柜里整齐地摆放着关于李毓蒙的书籍以及温州、瑞安的文史类书本。

沧海桑田春色换，物换星移几度秋。原“李毓蒙纪念馆筹备领导小组”办公室主任李新祥，多年来不忘初心，在市十六届第三、四、五次和市十七届第一次人代会期间，多次提交《关于迁建李毓蒙纪念馆的建议》。该建议得到了市文化和广电旅游体育局、市自然资源和规划局的重视，并落实了东山西、安阳、巾子山三处单元控规的规划用地。经东山人大联络站全体代表深入了解和现场考察讨论，2023年9月22日，李新祥又提出了《关于要求落实建设李毓蒙纪念馆的建议》，要求选择安阳单元控规，即烟墩山山脚、拱瑞山路西侧、李毓蒙纪念亭周边的地段。之所以选择这地段，是由于它是李毓蒙先生创办毓蒙联华总厂旧址，又是浙南第一所职业技校——私立毓蒙工业职业中学和私立毓蒙小学旧址，同时该规划用地属东山烟墩山公园范围内，可打造公园人文景观，又便于今后纪念馆管理工作。10月9日下午，瑞安市委书记李坚即带队到东山街道，专题调研李毓蒙纪念馆。

2023年5月4日，温州城市发展大会隆重举行，李坚书记在大会上激情发言：瑞安市政府将“启动‘工业遗存·记忆重现’工程，串联位于华联总厂旧址的浙南工业先驱李毓蒙纪念馆、中国第一家乳品厂百好乳品厂旧址等工业文化地标，打造见证传递工业文化的城市印记旅游线……”李毓蒙纪念馆，明天更美好。

进入新时代，李毓蒙的故土瑞安东山，迎来了不断实现历史跨越的发展机遇。如今，提起东山，人们的思绪总会与李毓蒙的名字相连。李毓蒙的嘉言懿行，被口口相传，历久弥新——因为在其身后，人们不断发现，他的思想，对于脚下之路，仍有指引作用；他的理论，对于后来者，犹有启迪；他的精神，对于不甘平庸者，是永远的激励。

在东山的沃土上，筑有笔直的“毓蒙路”，矗立起“瑞安市毓蒙中学”“瑞安市毓蒙小学”“瑞安市毓蒙幼儿园”等校园。在绿意葱茏的毓蒙中学里，安放着李毓蒙的半身铜像；在整洁靓丽的毓蒙小学里，安放着李毓蒙发明的弹棉机；在充满欢歌笑语的毓蒙幼儿园“毓蒙馆”里，稚嫩的童声讲述着“毓蒙爷爷的故事”。不时地，有人在这铜像、弹棉机、毓蒙馆前驻足，瞻仰，留影，历届毓蒙中学、小学、幼

▲ 毓蒙路

▲ 瑞安市毓蒙中学

▲ 瑞安市毓蒙小学

▲ 瑞安市毓蒙幼儿园

儿园学子的毕业照，也多定格在这尊铜像、这架弹棉机、这间毓蒙馆前。

2023年11月18日晚上，笔者采访了本书书名题写者李砚。

李砚是李毓蒙的侄孙女，她称李毓蒙为“三祖父”。

李砚的父亲李凯，是瑞安原地方国营机床厂技术副厂长，他传承三伯父李毓蒙的衣钵，拥有“多用活动清洁刷”“胶囊充填机的药粉充填机构”“胶囊充填机的微调支架机构”“胶囊充填机的分度转盘装置”等多项发明专利，一直以实业报国。

李砚是从瑞安走出去的才女。她是中国美术学院美术学硕士，现为西泠印社书画篆刻院教务长、西泠印社社员、中国书法家协会会员、浙江省文学艺术界联合会第七届委员、浙江省书法家协会主席团

▲ 作者采访李砚（右）

委员、浙江省书法家协会女书法家委员会主席，荣获第五届中国书坛兰亭书法展“兰亭七子”称号，列首位。李砚对笔者说：“我从小在玉海楼、机床厂宿舍长大，耳濡目染之下，传承和创新，是我根深蒂固的理念。爸爸的谆谆教诲，长辈的守正创新，让我认识到对传统的坚守，不仅仅是一种敬畏，更是一份责任和担当。”诚然，秉承祖辈的美好品性，远离或拒绝诱人的功利俗念，自持不动心的蒲团定力，当属艺者出门的第一功夫。

最后，就让我们借用中共瑞安市委宣传部原副部长陈思义的一句话，作为整本书的结束语吧：“李毓蒙的人生价值，就在他给这个世界创造了价值。”

李毓蒙先生生平大事记

时　间	纪　事
1891年	旧历十月廿七日，出生在浙江省瑞安县东山乡车头村的一个贫苦农民家庭。父亲李士德，母亲谢氏，哥哥毓芳。
1893年	父亲染霍乱病故，母亲到瑞城项调甫家做佣人，三岁的毓蒙随母生活。
1901年	在项家私塾接受启蒙教育。
1903年至1905年	跟裁缝师傅秦嘉稀学艺。
1906年至1907年	满师后，与挚友林步郎一起，代人做裁缝零工。
1908年	在家乡开店做裁缝，先后试制纺纱机、揉棉条机、弹棉机。
1916年至1917年	研制成功弹棉机。筹集资金在东山乡车头村与哥哥李毓芳、挚友林步郎创办“李毓蒙制造絮棉机器厂”。
1918年	创制“开齿机”代替手工剪齿，工效提高20多倍。
1920年	兼任“瑞安南堤电灯厂”顾问。
1922年	前往北京，向中央政府农商部申请弹棉机专卖权和双麒麟注册商标，旋获批准，并得一枚金牌。随后向上海聘请技术工人、购置设备，扩建东山厂房，絮棉机器厂开始兼造其他机械产品。

时　间	纪　事
1923年	试制成功单缸半狄塞尔式12匹柴油内燃机，供永嘉梧蜒庆善米厂试用后性能良好，成为浙南地区最早的一台自产动力机。
1924年	设立驻沪办事处，弹棉机在上海总商会第一次展览会展出，受国内外参观者一致赞扬，荣获优等褒状奖章。
1925年	向瑞安各界集资1万银圆建造厂房，抽调“李毓蒙制造絮棉机器厂”主要机械设备和技术工人，在温州创办“毓蒙铁厂”。
1926年	弹棉机在上海国货展览会展出，又获优等褒状奖章。
1927年	在沪建立“毓蒙弹棉机发行所”，到上海主持工作。弹棉机参加铁道部在南京举办的展览会，并获褒状奖章。
1928年	在温州先后试制成功50匹单缸柴油机和排锯机，供胜美锯板厂配套使用，使该厂成为温州地区第一家机器锯板厂。
1932年	受项荫轩委托，在瑞安沙塘底设计筹建淀粉厂，产品远销国际市场。 发现一些人粗制滥造，互相降价，竞争市场，影响弹棉机声誉，亲自召开会议，统一思想，严格质量把关，建立保用制度，并决定筹建上海毓蒙联华公司。
1933年	上海毓蒙联华公司建立，被选为公司总经理。各生徒所办厂成为公司所属分厂，业务由公司统一经营。此外，还在沪创办了金刚砂砻谷机厂。

时　间	纪　事
1934年至1936年	以总经理名义，委派林宗城、杨锡霖、张公权赴湖北产棉区调查，推广弹棉机。1936年1月1日在汉阳创办“毓蒙联华公司汉阳分厂”。抽调瑞安一批技术骨干充实汉阳分厂，人员增至100多人，年产达700多台。至全面抗日战争全面爆发前夕，发展到190多人，弹棉机年产量达1400多台。
1937年	在沪的毓蒙联华公司，所有资产在“八一三”淞沪会战中损失，被迫停业。絮棉机器厂等分厂受其影响相继停产。 组织瑞安各弹棉机厂，在原“李毓蒙制造絮棉机器厂”厂房，设立弹棉机发行所。
1937年至1938年	1937年10月回到瑞安东山，筹备创办小学，提取1000多元作为小学的办学经费。1938年“私立毓蒙小学”开始招收学生，免费吸收儿童入学，开支由汉阳毓蒙联华分厂负担。
1938年	将温州毓蒙铁厂大部分设备和材料，连同技术骨干内迁云和，并入浙江省铁工厂，制造武器，支援抗日战争。 汉阳毓蒙联华分厂内迁重庆。
1939年	利用由汉阳内迁的设备器材和人员，建立“毓蒙联华重庆分厂”恢复生产。 在瑞安东山乡上埠陡门头建筑厂房，将瑞安生产弹棉机各厂集中起来，建立“毓蒙联华总厂”。
1940年	在丽水创办“浙江工具厂”，生产机械工具。不久，被日机炸毁。
1941年	帮助“浙江省化工厂”解决了生产硫酸的耐火材料，并建成一座粉矿焙烧炉使用效果显著。 同意林宗城在湖南衡阳市建立“毓蒙联华衡阳分厂”。

时 间	纪 事
1942年	利用各地生徒为他祝寿筹集的经费及各分厂集资，创办“私立毓蒙工业职业中学”(五年制，相当于现在的中专)。 6月，赴衡阳分厂主持工作一年多分别在湖南的湘潭、邵阳、常德、黔阳(安江镇)、零陵(冷水滩)、祁阳等地，设立6个分厂，扩大生产，支援抗日前线。 冬，派林宗城从衡阳回瑞安，帮助围垦早年从地主手中买来的海涂，供农民种植。 丽水沦陷，浙江省铁工厂遣散。该厂工人、毓蒙学徒李群等7位共产党员，由组织派往湖南津市开办新华弹棉机厂，开展抗日救亡活动。
1943年	从衡阳返瑞，担任“私立毓蒙工业职业中学”校长，并在该校后山坡上研制硫酸。
1944年	湘桂铁路沿线各地相继沦陷。衡阳分厂事前将设备器材迁往广西宜山，后又转迁贵州，所有物资在金城江车站损失。湘潭、邵阳、黔阳、零陵、祁阳各厂，在当地沦陷时全部损失。 赴大罗山寻找黄铁矿石，试制硫酸；赴塘下八水寻找石英矿。试制金刚砂以代替砻谷机用的进口金刚砂，并帮助创建温州砻谷机厂。
1945年	到八水帮助试办水电站。 抗日战争胜利后回沪。
1946年	在余毅夫等帮助下，“私立毓蒙工业职业中学”搬往温州太平寺。次年，改称“温属六县联立工业学校”，改任名誉校长。
1947年	利用“工校”名誉校长身份，营救险遭逮捕的该校中共地下党支部书记孟达（郑圣钗）。
1953年	担任“公私合营温州铁工厂”副董事长。
1961年	患病，与世长辞。

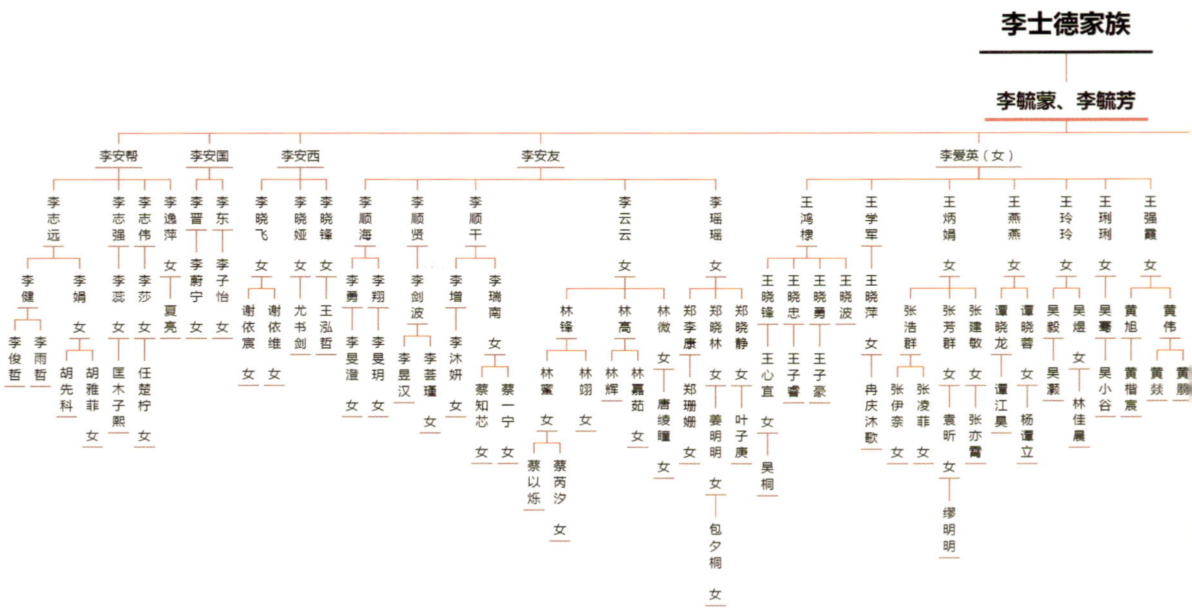
李士德家族
李毓蒙、李毓芳
李安帮
李安国
李安西
李安友
李爱英（女）
李志远
李健
李俊哲
李雨哲
李娟 女
胡先科
胡雅菲 女
李志强
李蕊 女
匡木子熙
李志伟
李莎 女
任楚柠 女
李逸萍 女
夏亮
李晋
李蔚宁 女
李东
李子怡 女
李晓飞 女
谢依宸 女
谢依维 女
李晓娅 女
尤书剑
李晓锋 女
王泓哲
李顺海
李勇
李旻澄 女
李翔
李旻玥 女
李顺贤
李剑波
李昱汉
李芸瑾 女
李顺干
李增
李沐妍 女
李瑞南 女
蔡知芯 女
蔡一宁 女
李云云 女
林锋
林蜜 女
蔡以烁
蔡芮汐 女
林翊 女
林高
林辉
林嘉茹 女
林微 女
唐绫瞳 女
李瑶瑶 女
郑李康
郑珊姗 女
郑晓林 女
姜明明 女
包夕桐 女
郑晓静 女
叶子庚
王鸿棣
王晓锋
王心宜 女
吴桐
王晓忠
王子睿
王晓勇
王子豪
王晓波
王学军
王晓萍 女
冉庆沐歆
王炳娟 女
张浩群
张伊奈 女
张凌菲 女
张芳群 女
袁昕 女
缪明明
张建敏 女
张亦霄 女
王燕燕 女
谭晓龙
谭江昊
谭晓蕾 女
杨谭立
王玲玲 女
吴毅
吴灏
吴煜 女
林佳晨
王琍琍 女
吴骞
吴小谷
王强霞 女
黄旭
黄楷宸
黄伟
黄焱

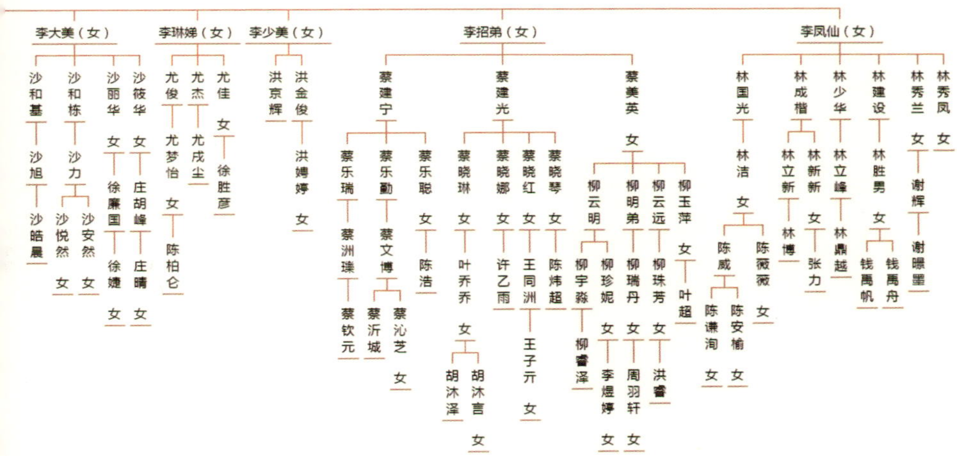
李大美（女）
李琳娣（女）
李少美（女）
李招弟（女）
李凤仙（女）
沙和基
沙旭
沙皓晨
沙和栋
沙力
沙悦然 女
沙安然 女
沙丽华 女
徐廉国
徐婕 女
沙筱华 女
庄胡峰
庄晴 女
尤俊
尤梦怡 女
陈柏仑
尤杰
尤戌尘
尤佳 女
徐胜彦
洪京辉
洪金俊
洪娉婷 女
蔡建宁
蔡乐瑞
蔡洲瑹
蔡钦元
蔡乐勯
蔡文博
蔡沂城
蔡沁芝 女
蔡乐聪 女
陈浩
蔡建光
蔡晓琳 女
叶乔乔 女
胡沐泽
胡沐言 女
蔡晓娜 女
许乙雨
蔡晓红 女
王同洲
王子亓 女
蔡晓琴 女
陈炜超
蔡美英 女
柳云明
柳宇淼
柳睿泽
柳珍妮 女
李煜婷 女
柳明弟
柳瑞丹 女
周羽轩 女
柳云远
柳珠芳 女
洪睿
柳玉萍 女
叶超
林国光
林洁 女
陈威
陈谦洵 女
陈安榆 女
陈薇薇 女
林成楷
林立新
林博
林新新 女
张力
林少华
林立峰
林鼎越
林建设
林胜男 女
钱禹帆
钱禹舟
林秀兰 女
谢辉
谢暻墨
林秀凤 女

后 记

写罢长篇传记文学《我心归处是东山·浙南机械工业先驱李毓蒙》，内心久久难以平静。

永远不会忘记，2023年4月3日中午12点32分，陈振清老师给我发来微信："胡老师，告诉你一个不好消息，夏海豹老师昨日因脑梗死住进瑞祥监护中心。下午我和关杰去看看，不知情况如何。"我的脑子"嗡"的一声……想起夏老师近年来井喷式的创作：《致敬五星红旗·国旗设计者曾联松》《守望家山·浙南教育家金嵘轩》《瑞安正气歌》《清廉瑞安口述史》《浙江文史记忆·瑞安卷》……未曾料想，在创作本书的过程中，他来了个这样的急刹车！

此刻，窗外无尽的夜色一片软柔，黎明的风凉丝丝的，我们的书稿，也终于写到了该收束的部分，我知道，接下来该是告别，与我久久沉浸其中的一种情绪告别。记得我们刚接手李毓蒙先生题材的创作任务时，夏海豹老师就信心满满地对我说："李毓蒙的一生是艰难、辉煌、传奇的一生，本身就具有故事性。我们可以写好的！"

的确，从孩提时代，我便敬仰李毓蒙这位先贤。

小时候，我家住瑞安县市心街交通局宿舍。当年市心街上，有两家弹棉花、做棉被的店，都与我家挨得很近。我经常看到店主们有时身上背个大木弓，用木槌不断敲打木弓上的牛筋绳，"咚咚嗤——咚咚噔——”，棉絮满屋飞扬；有时一边脚踩弹棉机的踏板，一边嘴里哼着小曲儿，“甜蜜的歌儿——甜蜜的歌儿——飞满天啰喂——”，机箱下，则悠悠飘出一簇簇蓬蓬松松的白棉花。有一天，一家店主告诉我：“这弹棉机，是一个叫李毓蒙的瑞安人发明的，比手工弹棉快了十几倍……”那时候，我想：“这个叫李毓蒙的，真了不起！”从此，我便有了“李毓蒙情结”。

如今，我们在发黄的书刊里寻找李毓蒙先生的踪迹，我们在别人写他的文字中探寻、徜徉。无数个日夜，我们试图涉入、察明李毓蒙思想观念之河的泉源，试图触摸、感受他内心的悸动、情感的起伏。我们也曾多次拜访他淳朴的亲属和徒子徒孙们，如李琳娣、李安西、李顺海、李剑波、李砚、尤步清、尤佳、王鸿棣、王步康、叶茂钱等等，他们都亲切而热情地接待了我们，向我们讲述李毓蒙的许多往事。由此，我们接近了一颗杰出的心灵，一个真实的人。

李毓蒙的世界，是如此的广阔；李毓蒙的一生，是一本迷人的大书。他是浙南机械工业的鼻祖，是中国专利权人的先驱，是中国职业教育的拓荒者。由于对国家、对民族的热爱，李毓蒙总想着积贫积弱的国家，该如何走向强大。他认为穷不是放弃教育的借口，于是他从穷困的环境出发，想方设法办学堂。他始终与劳苦大众心连心，一辈子都在为让别人活得更好而奔走。苦难，造就了他的伟大和辉煌。

诗人臧克家在解放之初曾写了首诗纪念鲁迅，其中有这么几句“有的人活着/他已经死了/有的人死了/他还活着”，用它来形容李毓蒙倒也颇为贴切。死者活着的证明，可以看他的名字挂在人们嘴上的频率。在人们的潜意识里，或许李毓蒙还活着。那是因为，他发明的弹棉机，结束了浙南世世代代靠人力弹棉花的历史；他创办的温州机器制造厂——李毓蒙制造絮棉机器厂，开了浙南机械制造工业的先河；他创立的毓蒙工业职业学校，为瑞安、温州乃至全国各地培养了数以千计的工业技术人才。探究李毓蒙的教育思想，对当今的职业教育发展，有着深刻的意义。作为光辉榜样，李毓蒙指引后辈走上发明创新、实业报国、办学育人的道路。

李毓蒙的一生，绚烂至极，终归平淡。时代风云变幻，纠结着个人命运的起落。在动荡的年代，他始终坚持把握人性的柔光，对历史做出了杰出的贡献。虽然他也因生不逢时而屡遭劫难，但他从来不曾屈服。为这样的传主作传，常令我们文思逸飞。我们不是采用史料铺排或大事年表的方式，而是在叙述重大事件的同时，重视个人的日常，重视琐碎的细节，我们努力为李毓蒙先生描画出一个真正的人的形象、人的心灵。本书的手稿，曾呈李毓蒙先生的女儿李琳娣过目，读者们完全可以相信，传主的所有人生经历，都是真实的。当然，我们在以史实为依据的同时，也借助了一定的艺术手法，我们追求史实与艺术的统一。因此，我们也希望诸君不要把它当作史传来苛求。

这本书能够写成，首先得益于李毓蒙先生。因为，他与艰难困苦不懈搏斗的人生，始终给予我们震颤心灵的激励，他让我们懂得，任何不朽都是以生命为代价的。这本书能够及时、顺利出版，得助于一切支持、帮助我们的师友们。比如，李砚老师，接受了我的采访，并为本书题写了书名；吴小淮老师，不厌其烦地为本书多次拍摄插图、整理旧照片；施正勋老师，在成书过程中给予热诚的指导与帮助；陈良和老师，始终关注本书写作进展、遇到的困难并及时地给予援助；陈再伟、胡建国老师，热心地提供了珍贵史料；李新祥先生，随时全力解决每个环节中遇到的难题；王强、林祝兴、薛爱钗、杨协敏等老师，热情地为我们联络采访对象；李毓蒙徒孙叶茂钱老师，为我们提供了毓蒙职业工校“敦聘书”、项骧手迹，以及李毓蒙先生艰苦创业的一些素材……向所有给予关怀、指导、帮助的师友，表示诚挚的谢忱！向先我们研究李毓蒙的诸位前辈，致以特别的感谢！向西泠印社出版社的编辑们，表达崇高的敬意和由衷的感谢！向瑞安市东山街道办事处、瑞安市社科联、瑞立集团有限公司、瑞安市东腾机械有限公司、温州岳虹塑料机械有限公司等单位的热忱帮助和经济支持，表示至诚的谢意！ 向关心这本书的读者朋友们，道一声：同样感谢你们！

尽管我们已经很用心地去写这本书，为之投入了很多的精力，但缺点甚至错误在所难免，望有识之士不吝赐教。

愿先生的精神风骨，能通过本书得以传承并发扬光大，给后来者更多的启迪和力量。

谨以此书，作为一束洁白、素净的鲜花，敬献李毓蒙先生的英灵。

胡晓霞

2023年11月13日凌晨于瑞安文庄路